# Hannalore Gewalt

# Ländliches Thüringen

## Erinnerungen an Thüringen

### Geschichten & Bilder
### zwischen Aussaat und Ernte

Verlag Rockstuhl

Herausgeber: Harald Rockstuhl, 2007

Umschlaggestaltung: Harald Rockstuhl
Titelbild: Bauernhof der Familie Ernst Kühnhausen, Gierstädt ca. 1932.
Familienmitglieder (Vater, Tante, Großmutter, Söhne Horst und Hans)
mit Spielgefährten. Knecht Fricke aus Döllstedt und landwirschaft-
liche Gehilfen Martha Jung; Anna, Anneliese und Oskar Widder
sowie Walter Frommann.

Buchrückseite:
Altes Bauernhaus 1913, Molschleben. Kleiner Lindenplatz.
Therese Beutler, Luis Beutler und Otto Beutler. Foto: E. Bärwolf

Satz und Repro: Verlag Rockstuhl, Bad Langensalza
Druck: Druckhaus „Thomas Müntzer" Bad Langensalza
Gedruckt auf alterungsbeständigem Papier nach ISO 9706
Dieses Buch wurde in die Deutsche Nationalbibliografie in der
Deutschen Bibliothek aufgenommen. http://dnb.ddb.de

Das Buch entstand in Anlehnung an
„Hannalore Gewalt: Erinnerungen an Thüringen"
Verlagshaus-Haus Thüringen – Erfurt 1996.
Der Text wurde gänzlich überarbeitet und mit neuen
Bildern und Geschichten versehen.

1. Auflage 2007

© 2007 by Harald Rockstuhl, Bad Langensalza

ISBN 978-3-938997-58-1

Verlag Rockstuhl
Lange Brüdergasse 12 in D-99947 Bad Langensalza
Telefon: 03603 / 81 22 46   Telefax: 03603 / 81 22 47

www.verlag-rockstuhl.de

# Inhaltsverzeichnis

# Auf ein Wort!

An eine ausschließlich heile Welt möchte ich nicht erinnern, aber doch an eine, von deren Unverwechselbarkeit, Einfallsreichtum und natürlicher Schönheit nicht alles verloren gehen sollte. Es wäre wünschenswert, wenn das Gefühl für Wertmaßstäbe wie Nächstenliebe, Zufriedenheit, Dankbarkeit und Toleranz wieder neu überdacht und in den heutigen Alltag einfließen könnte!

Meine Generation (die sogenannten Kriegskinder) durchlebte eine entbehrungsreiche, ja teilweise sogar eine sehr schwere und armselige Kindheit.

Dennoch war diese Zeit geprägt von gegenseitigem Verstehen und engem Miteinander, dass sie unvergessen machte.

Meine Kindheitserlebnisse und die einzigartigen Eindrücke der Natur füllen meine Erinnerungen aus. Ein ganzes Leben konnte ich davon zehren und mich bis ins Alter daran erfreuen.

Die Leser meiner Geschichten werden wieder an ihre eigenen Kindheitserlebnisse erinnert. Ich durfte während der vielen Buchvorstellungen erleben, wie glücklich es die älteren Menschen machte, wenn ich aus unserem gemeinsamen Leben vorlas.

Besonderer Dank gilt meinem Ehemann für seine geduldige Hilfe in landwirtschaftlichen Fragen.

Ebenso möchte ich mich bei allen Verwandten und Bekannten bedanken, die mir mit Fotos aus der Zeit des Krieges und danach aushalfen. Die unwiederbringlichen Zeitzeugen jener Kriegs- und Nachkriegsjahre sollen für die Nachkommen ein Spiegelbild des Familienlebens und ein ewiges Andenken sein!

In meinen Kindheitsgeschichten möchte ich all' jenen Menschen ein Denkmal setzen, welche nach dem Krieg die größte Last trugen und den schweren Neuanfang wagten, um den nachfolgenden Generationen ein leichteres Leben zu ermöglichen.

– Es soll gerettet werden, was der Erinnerung entflieht! –

Wenn wir dereinst abberufen werden von dieser Welt, dann sollte etwas zurück bleiben. Etwas, dass an uns erinnert und das diese Welt bereichern und verschönern half.

In diesem Sinne!

*Kleinfahner im Mai 2007*                                    *Hannalore Gewalt*

# Die Idee, ein Buch zu schreiben

Noch stiller als sonst schien es im Haus zu sein, als der Weihnachtsbesuch wieder abgereist war. Wie in jedem Jahr kamen die Kinder nach Hause, und wir feierten das Weihnachtsfest mit der ganzen Familie. Traditionell gab es an diesem Tag Gänsebraten mit Thüringer Klößen. Angeblich würden die Klöße bei Opa und Oma viel besser schmecken, behaupteten die Enkelsöhne, und sie brachten mit dieser Behauptung ihre Mutter ein wenig in Verlegenheit. Und welcher Oma würde solches Lob nicht schmeicheln?

Aber zu einem Weihnachtsfest bei den Großeltern gehörten auch noch die selbstgebackenen Schittchen (Stollen), Plätzchen, Pfefferscheiben (Lebkuchen), und die beliebten, zerrissenen Hosen (Plätzchen, mit Schweineschmalz gebacken). Auch ein saftiger Mohnkuchen, und am Abend das Hausgeschlachtete, wie die knackige Bratwurst (Knackwurst), allesamt Gaumenfreuden vom Lande.

Aber nun war der Schmaus zu Ende und das gute Geschirr wieder in den Schrank geräumt. Alles stand wieder an seinem angestammten Platz. Opa war in seinem Sessel eingeschlafen, denn auch ihn brachte das Familientreffen etwas aus seiner gewohnten Ruhe.

Ich legte noch einmal eine Weihnachtsplatte auf, und die feierliche Musik stimmte mich etwas melancholisch.

In Gedanken verglich ich ein Weihnachtsfest aus meiner Kindheit mit einem der heutigen Zeit. Mir schien, als hätte ich mich inniger gefreut damals. Mir schien auch, als wären wir Kinder bescheidener und dankbarer gewesen, als ich es später mancherorts beobachtet hatte. Vielleicht kam ich auch mit der heutigen Zeit nicht mehr zurecht und flüchtete mich deshalb in die Vergangenheit. Oder hatte es mich verletzt, daß sich die Enkelkinder zwar für die Bücher und Geschenke von uns Großeltern bedankten, dann aber viel lieber mit einem Computerspiel verschwanden?

Für mich wäre damals ein eigenes Buch ein Heiligtum gewesen, aber das ist lange her, und seitdem hat sich vieles verändert.

Ich überlegte, ob bei den übervollen Gabentischen und den täglichen Selbstverständlichkeiten die Achtung und Wertschätzung nicht allmählich verkümmern und im späteren Leben zu kurz kommen könnten? Das möchte ich für die Enkel nicht wünschen!

Ich besah die prall gefüllte Obstschale auf dem Tisch und bemerkte, daß kein Gast von ihr Notiz genommen haben konnte, denn es zeigte sich keine Lücke in der Anordnung der exotischen Früchte. Auch die Kristalldose, voller Marzipan-, Nougat- und Schokoladenspezialitäten, hatte die verwöhnten Gaumen nicht zu reizen vermocht, weil wohl alle der Köstlichkeiten übersatt waren?

So kamen mir immer wieder Vergleiche in den Sinn, und ich setzte einen roten Weihnachtsapfel aus meiner Kindheit gegen all' die Kostbarkeiten der heutigen Zeit. Einen einfachen Apfel gegen die vielen Arten edleren Obstes, deren man leicht überdrüssig wird. Erinnerungen und Erlebnisse schwirrten durch meinen Kopf, sodaß ich gar nicht bemerkte, daß die Weihnachtsplatte zu Ende gespielt war.

Mir kam der Gedanke, meine Kindheitserinnerungen für die Enkel und Urenkel niederzuschreiben. Ich wollte ihnen sagen, wie wir Kinder nach dem Kriege aufwuchsen, welche Spiele wir spielten, welche Wünsche und Träume uns bewegten, und wie interessant damals das Leben auf dem Dorfe war. Aber auch welche Aufgaben und Pflichten wir schon als Kinder erfüllen mußten, welche Strafen zu befürchten waren, und wie schwer die Zeit uns allen mitspielte.
Ich wollte aufzeigen, wie erlebnisreich unsere kleine Welt trotz aller Mißlichkeiten sein konnte. Von alten bäuerlichen Sitten und Bräuchen wollte ich schreiben, damit man in 100 Jahren noch nachlesen könnte, wie ein Federbett entstand, wie eine Bauernhochzeit ablief, oder wie der Dorfschütz alle wichtigen Informationen verbreitete.
Kurz vor der Weihnachtszeit gab es im Bayrischen Fernsehprogramm den Film „Herbstmilch" von Anna Wimschneider. Die Bayerin, eine Generation älter als ich, erzählte darin ihr hartes, dörfliches Leben.

Als Weihnachtsgeschenk bekamen wir von der Tochter das gleichnamige Buch geschenkt. An einem Abend las ich es meinem Mann vor, so konnten wir beide gleichzeitig das Buch durchackern. Wir weinten und lachten zusammen, so interessant, ergreifend und detailgetreu waren die geschilderten Erlebnisse. Mir wurde sofort klar, daß es Zeit wurde, Erinnerungen aus den Kriegs- und Nachkriegsjahren aufzuschreiben, um sie für ewig festzuhalten. Auch ich wollte für die engste Familie diese einmaligen, einzigartigen Erlebnisse festhalten. Das daraus einmal ein Buch werden könnte, welches so viele Menschen begeistern würde, das kam mir nicht in den Sinn.
Und so schrieb ich mit meinen einfachen Worten meine Kindheitserlebnisse auf. Ich kramte in meinen Erinnerungen und beschrieb das Leben in einem Thüringer Bauerndorf, in welchem ich vor ca. 50 Jahren aufwuchs.
In etwa 160 Buchlesungen begeisterte ich die Zuhörer für meine Bücher. Eigentlich hatte ich vor allem für die Kinder geschrieben, sie sollten erfahren, wie schwer, aber auch wie wunderschön unser Leben damals war. Aber es ergab sich, daß es die ältere Generation viel mehr interessierte, weil sie ihr eigenes Leben noch einmal durchlebte. In unzähliger Fanpost bedankten sich fremde Leser dafür, daß es eine Autorin gibt, die dieses einfache Leben als wertvoll genug fand, es für alle Zeiten niederzuschreiben. Niemand in Deutschland hat dieses bescheidene Dorfleben so umfassend

geschildert, lediglich einige Aufsätze sind festgehalten. Die fotographischen Zeitdokumente sind unwiederbringliche Zeugnisse einer Zeit, die einfach einzigartig und wunderschön, aber auch wahnsinnig schwer war. Nie hätte ich zu glauben gewagt, daß ich so vielen Menschen eine so große Freude machen könnte.

Am Beginn einer Lesung saß ich vor einer Gruppe interessierter, fremder Menschen, und am Ende gingen wir quasi als Freunde auseinander. Wir haben zusammen gelacht, aber öfter auch geweint, und das war mein schönster Lohn. Ich durfte Freude schenken, was konnte ich mir Schöneres wünschen?

Für mich hat sich das Schreiben gelohnt, die Fanpost, oder die Tränen eines Zuhörers, machten mir klar, daß ich nicht umsonst Nächte lang geschrieben hatte und oft vor Schmerzen auf allen Vieren die Treppe hoch ins Schlafzimmer ging.

# Es war einmal, mein Heimatort Molschleben, ein altes Thüringer Bauerndorf

Ein Thüringer Bauerndorf steht stellvertretend für viele Dörfer, in denen man in den Jahren 1944–1953 leben konnte.

Mitten in Thüringen liegt es, das große alte Bauerndorf, umringt von fruchtbaren Äckern und saftigen Wiesen.

„Molschleben" steht auf dem blechernen Schild am Ortseingang, und es ist mein Heimatort. Unsere Vorfahren konnten kein trefflicheres Fleckchen Erde finden, als sie dieses Dorf gründeten.

Direkt an der Nesse ließen sie sich nieder, unterhalb der Fahner Höhe. Zu meiner Zeit, ab dem Jahre 1939, gab es in Molschleben keinerlei Industrie, aber dafür existierten viele kleine Handwerksbetriebe, welche alle auf das bäuerliche Leben abgestimmt und mit ihm verknüpft waren. Ältere Dorfbewohner erzählten von einer Ziegelei und einem Waidbetrieb, aber das war längst schon Legende.

Ich erinnere mich an drei **Schmieden**, unter denen die Bauern auswählen konnten, wenn sie die Dienste eines **Eisenspezialisten** oder die eines **Hufschmieds** benötigten.

Ein **Klempner** flickte notdürftig Kannen und Töpfe, denen das Alter zu schaffen machte oder die einen Sturz nicht ohne Blessuren überstanden hatten. Eine Hauswasserversorgung gehörte nicht zu jedem Haushalt, aber wo ein Rohr geplatzt war, oder wo ein Hahn tropfte, schaffte der Klempner Abhilfe.

*Postkarte von Molschleben 1915. Sammlung Harald Rockstuhl*

Den Beruf eines **Elektrikers** hatten einige Männer erlernt, sie halfen gern, wenn uralte Leitungen einmal den Geist aufgaben, oder ein Kurzschluß den ohnehin spärlichen Betrieb lahm legte.

**Tischlereien** gab es ebenfalls mehrere im Dorf, auch zwei **Zimmermän-ner** unterhielten neben ihrer Landwirtschaft einen kleinen Betrieb. Obwohl sich während des Krieges, und auch danach, alte Handwerksmeister mehr oder weniger auf Reparaturarbeiten beschränken mußten, verstand jeder sein Handwerk und gab sein Bestes.

So versuchte der **Sattler** und **Polsterer** mit dem geringsten Aufwand und zu erschwinglichen Preisen ein Zuggeschirr wieder instand zu setzen, oder die ausgedienten Sprungfedern eines Kanapees aus Urgroßmutters Zeiten notdürftig auszubessern.

In einer kleinen **Uhrmacherwerkstatt** wurden die Wecker, Regulatoren, Stand- und Taschenuhren überholt und funktionierten danach wieder exakt. Aber der Meister reparierte auch sämtliche Fahrradtypen und klebte auf die geplatzten Fahrradschläuche einen Gummiflicken. Die Not machte erfinde-risch, wobei der ständige Ersatzteilmangel oft zur Improvisation zwang.

In der **Böttcherwerkstatt** war zu jeder Jahreszeit Hochbetrieb. Die Bauern tränkten das Vieh aus Holzeimern, Kleinvieh fraß das Futter aus hölzernen Krippchen, Gurken- und Krautfässer waren zu Ende des Sommers gefragt.

Bei Regenwetter, wenn die Bauern ihre Jauchefässer aus der Remise zerrten, waren sie meist erlecht, und auf der Dorfstraße konnte ihr Weg zum Feld verfolgt und gerochen werden. Hier, und auch im Winter, wenn beim Schlachten Holztröge und Pökelfässer auf Dichtheit geprüft wurden, war der Büttner zuständig. Eine so genannte Sauregurkenzeit im Sinne von fehlenden Aufträgen und Einnahmen kannte der **Büttner** nicht.

Ebenso hektisch ging es, vor allem bei schönem Wetter, in der **Stellmacherei** zu. Der **„Wainer"** brachte Ackerwagen, Erntewagen, Handwagen oder Schubkarren wieder auf Trab oder stellte sie auch neu her. Vorwiegend im Frühjahr pressierten bei ihm die eiligen Aufträge, denn es brach schnell mal eine Zugstange, wenn die Kühe und Pferde die angestaute Kraft vom Stallstehen heraustobten. Auch manches überstrapazierte und altersschwache Wagenrad brach bei erneuter Belastung zusammen, und die Holzwürmer taten ein Übriges. Bei allen Holzarbeiten war es stets von Wichtigkeit, ob Meister Grünholz oder Meister Dürrholz beim Bau das Sagen hatte. Für einen neuen Wagen gab es beim Wainer meist nur während des Winters die nötige Zeit, auch manche größere Reparatur hatte während der Saison zurückzustehen.

In der **Wassermühle**, deren Maschinen von einem gewaltigen Wasserrad angetrieben wurden, trafen sich die Bauern, um ihren Schrotvorrat aufzufüllen, aber auch um Mehl oder Grieß für die Küche mahlen zu lassen.

Auf dem Hof der Gemeindeschenke betrieb die **BHG** eine **Reinigung oder Windfege**. Wollte ein Bauer das Saatgetreide reinigen, oder das Korn vor der Ablieferung, konnte er diese Einrichtung nutzen.

Ebenso standen den Bauern einige **Dreschmaschinen** für das Fuhrendreschen oder den Scheunendrusch zur Verfügung.

Für das abzuliefernde Schlachtvieh existierte neben der Schenke eine **Verladerampe**, von welcher das Vieh bequem verladen werden konnte. Aber die langen Transportwege vom Hof bis zur Rampe raubten nicht selten Mensch und Tier letzte Nerven. So eine Viehverladung war für uns Kinder sehr interessant und abwechslungsreich, manches Tier wurde mit unserer Hilfe am Ausreißen gehindert oder wieder eingefangen.

Für den Fortbestand von Nutz- und Schlachttieren waren die **Zuchtbullen** und **Zuchteber** in anerkannten Betrieben verantwortlich. Ich erinnere mich an die von Zeit zu Zeit stattfindenden Körungen der Zuchtbullen. Größere Bauern führten ihre Prachtexemplare auf den Schenksplatz. An der Rückseite der alten Kegelbahn (Kuhlech) waren stabile Eisenringe in das Mauerwerk eingelassen, daran befestigten die Bullenhalter ihre Tiere. Dieser Viehauftrieb war nicht nur für uns Kinder einer Sensation, dabei ging es oft ziemlich gefährlich zu, wir waren Zaungäste und in sicherer

Entfernung. Ein Gremium, bestehend aus Fachleuten und **Tierärzten**, begutachteten die Kolosse und kürten die Sieger. Selbige wurden nicht ohne Stolz von ihren Züchtern zurück in die Ställe geführt und taten zukünftig ihren Dienst.

Mußte ein Stall, eine Scheune oder ein Wohnhaus umgebaut oder erneuert werden, fanden sich unter den Dorfbewohnern genügend **Maurer**, **Maler** und **Dachdecker**. War Lehm bei der Ausbesserung nötig, lieferten die zwei Lehmgruben den alten Baustoff, aber eine der Abbaugruben diente damals zum Teil schon als Müllhalde.

Im Frühjahr war in der kleinen Gärtnerei ein Kommen und Gehen. Zu jedem Haushalt gehörte auch meist ein Garten, aber der **Gärtnermeister** verstand nun mal am besten die Aufzucht junger Pflanzen.

Meine Eltern betrieben einen winzigen Handel mit Gemüse- und Blumensamen und verdienten damit ein kleines Zubrot.

Kohlen für den Küchenherd oder Kachelofen, sowie Koks für die Gruden, bestellten die Haushaltsvorstände im **Kohlehandelbüro**. Große Ausschweifungen waren sowieso nicht möglich, wie bei Lebensmitteln, Kleidern, Schuhen und Arbeitsbekleidung wurde alles durch **Rationierungen**, **Bezugsscheine** und **Kontingente** geregelt.

Ein **Schuster** besohlte die Schuhe, flickte Stiefel und Gamaschen. Keine wirkliche Konkurrenz für den Dorfschuster war der Hersteller von einfachen Riemchensandalen, die für ein paar Mark zu haben waren, ihre Haltbarkeitsdauer war gering. Ich erinnere mich, während des Sommers barfuß oder in Holzpantinen (Holzschlumpen) gelaufen zu sein. Ich war nicht die einzigste Schülerin, die ohne Schuhe die Schule besuchte.

Der **Herrenschneider** fertigte mit seinen Gesellen aus mancher Wolldecke eine schicke Hose, oder funktionierte Großvaters Gehrock zu einem einigermaßen modischen Zweireiher um.

Zahlreiche **Weißnäherinnen** besserten in den Wintermonaten die komplizierteren Sachen der Bäuerinnen aus. Ein angesetzter Ärmel, verlängerter Rockschoß oder gegengesetzter Saum gab vielen Kleidungsstücken ein verlängertes Leben. Manchmal nähten sie auch ein neues Kleid, eine Schürze oder die vielgebrauchten Halbwollenen.

In unserem Dorf arbeitete auch ein **Kürschner** oder **Pelznäher**. Aus Kaninchen- oder Kalbfellen zauberte er einen wärmenden Muff, eine Pelzpelerine, eine Jacke oder sogar einen Mantel. Auch Pelzhandschuhe, Mützen und schalähnliche Pelzkragen, mit runden Pelzbommeln an Kordelschnüren, nähte der Kürschner für die Schlittenfahrt. Natürlich übernahm er auch das Gerben der Felle.

Beim **Herrenfriseur** wurden nicht nur die Männer rasiert und ihnen die Haare geschnitten, auch wir Mädchen mit Bubiköpfen gehörten zu seinen Kunden. Er wusch auch mancher Dame das zu einem Knoten zusammengedrehte Haar und fuhrwerkte ein paar starre Wellen mit der Brennschere zurecht, wenn es gewünscht wurde. Zu seinem Konkurrenten wurde ein jüngerer Haarschneider, welcher in vielen Familien zum Haus- und Hoffriseur gemacht wurde. Wer sich eine Heißwelle drehen lassen wollte, mußte die Kreisstadt aufsuchen, erst lange nach dem Kriege ließ sich ein Damenfriseur im Dorfe nieder.

Beim Einkaufen konnte zwischen einem **Textillädchen**, 2 **Fleischereien** und 3 **Gemischtwarenläden** gewählt werden. Nach dem Krieg kam ein **Konsum** dazu, dafür verschwanden allmählich 3 Tante-Emma-Läden.

Neben den Geschäftsinhabern vom Dorf zogen zahlreiche **fliegende Händler**, **Reesnenger** genannt, von Haus zu Haus und boten lauthals ihre Waren feil. Mit ihrer Redegewandtheit überzeugten sie ihre Käuferschaft oft schneller, als mit der augenscheinlichen Qualität ihres Angebots.

So erinnere ich mich an einen **Bürstenhändler**, welcher Besen und Bürsten in den verschiedensten Ausführungen feilbot.
Zum Bild der **Reesnenger** gehörten auch die **Gebrüder Hohlbein**. Sie trugen ständig grüne Anzüge, schleppten auf dem Rücken einen Rucksack, und an jeder Hand einen großen Koffer. Auch sie klopften an jede Tür und warben um Käufer. Alle Arten Unterwäsche, Pullover, Strümpfe und auch Stoffe führten die „Hohlbeiner" mit sich. Die Stoffe waren in den früheren Jahren auf dem **Reff** aufgebunden.

**Salzhermann** brachte Speise- und Viehsalz an den Mann.

Ein Vertreter für **Kurzwaren** hatte seine Utensilien auf einem **Reff** und in einem **Bauchladen** verstaut. Von ihm konnten die Hausfrauen Wäscheknöpfe, Stricknadeln, Kämme, Haarnadeln, Sicherheitsnadeln, Gummiband, Haarschleifen, einfache Broschen, Zopfhalter, Haarnetze, Strumpfhalter, Nähnadeln und Haarspangen oder Schnürsenkel und Schuhriemen kaufen.

Der **Buckelapotheker** „Wachholderedmund" durchkämmte das Dorf mit Wachholderbeeren für den Braten und echten Kamillesträußen gegen allerlei Wehwehchen. Er hatte keine Absatzschwierigkeiten, denn der Kamille wurde allerorts Wunderheilkraft nachgesagt.

Im Sommer kamen die **Blaubeerweiber** aus dem Thüringer Wald, sie trugen Eimer voll köstlicher Beeren in die Küchen der Bäuerinnen. Mit einem **Nößel** maßen die Frauen die gekaufte Menge Heidelbeeren ab. Ein solcher Tag war ein Freudentag für die Kinder, die blauen Beeren waren nicht nur sehr schmackhaft, auch sehr gesund.

Im Frühjahr kamen die **Zigeuner** auf den Müllerstieg. Sie bettelten sich nicht nur ihren Lebensunterhalt zusammen, sie flochten auch Körbe und Wannen. Schadhaft gewordene Futterwannen, Purzelkörbe und Spreukörbe sammelten die Zigeunerfrauen bei den Bauern ein, die Männer reparierten sie und dann brachte man die Körbe wieder zu den Besitzern. Der Lohn für die Flechtarbeiten war gering, Zigeuner waren bescheiden und benötigten für ihren Lebensunterhalt sehr wenig. Zur damaligen Zeit war die Bezeichnung „Zigeuner" ganz normal und nicht diskriminierend. Für uns Kinder war so ein Zigeunerleben sehr interessant, wir waren vom Müllerstieg nicht wegzubringen, diese fremdländische Kulisse faszinierte alle Kinder gleichermaßen.

Von Zeit zu Zeit reisten die **Scherenschleifer** an, oft waren es auch Zigeuner. Messer und Scheren wurden von ihnen exakt geschärft, und die Schneidegeräte behielten ihre Schärfe, bis die Scherenschleifer wieder mit ihrer Bimmel auf sich aufmerksam machten.

Auch den **Holzschneider** sah ich oft mit seinem kleinen schwarzen Auto durch unser Dorf fahren. Wer keine eigene Säge hatte, engagierte ihn und ließ sein Holz sägen. Der Holzschneider war schlecht gelaunt, wenn es sich nur um Bauholz oder um Stockenholz handelte. Wegen der eingeschlagenen Nägel oder kleinen eingeklemmten Steinchen fürchtete er um seine Sägeblätter. Die Sägeblätter hingen in allen Varianten auf seinem Auto und gehörten zu seinem Markenzeichen.

In unserem Dorf sorgten zwei **Bäckereien** für das tägliche Brot, welches aus ziemlich schwarzem Mehl bestand. Bei dem Kuchen zeichneten die Bäcker nur für das Backen verantwortlich, alles andere war Sache der Hausfrauen.

Eine **Sammelstelle für Gemüse und Eier**, beides war ablieferungspflichtig, befand sich in der Honiggasse. Die Betreiberin dieser Sammelstelle züchtete nebenbei noch Angorakaninchen und war außerdem **Imkerin**. Honig und Angorawolle konnte jedermann käuflich erwerben. Auf jeden Fall durften die exotisch anmutenden Kaninchen betrachtet und bestaunt werden.

Wer etwas auf die hohe Kante legen wollte, brachte sein Geld auf die **Raiffeisenkasse**, welche nach dem Krieg durch die **BHG** (Bäuerliche Handelsgenossenschaft) ersetzt wurde.

Die **BHG** betrieb in den Nachkriegsjahren ein kleines Geschäft, in dem Arbeitskleidung, sowie diverse Geräte und Gegenstände für Haus und Garten angeboten wurden. Eine **Mohnmühle** war im selben Haus installiert und konnte von allen Hausfrauen zum Mohnmalen genutzt werden.

Die örtliche **Freiwillige Feuerwehr** rückte bei Bränden und bei Hochwasser aus.

Auch bei öffentlichen Veranstaltungen, wie Versammlungen und **Filmvorführungen**, waren die Kameraden präsent, und ihre bloße Anwesenheit wirkte beruhigend auf die Menschen. Bei den häufigen Übungen am **Spritzenhaus** in der Schenksgasse waren die Kinder gern Zuschauer. Glücklicherweise gab es während meiner Kinder- und Jugendzeit keinen ernstlichen Einsatz der Feuerwehr, obwohl täglich mit Stearinkerzen und Petroleumlampen oder Stallaternen während der häufigen Stromsperren umgegangen wurde. Auch das Befördern von Glut auf der Kohlenschaufel, von einer Feuerstelle zur anderen, war normal.

Eine **Straßenmeisterei** mit einigen **Chausseewärtern** hatte das Sagen über Schlammgräben und Schneeräumungen. In strengen Wintern kamen alle Männer des Dorfes zum Einsatz, wenn die Schneewehen auf den Straßen zur Stadt oder zu den Nachbarorten nicht mehr durch den Schneepflug allein zu beseitigen waren.

Auch bei organisierten **Flurwachen** kam jeder Bauer an die Reihe, denn nicht nur auf den Feldern, auch in manchen Häusern, trieben Diebe eine Zeit lang ihr Unwesen.

Vom zeitigen Frühjahr bis in den Herbst hinein standen die Schafe der Bauern unter der Obhut des **Schäfermeisters** und seinen Lehrlingen.

Im Scheunentennen der Schenksscheune wurde alljährlich die große **Schafschur** abgewickelt.

Sollte ein Schaf, eine Ziege, ein Rind, ein Kalb oder ein Schwein geschlachtet werden, weil die Vorratskammer leer geworden war, so bestellten sich die Bauern einen von den vielen ortsansässigen **Metzgern** für die Hausschlachtung.

Vor der Schenke gab es eine große **Viehwaage** mit **Wiegehäuschen**, dort wurde Vieh gewogen, bevor es verkauft oder geschlachtet wurde.

Den **Viehhirten** (Hirt) mit seinen einfachen tierärztlichen Kenntnissen riefen die Tierhalter zu ihren erkrankten Tieren. Erst wenn der Hirt mit seinem Latein am Ende war, kam der wesentlich teurere **Tierarzt** in die Ställe. Der Hirt besorgte auch das Kastrieren (Schneiden) der kleinen männlichen Schweine.

Für die große Wäsche der Hausfrauen gab es eine **Gemeindewaschanstalt** mit **Heißmangelbetrieb**.

Auf dem **Gemeindebüro** befand sich das Standesamt. Eheschließungen, aber auch alle amtlichen Dinge, wie die Meldung eines Sterbefalles, oder einer Geburt wurden dort registriert. Die Vorbereitungen für eine Beerdigung besorgte der **Totengräber**, sein Amt gehörte zu unserem Dorf, wie das Sterben nun mal zum Leben gehört. Aber der **Bürgermeister** entschied auch über die Verpachtung von Obstbäumen an Straßen und Feldwegen, und die Nutzung von Brennholz und Reisig als Zuwachsgewinn der gemeindeeigenen Kopfweiden an Wassergräben. Auf dem Bürgermeisteramt wurden Ackerflächen, wie Krautsfleckchen und Abfindungen an Interessierte, zur Eigenversorgung mit ein wenig Gemüse und Kartoffeln, abgegeben. Schlachtscheine stellte das Büro nur aus, wenn das, durch sie kontrollierte Ablieferungssoll der Bauern quartalsmäßig erfüllt war. Die monatliche Verteilung der Lebensmittel- und Kleiderkarten, Bezugsscheine für Bekleidung und Schuhwerk oblag dem **Gemeindeamt**. Aber auch die Vorbereitungen für das später wieder organisierte traditionelle Pfingstreiten, sowie den durchaus politisch zu sehenden Umzug und die sogenannte Festrede zum 1. Mai, waren Bestandteil des Arbeitsgebietes eines Bürgermeisteramtes, unter vielen anderen Aufgaben selbstverständlich.

Für einige Jahre organisierte die Gemeinde auf sumpfigen Wiesen hinter der Erle die Gewinnung des Brennstoffes Torf und half damit allen Dorfbewohnern über die größte Not. Ausgegebene **Kontingentscheine** für **Torf** waren für den Erwerb nötig.

Die verbliebenen Torflöcher, nach der Einstellung des **Torfballenstiches**, füllten sich mit Wasser und dienten der Dorfjugend für kurze Zeit als Badeplätze.

Eine Art Ersatzbadeanstalt war das sogenannte **Wasserbett**, ein Stück ausbetonierter Bachgrund des Seitenarmes der Nesse. Das Wasserbett befand sich direkt vor dem Zaun vom Grundstück des Wassermüllers. Danach stürzten die Wassermassen über das Wasserrad und trieben die Motoren der **Mühle** an. Das kniehohe Wasser des Wasserbettes war sehr kalt, denn es floß vorwiegend im Schatten hoher Bäume und Büsche, dennoch zog es an heißen Tagen alle Dorfkinder magisch an.

Den Durst aller Dorfbewohner löschten nicht nur an heißen Tagen die zwei Wirte der Gasthäuser. Bei besonderen Anlässen, wie der **Kirmes**, wurde auf 2 Sälen getanzt. Nach dem Krieg waren die Tanzveranstaltungen so gut besucht, daß der **Lux** (Tanzordner) Mühe hatte, alle Tanzpaare in geregelte Bahnen zu lenken.

Auf dem Saal des Gasthofes war seit 1947 ein **Kinobetrieb** eingerichtet. Der Gasthofswirt kaufte die Motoren und alles Zubehör für einen Lichtspielbetrieb. Es war für die Dorfbevölkerung eine enorme Bereicherung. Der ortsansässige **Maler** Franz Hirsch malte in jeder Woche neu das Reklameschild nach dem Programmheft und eigenen Fantasien. Samstagabend lief für die Erwachsenen und Sonntagnachmittag für die Kinder eine Vorstellung.

Für uns Kinder gab es den **Kindergarten** und später für eine achtklassige **Grundschule** zwei Schulgebäude. Gelegentlich fand der Unterricht von den unteren Klassen auch in den oberen Stuben der Gemeindeschenke statt. Das musikalische Talent der Jüngsten wurde im Schulchor oder in der Mandolinengruppe gefördert.

Alljährlich zu Weihnachten fand ein **Theaterabend** statt, an welchem die mitwirkenden Schüler der Laienspielgruppe ihre künstlerische Begabung unter Beweis stellen konnten.

Unter den vielen Bildern meiner Erinnerungen befindet sich auch das der alten **Kegelbahn** (Kuhlech) gegenüber der Schenke. Sicher hatte das Gebäude schon bessere Zeiten gesehen, aber es bemühte sich niemand ernsthaft um dessen Erhalt. Nachdem vorübergehend die **MTS** in ihr untergekommen war, verkam die alte Kegelbahn leider immer mehr, bis sie eines Tages abgerissen wurde, ohne daß wieder eine Kugel in ihr gerollt wäre, dabei hätte das Kegeln doch eine willkommene Abwechslung im Alltag der Molschleber sein können.

Aber sportlicher Betätigung konnte auch auf dem **Sportplatz**, weit außerhalb des Ortes, nachgegangen werden. Sogar einen **Fußballverein** mit zwei Mannschaften gab es nach dem Krieg, zeitweise sogar eine **Handballmannschaft**.

Für die seelische Erbauung war der evangelische **Pfarrer** zuständig. Zur Kirche mit seinem mittelalterlichen Turm gehörte das Pfarramt. Der **Organist** aus dem Nachbarort Eschenbergen leitete den Kirchenchor und gab Instrumentalunterricht.

Mit allen körperlichen Wehwehchen suchten die Einwohner den **Doktor** auf, unkomplizierte Schrammen behandelte die **Gemeindeschwester**.

Für Neuankömmlinge war die **Dorfhebamme** zuständig, zu ihr ging man auch, wenn Ohrringe eingestochen werden sollten. Als die Dorfhebamme aus Altersgründen ihren Dienst quittierte, übernahm die Hausgeburten eine Hebamme aus Eschenbergen, sie kam in dringenden Fällen mit dem Fahrrad.

Mit Zahnschmerzen, oder bei abhanden gekommenem Gebiß, meldeten sich die Patienten in der **Zahnarztpraxis** und wurden dort entsprechend verarztet.

Alle Neuigkeiten, die von Wichtigkeit für ein funktionierendes Zusammenleben waren, verkündete täglich der **Dorfschütz**, der mit seiner lauten Bimmel durch alle Straßen und Gassen lief. Er verkündete, wann der **Schornsteinfeger** zu erwarten war, wann der nächste Impftermin anlag, wann wieder Schulbeginn war, daß eine Gans entflogen oder ein Hund entlaufen war. Jeder Einwohner wußte vom Schütz, wann die nächste Kartoffelkäferaktion stattfand, bei wem die verlorene Geldbörse abzugeben war, oder daß für die säumigen Steuerzahler ein letzter Termin anberaumt wurde. Wer

16

also ständig Augen und Ohren offenhielt, dem konnte in unserem Dorf nichts entgehen. Nach dem Kriege kam auf die Gemeindeverwaltung und auf die Hausbesitzer eine große Aufgabe zu. Für die vielen **Umsiedler** (Evakuierte) mußte Wohnung und nötiger Hausrat gefunden werden. Auch die Eingliederung der Flüchtlinge in die Gemeinde und die Beschaffung von Arbeitsplätzen ging nicht ohne Probleme ab. Nach einigen Jahren schon waren alle ehemaligen Evakuierten eingegliedert und in der Gemeinde verwachsen.

Anfang der 50er Jahre schaffte der Gasthofswirt Ernst Gessert eine **Eismaschine** an. Der Eisverkauf war eine Riesenfreude, vor allem für die Dorfkinder.

Einen **Busverkehr** zur Kreisstadt Gotha gab es zwar, aber der Fahrplan fiel auch noch einige Jahre nach dem Krieg eher spärlich aus. Wer es eilig hatte und sich nicht darauf verlassen wollte, ob er auch tatsächlich einen Stehplatz im Omnibus erdrängeln konnte, der fuhr lieber gleich mit dem Milchmann oder dem Postauto. War die Kabine beim Milchauto schon besetzt, hockte man sich auf die Ladefläche hinter den Holzvergaser, da fror man ebenfalls nicht.

**Privatautos** besaßen lediglich der Doktor, der Müller und der Gasthofbesitzer, später noch die Betreiberin der Eier- und Gemüsesammelstelle.

Ansonsten unternahmen die Bauern eine nötige Reise per **Pferdekutsche**, Fahrrad oder per pedes.

An Fahrräder wurden schon kleine Motoren angebaut, es waren die Vorläufer der späteren **Mopeds**.

**Geselligkeit** wurde in meinem Heimatort immer großgeschrieben. Bei großen Familienfeiern rissen sich einige passionierte Köchinnen um die Gunst der Veranstalter.

Bei derlei Feierlichkeiten sorgte eine kleine **Hauskapelle**, die sich aus Dorfbewohnern zusammensetzte, für die musikalische Umrahmung.

Die Verbindungsstelle zur Außenwelt war die **Post**, dort durfte auch telefoniert werden, aber die Möglichkeit der fernörtlichen Kommunikation wurde sehr selten genutzt.

So funktionierte unser Dorf fast selbständig, für die damalige Zeit, und für ein bescheidenes Leben, völlig ausreichend.
Molschleben war ein lebendiger Ort mit pulsierendem Leben, keine Schlafstadt, in welcher man sich fremd bleibt.
Viele Erinnerungen und Erlebnisse aus dieser Zeit blieben bis heute in mir lebendig.
Ich durfte erleben, welche Vielfältigkeit und Schönheit ein Dorfleben zu bieten hatte. Ich sammelte eine Fülle von Eindrücken und nahm so unendlich viel schöne Dinge in mir auf, daß ich heute noch dankbar dafür bin.

Aber es war auch ebenfalls eine schwere Zeit, jene Kriegs- und Nachkriegsjahre, auch der schmerzliche Teil wurde durchlebt und hat mich nicht unwesentlich geprägt.

Was ich niederschrieb in „Erinnerungen an Thüringen" spielte sich in vielen thüringischen Ortschaften auf dieselbe Weise oder ähnlich ab.

Es war einmal... ein großes altes Bauerndorf, nicht so herausgeputzt und stadtähnlich, wie es sich dem heutigen Besucher präsentiert. In diesem urwüchsigen Thüringer Dorf lebte ein fleißiges, geselliges Völkchen, welches verdient, in der Erinnerung weiterzuleben. Mein Buch soll der Versuch sein, späteren Generationen das Leben in einem Thüringer Bauerndorf zu beschreiben und soll mithelfen, alte Wertbegriffe wie Gemeinsinn und Zufriedenheit zu bewahren.

Die Gemeinde war vollkommen selbständig. Wem das nicht genügte, der konnte die „äußerst günstigen Busverbindungen" zur Stadt nutzen.

Bereits 1960, als sich die Landwirtschaftlichen Produktionsgenossenschaften gründeten, begann sich das Dorfleben, und auch das Leben der Dorfbewohner, allmählich zu verändern. Natürlich profitierten wir alle von der fortschreitenden Technisierung und Automatisierung. Sie erleichterten die schwere manuelle Arbeit enorm. Auch nach der Wende veränderte sich das Leben auf dem Lande erneut. Nach der Gebietsreform war in unseren kleinen Dörfern nichts mehr so, wie es einmal war. Knallharte Kalkulationen bestimmten fortan die Existenzberechtigungen von Betrieben und deren Überleben. Schulen und Kindergärten sind nur noch in größeren

*Feierabend nach der Heuernte, J. Sattler und Tante, ca. 1950.*
*Foto von Johanna Sattler, Molschleben*

Ortschaften gebündelt rentabel. Arztpraxen und Friseursalons rechneten sich plötzlich nicht mehr. Selbst die Einkaufsgewohnheiten änderten sich. Läden machten dicht und heute kaufen die meisten Dorfbewohner Brot und Fleisch teuer an Verkaufswagen, wie sie kurz nach dem Krieg zum Einsatz kamen. Wer im Alter nicht mehr flexibel ist, ist schlecht dran in punkto Versorgung auf dem Lande. Es ist kälter geworden in unseren Dörfern. Dieses ganze Zahlendenken brachte nie gekannten Neid auf, aber auch Interesselosigkeit macht sich vielerorts breit.

Aber gottlob gibt es immer noch Ausnahmen! Unsere Dörfer sind zwar optisch schöner geworden, eher städtisch! Aber wenn auch noch die einzige Gaststätte schließt, weil sich der Umsatz nicht rechnet, dann sind unsere Dörfer bald nur noch Schlafstätten. Mir macht es Angst, wenn ich mehrmals durch menschenleere Dorfstraßen fahren muß, um endlich jemand zu finden, der mir den Weg weisen oder eine Auskunft geben kann.

Wo sind die spielenden Kinder geblieben, und wo die älteren Leute, die früher so gern ein kleines Schwätzchen am Gartenzaun oder vor der Türe machten?

Die Kommunikation der Dorfbewohner untereinander ist wichtig. Wenn wir erst den Weg zum Nachbarn nicht mehr finden, dann ist das Todesurteil für unsere kleinen Dörfer endgültig gesprochen.

Lassen wir es nicht so weit kommen!

*Frauen warten auf den Pfingstumzug am Brunnen in der Brauhausgasse.*
*Foto von J. Sattler, Molschleben*

# Die alte Kaffeetasse

Eine alte Kaffeetasse
steht noch auf Omas Küchenbord.
Könnte sie von sich erzählen,
sie würde plappern immerfort.

„In mir war selten Milchkakao,
das Geld hat dafür nicht gereicht.
Frühmorgens wurde trock'nes Brot
in Gerstenkaffee eingeweicht.
Wenn's darauf etwas Zucker gab,
wurd' ich geleert in einem Zug.
Rasch füllte sich der kleine Bauch,
für Kinder war das nicht genug!

Zersprungen wär' ich fast vor Freud',
war ich voll Milch, mit Honig gar!
Ganz fest umklammert wurd' ich dann,
wohl, weil solch' Glück zu selten war.
Zwei Kinderlippen küssten mich
aus Dankbarkeit für so viel Glück;
nie könnt' ich solches Glück vergessen,
ich denk' so oft daran zurück.

Die kleine Kinderhand von einst,
sie gab mir einen Ehrenplatz;
oft nimmt sie mich von meinem Bord
und streichelt mich, wie einen Schatz.
Mein Dekor ist abgewaschen,
verblichen auch die gold'ne Zier.
Mein Bauch hat einen breiten Sprung,
von Schönheit blieb nicht viel an mir.

Kleine, flinke Kinderhände
bedeuten mir noch immer viel
und kippen sie mich einmal um,
ist's für mich mehr, als Lust am Spiel!"

# Daheim

Meine Eltern waren Landarbeiter und kamen aus kinderreichen Familien. Nach ihrer Heirat kauften sie ein kleines Häuschen, bauten es nach dem Krieg etwas aus, und erst nach und nach verbesserten sich für uns die Lebensverhältnisse. Insgesamt aber blieben sie recht bescheiden, um nicht den Begriff armselig zu gebrauchen.

In eben diesem Häuschen wuchs ich mit meinem Bruder Hans und später mit meiner Schwester Roswitha auf. Vor dem Umbau, also während des Krieges, gab es da nur eine Stube, eine Küche und auf dem Boden eine Kammer mit einem Vorraum. Der Ziegenstall befand sich mit unter dem Dach des Hauses. Dort hatte auch ein Schwein Platz, und ein Hühnerverschlag befand sich über dem Schweinekoben. Der dazugehörende Hof verdiente seinen Namen eigentlich nicht. Ein paar Quadratmeter Fläche mußten ausreichen für Hühnerauslauf, Kohlenstall, Plumpsklosett, Hundehütte und Misthaufen. Es blieb also nicht aus, daß man von einem Hühnerdreck in den anderen trat.

Das tägliche Leben unserer Familie spielte sich vorwiegend in der Küche ab. Dort wurde gewaschen, gekocht, gebügelt, gegessen, gebadet, und natürlich mußten auch die Schulaufgaben am Küchentisch erledigt werden. Eine hölzerne Falltür war das erste, was einem beim Betreten der Küche auffiel. Sie führte zum Keller, und ich hatte immer die Befürchtung, daß ich eines Tages mitsamt der Tür in den Keller hinabsausen könnte. Der übrige Küchenboden war mit groben roten Steinen ausgelegt. Alles hatte eher den Charakter einer Waschküche, denn auch ein eingemauerter Kessel stand unter dem Fenster. Sonst waren da nur ein kleiner Herd, ein Tisch mit Stühlen, ein Küchenschrank, ein Waschschränkchen und ein Regal für die Wassereimer. An der Wand hingen zwei Borde für Kochtöpfe und Tassen. Einziger Luxus der Kücheneinrichtung war der Volksempfänger, ein kleines Radio.

Ach ja, ich erinnere mich. Wie in vielen solcher armselig eingerichteten Wohnküchen, standen auch in unserem Küchenfenster zwei oder drei Fleißige Lieschen. Es war ein einfaches Blumenstückchen, wie es bei uns hieß, das fast immer voller winziger roter Blütchen war. Meist stand dort auch ein Wasserglas mit Stecklingen zum Keimen darin. War so eine neue Topfpflanze herangezogen, wurde aus ihr ein kleines Geschenk für Nachbarn oder Bekannte. Die dazu nötige Blumenerde holten wir Kinder aus hohlen Weidenbäumen, die an Wassergräben im Riet wuchsen.

Die Stube, in der wir uns nur in der kalten Jahreszeit aufhalten durften, (den ganzen Sommer über blieben dort die Fensterläden geschlossen), war ebenfalls nur ein ganz einfach eingerichteter Raum. Ein Plüschsofa, ein Vertiko, eine Nähmaschine, eine Bank, Tisch und Stühle, einen Kachelofen und einen Regulator gab es darin, wobei der Regulator vielleicht das wertvollste Einrichtungsstück war. Neben dem Kachelofen stand der sogenannte Sorgestuhl, ein Korbsessel. Er trug seinen Namen sicher deshalb, weil er am wärmsten Platz in der Stube stand und es dem Familienoberhaupt vorbehalten war, darin zu sitzen.

Die Behaglichkeit in unserer Stube beschränkte sich lediglich auf die wohlige Wärme des Ofens. Sessel, Teppich, Blumen, Bücher, oder andere Dinge, die für eine gemütliche Atmosphäre sorgten, fehlten völlig. Das war auf die bescheidenen Lebensverhältnisse zurückzuführen, aus denen meine Eltern stammten. Sie erzählten später oft, daß sie, angefangen vom Essbesteck, alles selbst anschaffen mußten, und das bei einem Gesamttageslohn von 1,75 Mark.

Ein winziger Hausgarten war von der Gemeinde gepachtet worden, andere Ländereien besaßen wir nicht. Erst nach dem Krieg pachtete mein Vater ein paar Acker, schaffte eine Kuh an, und als der Hof für die Betreibung eines kleinen landwirtschaftlichen Betriebes zu eng wurde, zogen wir um in ein Bauerngehöft. Unser Leben wurde dadurch nicht etwa leichter und besser,

*Meine Schwester Roswita beim Kartoffelschälen, ca. 1958.*
*Foto von Hannalore Stecher (Gewalt), Kleinfahner*

sondern es gab mehr Arbeit und noch mehr Entbehrungen. Vater vergrößerte die Landwirtschaft, dafür brauchte er jede eingenommene Mark. Vieh, landwirtschaftliches Gerät, Pachtzins sowie der Kaufpreis für ein paar Acker eigenes Land, das alles mußte bezahlt werden. Wir Kinder waren das letzte Glied einer nicht endenden Kette von Ausgaben.

Ich kannte damals unter den Dorfbewohnern keine Familie, in welcher die Eltern so ganz von unten anfangen mußten, sich einen Hausstand aufzubauen. Ein zweitüriger Kleiderschrank, eine Zinkwanne und eine Ziege waren die Erbteile, die unsere Eltern von ihrem „Zuhause" mitbekommen hatten. So bewahrheitet sich wohl der alte Spruch: „Aller Anfang ist schwer!" (Auch die Umsiedler hatten meist so einen Anfang)

*„Klapperstorch", meine ersten Jahre, Molschleben 1940.*
*Foto von Hannalore Stecher (Gewalt), Kleinfahner*

*Nachbarin Bärbel und ich in Molschleben vor dem Haus der Hebamme.*

*Mein Bruder mit mir und der Puppe im Hof von Tante Rosa Kolbe in Molschleben 1940. Fotos von Hannalore Stecher (Gewalt), Kleinfahner*

*Mein Elternhaus, Neuengasse 177, ca. 1941. „Vater auf Urlaub – daheim".*
*Foto von Hannalore Stecher (Gewalt), Kleinfahner*

# Der Kindergarten

Unter einem Kindergarten zu meiner Zeit darf man sich nicht zuviel vorstellen. Es gab nicht etwa einen tollen Spielplatz oder gar eine ganztägige Verpflegung. Wir hatten ein wenig Spielzeug, um das ein ewiger Streit war, aber wer es gerade besaß, der freute sich wirklich darüber und spielte auch damit.

Frühstücksbrot[1], Mittagessen und Nachmittagskuchen mußten von zu Hause mitgebracht werden. Jedes Kind hatte also am Morgen ein kleines Töpfchen dabei, in welchem das Mittagessen war. Die Tanten – wie wir die Erzieherinnen nannten – wärmten es dann auf, und es passierte schon öfter mal, daß bei den vielen Töpfen das Essen anbrannte.

Fließendes Wasser gab es im Kindergarten nicht, gewaschen wurde sich in Blechschüsseln, die in der Mitte des Waschraumes auf einer Bank standen. Jedes Kind hatte am Haken für Kamm und Handtuch ein buntes Bildchen als Erkennungszeichen. Natürlich gab es im Kindergarten auch ein Plumpsklosett. Dort roch es so stark nach Desinfektionsmittel, daß es einem übel werden konnte.

Im Sommer krochen auf dem Holzfußboden graue Tierchen herum. Davor ekelte ich mich wahnsinnig. Diese wurmähnlichen Tiere bestanden aus etwa 2 cm Leib und einem fadenähnlichen Schwanz. Vor Stallmist hatte ich keinen solchen Ekel wie vor diesen grauen Ungeheuern.

*Kinder in Molschleben 1943. Foto von Hannalore Stecher (Gewalt), Kleinfahner*

*Mai 1950, Kindergarten Molschleben mit Roswita Stecher.*
*Foto von Hannalore Stecher (Gewalt), Kleinfahner*

Ich ging von Anfang an ungern in den Kindergarten. Schnell stellte ich fest, daß die Kinder zu Hause bleiben durften, bei denen eine Oma die Aufsicht übernahm. Aber so großes Glück hatte ich nicht, und es gab gar keine andere Wahl. Mutter mußte Geld verdienen, Vater steckte immer noch im Krieg, Hans war in der Schule – wo sollte ich also hin?
Wie überall hatten auch im Kindergarten die großen Jungen das Sagen, wir kleinen Knirpse mußten uns unterordnen. Die meiste Zeit verbrachte ich damit, die Tür zu beobachten. Sobald sich eine günstige Gelegenheit bot, riß ich aus. Da es noch keine Wasserleitung gab, mußten die Tanten das Wasser aus der benachbarten Schmiede holen. Vergaßen sie dabei, die Tür fest zu ver-schließen, war ich auf und davon. Ein paarmal brachte mich meine Nachbarin zurück, die mich, vor der Haustür sitzend, fand. Vor unserer Haustür war es immer noch besser als im Kindergarten. Schnell hatte ich mich durch meine Ausreißerei unbeliebt gemacht, und fortan paßte man besser auf mich auf.
Im Kindergarten war ein großer Hof, und neben dem Tor befand sich eine hohe Mauer. Es war uns streng verboten, die Mauer auf irgendeine Weise zu erklettern. Doch im angrenzenden Lehmfachwerkhaus hatten schon die Kinder vor uns Löcher eingetreten, und so konnte man wie auf einer Leiter die Mauer erklimmen. Bevor ich den schlimmen Jungen nachstieg, hatte ich

27

*Molschleben 1943. Aufenthaltsraum im Kindergarten mit Spielschrank und wenig Inhalt.*

*Kindergarten in Molschleben 1943. Ein Blick in den kleinen Schlafraum.*

*Puppenecke im Kindergarten, Molschleben ca. 1943.*
*Fotos von Hannalore Stecher (Gewalt), Kleinfahner*

lange Zeit sehnsüchtig durch ein Loch am Mauerende gespäht. Ich konnte die Dorfschmiede sehen, wo gerade ein Pferd beschlagen wurde. Gern hätte ich ganz nahe dabeigestanden und zugeschaut. Von der Mauer hat man sicher einen besseren Blick, dachte ich mir. Vergessen waren die Warnungen, und ruck-zuck stand ich oben. Das war ein Geschubse und Gedränge – meine Burg, deine Burg – jeder wollte der Größte sein. Bei dem Gerangel blieb es nicht aus, daß mal ein Stoß zu heftig ausfiel, und mit großem Geschrei landete ich auf der Straße. Meine Vorwitzigkeit brachte mir eine aufgeplatzte Augenbraue ein, über deren Narbe ich mich später oft ärgerte.

## Kinderfest

Alljährlich zu Anfang des Sommers wurde im Kindergarten ein Kinderfest veranstaltet. Wir übten Verse und Lieder für diesen Tag ein. Die großen Kinder bastelten mit den Tanten Luftschlangen, Windrädchen und allerlei Kleinzeug für Wundertüten.
Manchmal durfte ich mit auf den Hausboden gehen. Dort gab es eine winzige Bodenkammer mit einem Dachfenster. Unendlich viele Pappkartons mit ganz vielen Geheimnissen waren dort aufgestapelt. Buntes Ausschneidepapier, die Puppen vom Kasperletheater schliefen auch dort oben. Sie

*Kindergarten Molschleben 1943.*
*Foto von Hannalore Stecher (Gewalt), Kleinfahner*

schliefen alle so fest mit offenen Augen, das war mir ein bißchen unheimlich. Die Tante hatte schnell gefunden, was sie suchte, und der Aufenthalt war leider schnell beendet. Ich träumte oft von dieser geheimnisvollen Bodenkammer, wohl weil ich damals schon ein sehr neugieriges Mädchen war.

Ich erinnere mich an ein Kinderfest am alten Sportplatz neben der Nesse[2]. Wir hatten Rotkäppchen eingeübt, ich spielte das Rotkäppchen und war noch ein recht kleines Mädchen. Das Auswendiglernen fiel mir sehr leicht, ich weiß noch, wie begeistert ich war und mich über den Applaus freute. Es gab auch ein paar Süßigkeiten, die man bei Spielen wie Topfschlagen, Eierlaufen, Sackhüpfen, Stuhlbesetzen oder anderem gewinnen konnte. Heute sind diese Spiele selten geworden. Wir waren damals über ein gewonnenes Windrädchen glücklich und hielten es in den Wind.

Waren alle Lieder gesungen, alle Verse aufgesagt, und hatte jedes Kind seinen eingeübten Vortrag dargeboten, tollten wir noch eine Weile auf der Wiese herum, bis wir erschöpft ins Gras fielen.

Am Rande des Sportplatzes wuchsen viele Gänseblümchen. Wir pflückten sie und flochten gemeinsam mit den Erwachsenen Blumenkränze und Halsketten. Dabei bohrten wir mit dem Fingernagel einen kleinen Riss in den Stengel und steckten die nächste Blume hindurch. So ging es immer weiter, bis die Kette lang genug war. Dann wurde das Kränzchen aufprobiert, ob es auch richtig paßte. Doch all zu schnell war die Blumenpracht verwelkt, und all zu schnell ging so ein Kinderfest vorbei. Aber die vielen Lieder, die wir eigens für diesen Tag gelernt hatten, sangen wir noch lange Zeit.

*Kinderfest vom Kindergarten auf dem Lindenplatz in Molschleben.*
*Foto von Hannalore Stecher (Gewalt), Kleinfahner*

Auf jeden Fall fiel beim Kinderfest, ob auf dem Sportplatz oder dem Großen Lindenplatz, der verhaßte Mittagsschlaf weg. Auf der geflochtenen Holzpritsche lag man noch härter als zu Hause auf dem Strohsack. Einziger Trost war, daß ich bei geöffnetem Fenster die Schmiedearbeiten von neben-an verfolgen konnte. Ich hörte den Hammerschlag auf den Amboss oder die Kommandorufe beim Pferdebeschlagen. Ich hatte so oft durch ein Loch in der Mauer bei den Arbeiten zugesehen, daß ich mir nun den Schmiedebetrieb gedanklich vorstellen konnte.

*Vor dem Molschleber Kindergarten. Zug zum Kinderfest auf den großen Lindenplatz. Foto von Hannalore Stecher (Gewalt), Kleinfahner*

# Der Futterkasten

Tante Hildegard war für mich eine Art Ersatzmutter, sie beaufsichtigte mich abends nach der Kindergartenzeit, bis das Ochsengespann mit den Feldarbeitern durch die Torfahrt fuhr, und ich mit meiner Mutter nach Hause gehen konnte.
Wenn ich aus dem Kindergarten kam, saß Tante Hildegard meist schon neben der Kuh und hatte mit dem Melken begonnen. Ich kletterte auf den Futter-kasten, welcher hinter den Kühen stand, das war mein Stammplatz.

Immer wenn ich hereinkam, zerrte der große Zuchtbulle an seiner dicken Kette und brüllte dabei so furchteinflößend, daß ich am liebsten im Futterkasten verschwunden wäre. Dabei kannte er mich doch genau, aber vielleicht mochte er meine Lieder und Verse nicht, die ich Tante Hildegard jeden Tag vortrug. Ihr gefiel es offensichtlich, wenn ich aus dem Kindergarten erzählte, sie kannte alle Lieder und Gedichte auswendig wie ich.

Manchmal nickte sie beim Melken kurz ein, sicher, wenn sie mitten in der Nacht Brot eingemengt hatte. Ich sang dann ein bißchen lauter, sie zuckte zusammen und wachte auf, wobei jedesmal der gefüllte Milcheimer gefährlich hin und her wackelte. Sie schimpfte dann mit der Kuh, obwohl diese kein Bein bewegt hatte, das konnte ich auf dem Futterkasten genau beobachten.

Tante Hildegard hatte viel Arbeit, aber sie nahm sich dennoch die Zeit und hörte mir geduldig zu. Immer waren Obst und herrlicher Kuchen im Haus, und mir machte sie damit jedesmal eine große Freude. Die Zeit bei Tante Hildegard zähle ich zu meinen glücklichen Tagen. Auch Tante Hildegard vergaß diese gemeinsame Zeit nie. Noch im hohen Alter sprach sie davon und wußte noch manchen Vers aufzusagen.

# Das Wertköfferchen

Es war noch immer Krieg. Hans und ich waren mit Mutter allein. Deutlich erinnere ich mich an die ständigen Fliegerangriffe in der Nacht. Sie waren zwar meist auf die nahegelegene Kreisstadt gerichtet, aber wer konnte das schon so genau wissen? Abwechselnd waren immer ein paar Männer für den Sirenendienst eingeteilt. Kündigte sich ein Luftangriff an, rannten sie mit einer Sirene durch das Dorf und warnten die Dorfbewohner. Sofort mußten alle Fenster verdunkelt werden, wenn überhaupt ein Licht brannte. Meist war Stromsperre, und die selbstgegossenen Stearinkerzen waren ein rarer Artikel. Oft saßen wir deshalb abends in der Stube bei geöffneter Ofentür, und das Feuer mußte das Licht ersetzen. Im Winter gingen wir mit Kleidern ins Bett, wenn nachts wieder ein Bombenangriff befürchtet wurde. Kaum waren wir eingeschlafen, riß Mutter uns hoch, stülpte uns einen Mantel über, und ab ging es in den Nachbarkeller der dicken Hebamme. Ihr Keller war angeblich sicherer als der unsrige, es ist aber gottlob nie auf eine Probe angekommen.
Die feuchte Kälte spüre ich noch in den Knochen, wenn ich mich darauf konzentriere. Lattengestelle, auf denen Strohsäcke und Decken lagen, füllten den dunklen Kellerraum aus. Das Kellerloch war mit einem Strohsack ausgestopft, so hielt man auch im Winter den Frost von den paar Kartoffeln, und Vorrat an Eingewecktem fern. Es wurde in den Nächten des erzwunge-

nen Beisammenseins sehr wenig gesprochen. Ein jeder der Anwesenden hing wohl seinen eigenen, ängstlichen Gedanken nach.

Für mich stand bei dem nächtlichen „Versteckspielen" immer ein kleiner, brauner Koffer bereit, das Wertköfferchen, wie meine Mutter dazu sagte. Ich stellte mir unter seinem Inhalt etwas ganz besonders Wertvolles vor, und entsprechend ging ich mit dem Koffer um. Im Keller ließ ich ihn nicht aus den Augen, als hinge unser Leben davon ab.

Um so enttäuschter war ich viel später nach dem Krieg, als ich mit genauer nach dem Inhalt dieses Wertköfferchens erkundigte. Da kam mir der Koffer gar nicht mehr so wertvoll vor. Ich bemerkte auch, daß seine Hülle aus gepreßter Pappe bestand. Im Innern lag anstelle einer Kostbarkeit ein Bündel mit Dokumenten: Impfscheine, Geburtsurkunden und ähnliche Dinge. Was sollten wir auch schon besitzen?

Heute sehe ich es als einen großen Vertrauensbeweis, daß sich so etwas Wichtiges ausgerechnet in meiner Obhut befand, denn wer nach dem Krieg keine persönlichen Dokumente besaß, brachte sich in größte Schwierigkeiten. Dieser „Papierkram" war damals wichtiger als Schmuck, den ich ja darin eher vermutete, weil ich an Mutter nie welchen gesehen hatte. Außer einer goldenen Armbanduhr, die sie zu ihrer Konfirmation geschenkt bekam.

# Die Russen kommen

Als die Panzer mit russischen Soldaten durch unser Dorf fuhren, stand ich als Kind am Straßenrand und winkte ihnen genauso zu, wie vorher den Amerikanern. Was verstand ich mit meinen paar Lenzen schon von politischen Feinden oder Freunden?

Von den amerikanischen Besatzern war ich sehr angetan, sie schenkten uns Schokolade, Kaugummi, Kekse und Cornedbeef. Mein Bruder Hans war mit ihnen gut Freund, überhaupt waren fast alle Dorfkinder auf dem großen Lindenplatz, wo die Amerikaner ihre Zelte aufgebaut hatten, zu finden.

Den typischen Geschmack des Cornedbeef habe ich bis heute nicht vergessen. Alle Sorten, die man jetzt im Handel erwerben kann, lassen sich mit dem echt amerikanischen nicht vergleichen. Aber die Amerikaner waren abgezogen, das tat uns Kindern leid. Nun brauchte ich mit meinem Bruder auch keine Zigarettenstummel mehr auf der Straße zu suchen, denn die Russen rauchten selbstgedrehte Zigaretten aus Zeitungspapier und Machorka, einem stinkenden Tabak. Die Stummel der amerikanischen Filterzigaretten hatten wir für Vater gesammelt, falls er aus dem Krieg nach Hause kommen sollte. Nie waren die Zigaretten bis zum Filter aufgeraucht.

Es war jeden Morgen eine regelrechte Schlacht um die begehrten Tabak-
stummel, denn viele Kinder waren hinter ihnen her. Auch sie hatten einen
Vater im Krieg, dem sie bei der Heimkehr mit dem Tabak eine unvorherge-
sehene Freude bereiten wollten.

Nun kamen also die Russen. Schon rein äußerlich unterschieden sie sich
von ihren Vorgängern durch ihre verdreckten Uniformen und Stiefel. Das
fiel mir auf, obwohl ich noch ein kleines Mädchen war.

Ich war sicher nicht das einzige Kind, das nicht verstand, warum die Zelte
auf dem Großen Lindenplatz abgebrochen, und die Amerikaner samt
Kaugummi, Schokolade, Keksen und sonstigen Annehmlichkeiten über alle
Berge gezogen waren. Wir Kinder trauerten allesamt der schönen Zeit nach,
bis uns ein unheimliches Dröhnen, das vom Wald her kam, und von den russischen Panzern verursacht wurde, wach rüttelte. Wir rannten alle zur uralten Heeresstraße, auf der schon Napoleon gezogen gekommen war, wie
man im Dorf erzählte. Radau, Staub, Gestank, erschrockene Gesichter und
ein heilloses Durcheinander, daran kann ich mich erinnern. Es waren
Äußerlichkeiten, die sich einprägten. Mir fiel damals auf, daß die Frauen
untereinander heftig herumfuchtelten und sich gegenseitig etwas ins Ohr
tuschelten, was ich nicht verstand. Junge Frauen und Mädchen versteckten
sich oder liefen schnell nach Hause, warum, wußte ich damals nicht.

Eines Tages war ich mit Mutter am Brunnen. Es war nicht üblich, für diesen kurzen Zeitraum die Haustür abzuschließen. Von weitem sah Mutter,
daß zwei russische Offiziere ihre Fahrräder an unsere Hauswand lehnten
und ins Haus gingen. Im Dorf kursierten zu dieser Zeit üble Geschichten
über einige russische Soldaten. Sie hatten sich so daneben benommen, daß
sich vor allem unter den Frauen eine panische Angst breitgemacht hatte. Ich
war zu klein, um von den Geschehnissen etwas zu verstehen. Mutter holte
ein paar ältere Männer, die nachsehen sollten, was in unserem Haus vor sich
gehe. Aber es stellte sich heraus, daß die beiden Offiziere sich nur waschen
wollten, sie waren schwarz wie die Mohren. Mutter schaffte Wasser und
Seife herbei, aber so ganz geheuer war ihr wohl nicht, mein Bruder und ich
mußten immer in ihrer Nähe bleiben. Als sich die beiden Russen gesäubert
hatten, nahmen sie uns Kinder an die Hand und gingen mit uns ins
Lebensmittelgeschäft. Der Besitzer wurde aufgefordert, mir meine Schürze
voll Bonbons zu schütten. Ich freute mich sehr und begriff nicht, was los
war. Beim Fleischer holten sie eine große Wurst und beim Bäcker ein Brot.
Es sollte ein Dankeschön für uns sein.

Ich kleines Ding dachte damals, daß es bei den Russen genauso weitergeht
wie bei den Amerikanern, aber das war leider nicht der Fall.

# Heimkehr

Eines Tages war Mutter mit mir im Backhaus, so ein Besuch dauerte immer seine Zeit. Man mußte warten, bis man mit seinem Kuchen an der Reihe war, dann kamen das Backen und anschließend das Abkühlen, und außerdem hatte Mutter immer etwas zu schwatzen. Plötzlich kam eine Nachbarin herein und sagte ganz aufgeregt, daß mein Vater zu Hause auf der Treppe säße und nicht ins Haus könne. Anstatt sich über die gute Nachricht zu freuen, begann Mutter zu weinen und konnte sich gar nicht wieder beruhigen. Dann nahm sie mich bei der Hand, ließ Kuchen Kuchen sein, und wir liefen im Dauerlauf nach Hause. Tatsächlich saß da auf der Treppe ein Soldat mit einem völlig verdreckten Anzug. Einige Nachbarn standen um ihn herum und redeten auf ihn ein.

Das also sollte mein Vater sein. Irgendwie war ich enttäuscht, er hatte so eine dunkle Haut, fast wie ein Neger. Überhaupt war er ganz anders, als ich ihn mir vorgestellt hatte. An frühere Besuche während seines Heimaturlaubs – die sehr spärlich waren, wie ich später erfuhr – konnte ich mich kaum erinnern.

Mein Vater nahm mich auf den Schoß, aber ich wollte mich nicht an ihn kuscheln. Es lag wohl nicht nur daran, daß er einen Stoppelbart hatte, ich spürte vom ersten Augenblick an, daß etwas zwischen uns stand. Es zog mich nichts zu ihm hin. Warum das so war, wußte ich nicht, aber es sollte nie zu einer Herzlichkeit zwischen uns kommen.

Daß ich ohne Vater aufgewachsen war, dieses Schicksal teilte ich mit Abertausenden von Kindern, aber das wir uns fremd blieben, war ganz bestimmt seltener. Es wäre an meinem Vater gewesen, dieses Fremde, welches zwischen uns stand, durch Liebe und Zärtlichkeit vergessen zu machen und eine Brücke zu bauen. So hatte mich zwar der Krieg mit seinen Grausamkeiten verschont, aber unter der Lieblosigkeit meines Vaters litt ich ein Leben lang. Ein Grund für die fehlende Liebe im Elternhaus war für mich der verfluchte Krieg.

# Die Seifentante

Der Krieg hatte seine Spuren hinterlassen, vor allem in der Stadt. Aber nicht nur viele Ruinen, auch zerstörte Straßen und Anlagen prägten das Stadtbild. Die Landstraße war in einem fürchterlichen Zustand, ein Schlagloch befand sich neben dem anderen. Trotzdem war ein Stadtbesuch immer etwas Besonderes. Es gab schon wieder einige Schaufenster zu betrachten, und ein Melasseeis[4] oder ein Luftballon konnten vielleicht auch dabei herausspringen, wer wußte das schon vorher?

Wir fuhren mit dem sogenannten Hühnerwagen. Auf einem Lastwagen war eine geschlossene Kabine mit Tür, Fenstern und primitiv zusammengezimmerten Sitzen aufmontiert worden. Dieses Vehikel behauptete sich über Jahrzehnte auf den Straßen. Es war eben schon damals besser, schlecht zu fahren als gut zu laufen; wählerisch konnten wir ohnehin nicht sein.

In der Stadt angekommen, führte uns der erste Weg in ein Geschäft, das ich schon von früheren Besuchen kannte. Es war eine Art Drogerie, in der eine ziemlich dicke Frau hinter dem Ladentisch stand. Sie war sehr freundlich zu den Kunden, und für uns Kinder hatte sie immer etwas zum Naschen in der Schürzentasche. Solche Leute gab es nicht oft, und ich merkte sie mir gut.

Mutter war mit der dicken Ladenfrau recht gut bekannt, sie brachte ihr Eier, und andere Dinge vom Lande mit. Dafür wurden uns Seife und allerlei Brauchbares für den Haushalt eingepackt. Bei den Besuchen im Seifengeschäft mußte ich immer viel Geduld mitbringen, denn die beiden Frauen hatten sich jedesmal eine Menge zu erzählen. Ich sah mir inzwischen das Geschäft an.

Doch plötzlich horchte ich auf. Die dicke Seifentante wollte von meiner Mutter wissen, wie es sich denn inzwischen mit meinem Vater entwickelt habe. Meine Mutter begann zu weinen und erzählte von einigen Begebenheiten, die mir wohl bekannt waren. Sie sagte, daß mein Vater und ich uns aus dem Wege gingen, daß mein Vater nicht mit mir redete, es sei denn, er fände einen Grund zu schimpfen, daß er mir keinen Gute-Nacht-Kuß gab, mir verboten hätte, ihn mit „Vati" anzureden usw., usw. Die dicke Ladenfrau hatte mich an ihre Schürze gedrückt und streichelte über meine Haare. Ihre Schürze roch nach Kernseife, und ihr Streicheln tat mir gut. Sie erzählte von fremden Familien, wo der Vater ebenfalls im Krieg gewesen und bei seiner Rückkehr ein großes Kind herangewachsen gewesen sei, ohne das der Vater es miterlebt habe. Auch dort stünde etwas Fremdes zwischen Vater und Kind.

Das also war es! Deshalb konnte mein Vater mich nicht leiden und schimpfte nur ständig mit mir! Ich war erst sieben Jahre alt, doch das hatte ich bereits begriffen. Den Besuch im Seifengeschäft habe ich bis heute nicht vergessen.

# Der Kindermantel

Eigentlich waren die weitgeschnittenen, aus mehreren Hüllen bestehenden Mäntel zum Einschlagen und Austragen der Babys gedacht. Aber Mutter besaß keinen anderen Wintermantel, und so hatte sie in der kalten Jahreszeit das Rüschencape täglich beim Wickel. Die Mäntel hielten durch die vielen Stoffe übereinander sehr warm, außerdem war der gesamte Körper eingehüllt. Man brauchte keine Handschuhe, denn alles war unter den Stoffmassen versteckt. Die unterste Hülle bestand aus flanellartigem Wollstoff, während die oberste aus bunter Baumwolle war. Ich haßte diesen Mantel wie kein zweites Kleidungsstück, und das hatte seinen Grund. Immer wenn Mutter abends irgendwohin unterwegs war, schwang sie den Mantel um, verschloß die einzigste Öse am Kragen, und – schwups – war auch ich unter den Hüllen verschwunden. Das war sehr praktisch, zumindest für meine Mutter. Die Winter damals waren sehr kalt, und indem ich unter dem Mantel neben meiner Mutter herlaufen mußte, fror ich nicht, und mein eigener Mantel wurde geschont. Dafür sah ich aber auch nichts. Mutter nahm mich zwar bei der Hand, aber dennoch kam ich des öfteren ins Stolpern. Da gab es gleich noch einen Klaps mit obendrauf. Aber eigentlich waren die sogenannten Hockmäntel für das Austragen der kleinen Kinder gedacht. Es gab Mäntel aus hellem Baumwollstoff für das Austragen und die dunkelblauen oder schwarzen für den Kirchbesuch. Der linke Arm hielt das Baby. Die rechte Hand brauchte die Mutter, das größere Kind zu führen oder auch um einzukaufen. Es war ein beliebtes und bequemes Kleidungsstück.

## Die schwarzen Schnürschuhe

Mutter hatte unter ihren Bekannten in der Stadt auch einen Schuhmacher. Sein Name war Goldfuß, doch die von ihm gefertigten Schuhe paßten – zumindest meiner Meinung nach – nicht so recht zu seinem Namen. Mit diesem Schuhmacher hatte Mutter während und nach dem Krieg ständig etwas zu kuddeln[5]. So erklärte es sich, daß wir immer ein einigermaßen intaktes Schuhwerk besaßen, zwar unmodern, aber zweckmäßig. Die Schuhe wurden grundsätzlich einige Nummern zu groß angefertigt, da sie lange halten mußten.
Auch ich war wieder einmal an der Reihe und freute mich auf die neuen Schuhe. Ich erinnere mich noch, daß ich barfuß auf einer Zeitung stand, und der Schuhmacher fuhr einige Male mit einem Stift an meinem Fuß entlang, das kitzelte ziemlich. Aber wie groß war meine Enttäuschung, als Mutter anstelle eines Mädchenhalbschuhs ein Paar schwarze Schnürschuhe angeschleppt brachte. Sie waren zwar aus Leder, aber es waren hohe Schuhe, wie aus dem vorigen Jahrhundert, und das im Sommer!
Wenn es einigermaßen machbar war, bekam ich von meinem Bruder abgetragenes Schuhwerk. Zum Glück paßte das schon nicht, weil mein Bruder 6 Jahre älter war. Aber einmal erinnere ich mich an ein Paar Halbschuhe. Eindeutige Jungenschuhe, auch Watte in der Spitze half nicht viel. Da ging

ich bei schönem Wetter schon mal barfuß oder mit Holzpantoffeln in die Schule. Ich war nicht die Einzige, viele Umsiedlerkinder kamen auch barfuß. Ich besaß nur ein einziges Sommerkleid, auf weißem Grund waren kleine Streublümchen gedruckt. Diese schwarzen Langschäfter paßten nun wirklich nicht dazu, aber das wollte meine Mutter einfach nicht verstehen. Sie verstand auch nicht, daß ich mich schämte, sonntags in diesem Aufzug auf die Straße zu gehen, denn mit zunehmendem Alter wuchsen auch allmählich ein wenig Stolz und Eitelkeit heran. Für Mutter gab es nur zwei Möglichkeiten: Entweder ich zog die Schuhe an und konnte auf die Straße gehen, oder ich ließ es bleiben und mußte ins Bett. Im Bett weinte ich dann vor Selbstmitleid. Ich dachte darüber nach, warum es bei den meisten meiner Schulkameradinnen anders zuging. Zwar lebte auch von ihnen niemand im Luxus, aber so hart wie bei uns war es selten in einer Familie. Das konnte nicht nur eine Frage des Geldes sein. Es fielen mir Erzählungen meiner Eltern aus ihrer Kindheit ein. Auch bei ihnen war es ähnlich zugegangen, es war immer dasselbe: Kinder, aber kein Geld, keine Zeit, keine Zuneigung und schon gar keine Liebe. Das eine Kind verkraftet alles, ein anderes weniger. Ich gehörte zu denen, die schlecht damit zurechtkamen und darunter litten. Rein äußerlich jedoch bemerkte man nicht, wie es in meinem Inneren aussah. Das wußten nur wenige Freunde, die mich gut kannten und gern mochten.

# Eitelkeit

Obwohl in den Nachkriegsjahren jeder auf seine Weise mit vielerlei Schwierigkeiten fertig zu werden hatte, vermochte doch auch die allgegenwärtige Not nicht den Sinn für das Schöne völlig zu verdrängen. Alljährlich zum 1. Mai, zum Kinderfest, zu Pfingsten oder zur Kirmes wollten wir Kinder unsere Freude über das Fest auch durch unser Äußeres zum Ausdruck bringen. Das beste, wohl auch das einzigste, und oft schon halbverwachsene Sonntagskleid wurde aus dem Schrank geholt, die Schuhe wurden auf Hochglanz poliert, die selbstgestrickten Kniestrümpfe mit den Bommelchen am Rand strahlten im reinsten Weiß, und auch die Haare sollten nicht wie zu den Wochentagen einfach so herunterhängen. Mutter kannte da zwei Möglichkeiten. Zwar waren sie beide dilettantisch, aber es war eben die Zeit der Improvisation. Entweder flocht sie mir am Vorabend nach dem Haarewaschen Dutzende kleiner Zöpfchen, oder die Brennschere besorgte die Festtagstolle. Wenn ich mit den spindeldünnen Zöpfen zu Bett ging, hoffte ich jedesmal erneut, am anderen Tag wenigstens annähernd meiner Schulkameradin in punkto Ondulation zu ähneln. Aber spätestens nach dem Auskämmen war mein Traum zu Ende. Mutters

Haarkunst reichte nicht im mindesten an die neu aufgekommene, teure Heißwelle der Friseure heran. Mein Kopf glich eher einem abgenutzten Handfeger, weil die vielen kleinen Wellansätze völlig durcheinander liefen und nur im Chaos ihre Ordnung hatten. Viel besser war es mit der Brennschere auch nicht.

Diese Schere war ganz aus Metall gearbeitet, hatte zwei Griffe, und die Wellen entstanden, wenn man die Haare zwischen zwei Metallstäben in die Vertiefungen des wellenförmig gebogenen Eisenteils drückte. Natürlich funktionierte dieser Vorgang nur, wenn die Schere vorher in der Glut des Küchenherdes erhitzt worden war. Ob die Brennschere genügend heiß war, prüfte Mutter, indem sie eine Zeitung zwischen Wellenblatt und die drückenden Metallstäbe schob. Wenn es in der Küche nach angesengtem Papier

*1949, Kindergarten Molschleben mit Roswita Stecher.*
*Fotos von Hannalore Stecher (Gewalt), Kleinfahner*

roch und die Zeitung eine braungebrannte Wellenlinie zeigte, war Mutter zufrieden. Mir flößte das immer etwas Angst ein, denn Mutter war durchaus nicht zimperlich. Oft war die Schere noch so heiß, daß sie mir an einigen Stellen die Kopfhaut verbrannte. Wenn ich dabei aufschrie, schrie mich Mutter an, ich solle gefälligst nicht so arschbeschissen sein. Wer schön sein will, muß leiden, das ist in allen Zeiten gleichgeblieben.

Wenn ich an jedem Sonntag dieselben Sachen anziehen mußte, dann fand ich das gar nicht lustig. Ich sah ja, dass die meisten anderen Mädchen schöne Kleider trugen, außer den Umsiedlerkindern vielleicht. Ich schämte mich schon als kleines Mädchen wegen meiner Armseligkeit. Ich hätte mich einfach auch gefreut, ab und zu hübsch auszusehen. Dazu kamen noch die dünnen, störrischen Haare, die auf meinem Kopf machten, was sie wollten. Eine breite, seidig glänzende Haarschleife hätte da sicher auch schon etwas verändert. Leichter mit der Frisur war es an gewöhnlichen Tagen. Die meisten Frauen trugen die Haare sehr einfach, denn Geld für den Friseur war selten übrig. Wir Kinder kämmten uns eine Hahnenkammrolle, wer längere Haare hatte, flocht sie zu Zöpfen. Diese konnte man zu „Affenschaukeln" binden oder über den Ohren zu einer Schnecke legen und feststecken. Besser war es, wenn man einen Bubikopf mit Hahnenkammrolle trug, da konnten die Jungen nicht an den Zöpfen ziehen.

Die Männer schmierten sich Haarpomade in die Haare, Brilantine hieß sie und roch gut. Manche jugendlichen Burschen hatten eine Riesenschmachtwelle auf dem Kopf, sicher nur, um den Mädels gut zu gefallen.

Schleifen waren damals sehr in Mode. An Sonn- und Feiertagen waren sie weiß, sonst war die Farbe egal. Sie zierten die Zopfenden oder saßen als Riesenpropeller mitten auf dem Kopf. Die Jungen waren weniger eitel, bei ihnen genügte schon ein exakt gezogener Scheitel.

# Fastnacht

Bei dem überreichen Freizeitangebot der heutigen Zeit, den vielen erfüllten Wünschen und den kontinuierlich anwachsenden Taschengeldbeträgen, lockt der Fasching sicher nur wenig Kinder hinter dem Ofen hervor. Aber meine Erinnerung an die Fastnacht ist so lebendig und wunderschön geblieben, daß ich einem jeden Kind diese glückliche Erfahrung wünsche, einmal für ein paar Stunden in eine andere Haut schlüpfen zu können. Sich die kindlichen Freuden an den einfachen Dingen bewahren, das ist der Grundstock für die glücklichen Erinnerungen im Alter.

Zu Fastnachten, wie es bei uns hieß, war meist häßliches Wetter, die Tage waren regnerisch, kalt und ungemütlich. Die Straßen und Gassen waren mit einer zentimeterdicken Schlammschicht überzogen. In den Jahren, in denen Schnee lag, gab es zu Fastnacht besonders viel Spaß.

Faschingskostüme gab es nicht zu kaufen, man brauchte entweder selbst eine gute Idee für eine Verkleidung oder eine findige Mutter oder Oma. Ich ging alljährlich zu meiner Patentante Ida oder besuchte Tante Hildegard. Beide hatten in ihren Kleiderschränken etliche Sachen aus alten Zeiten, zwischen denen Mottenkugeln herumkullerten. Da hingen Rüschenröcke, Blusen, Kleider, Pelzpelerinen, dazwischen standen hohe Schnürschuhe und kunstvoll gearbeitete Pompadours aus Samt oder Seide. Fast alles war schwarz. Ich legte keinen Wert auf besondere Farbenpracht, so kam es, daß ich beinahe jede Fastnacht in den Kleidern einer alten Bauersfrau steckte. Eine Maske hatte ich zu Hause, wenn vom Vorjahr die Mundpartie etwas aufgeweicht und deformiert war, besorgte mir Mutter eine neue, das kostete nur Pfennige. Ich kann mich noch erinnern, daß mir Mutter die Röcke bis unter die Arme ziehen mußte, weil ich so klein war. Bis alles so einigermaßen saß, kam ich in der warmen Stube ganz schön ins Schwitzen und atmete auf, wenn ich endlich auf der Straße stand. Dort sah man schon in allen Straßen Scharen von Kindern. Schnell suchte ich mir eine passende

Gesellschaft, die manchmal zufällig und manchmal verabredet war. So zogen wir in kleinen Grüppchen durch das ganze Dorf, klopften an fast alle Türen und sagten unsere Verschen auf, manchmal sangen wir auch ein Lied. „Ich bin der kleine König, gebt mir nicht so wenig, laßt mich nicht so lange steh'n, denn ich muß noch weitergeh'n!" Dafür bekamen wir einen Groschen, einen Apfel, einen Kräpfel[61] oder ein Bonbon. Die Frauen rätselten dann eine Weile, wer wohl unter welcher Maske steckte. Wenn sie es am Gang, an der Stimme oder am ganzen Gehabe nicht herausfanden, gaben wir uns schließlich zu erkennen. Die geschenkten Sachen verstauten wir in unseren Taschen oder Pompadours.

Während wir unsere Tour machten, hatten wir so manchen Spaß. Wir rannten durch die schlammigen Gassen, daß uns der Dreck bis ins Genick spritzte. Kam eine Schar Jungen mit einem Strohbären gezogen, machten wir uns aus dem Staub. Der Bärenführer gab sich oft sehr übermütig, er schlug mit seiner Rute um sich, und die ganze Meute spielte sich mächtig auf. Es waren meist größere Jungen, die glaubten, daß sie etwas zu sagen hätten. So ein Trupp wurde von allen umjubelt. Das war auch eine Anerkennung für die viele Mühe, mit der sie ihre Idee umgesetzt hatten.

Wenn es dann Abend geworden war, hatten wir das ganze Dorf durchkämmt, und es gab wenige Häuser, die wir bei unserem Bettelgang ausgelassen hatten. Das waren Familien, bei denen ein Trauerfall war oder bei denen jemand auf dem Krankenbett lag. Aber es waren auch besonders seltsame, kontaktarme oder geizige Leute dabei. Jedes Kind wußte über diese Familien Bescheid und mied diese unfreundlichen Häuser. Doch das war zum Glück die Ausnahme, die meisten Dorfbewohner freuten sich mit uns Kindern und füllten uns gern die Taschen.

Hatte das Treiben ein Ende, war jeder froh, wenn er seine Verkleidung wieder ablegen konnte, denn hinter den Masken war es auf die Dauer nicht sehr angenehm. Mutter brachte alles wieder in Ordnung, und die Sachen verschwanden bis zum nächsten Jahr im Schrank bei den Mottenkugeln. Ein Strohbär aber konnte nicht so einfach aus den Hüllen schlüpfen, denn das Stroh war schichtweise um den Körper gewickelt. Das hatte Stunden gedauert. Der Abbau ging schneller, man schnitt die Stricke durch, und die ganze Pracht fiel zu Boden.

Manche Jungen hatten besonderes Geschick und wickelten einen herrlichen, dicken goldgelben Bären. Der Bärentreiber führte ihn an einer Kette oder an einem starken Seil. In einem Handwagen saß ein Junge mit einer Harmonika oder einem Schifferklavier. Er war versteckt unter einem Gestell, das mit Pappe und einer Plane überzogen war. Das ganze sah wie ein Leierkasten aus, an der Seite drehte ein anderer Junge die eingepaßte Kurbel und gab damit dem Musikanten das Zeichen zum Aufspielen. Es war eine lustige Truppe. Sobald der erste Ton erklang, schwang der Bärenführer seine Rute, und der

*Fastnacht. Unsere Töchter in Kleinfahner um 1969 mit Schulkameradin Marion.*
*Foto: Hannalore Gewalt*

Bär begann seinen Tanz mit tapsigen Bewegungen. Dabei brummte er laut und tief und fuchtelte mit seinen Tatzen herum. Ich sah ihnen gern zu, doch sie ließen keinen anderen Narren zu nahe an sich heran, denn wo sie auftraten, beherrschten sie die Szene. Einmal hörte ich den Leierkastenmann zu seiner Drehorgel sagen: „Jetzt kommt der Lehrer, spiel etwas Anständiges!" Prompt ertönte eine alte Volksweise, bei der jeder Ton stimmte. So gab sich hinter seiner Maske jeder Mühe, die gewählte Rolle so echt wie möglich zu spielen. Der Einsatz wurde durch das eine oder andere Lob und mit vielen kleinen Geschenken honoriert.

Nach Fastnachtsdienstag kam der Aschermittwoch, der allen Trubel beendete. Schon früh am Morgen wurden alle Fenster geschlossen, denn die Kinder und Jugendlichen konnten schlimme Überraschungen bringen. Eine Zeitung, gefüllt mit Asche und Wasser, wurde zugedreht und in geöffnete Fenster und Türen geworfen. Eine Riesenschweinerei, weil Asche eine graue Schmiere hinterläßt.

Einmal hatten wir die Fenster vergessen, und so landete auf meinem Bett eine solche Ascheladung. Die Tagesdecke war so verdorben, daß dort ein ewiger Schandfleck blieb. Es passierte, als ich schon 10 Jahre aus meinen Kinderschuhen geschlüpft war. Früher gab es zwar keine kunstseidenen Tagesdecken, aber zur Jahreszeit der Fastnacht war das Waschen und Trocknen um so schwieriger wegen des Aberglaubens.

# Frühlingsspiele

Es war unübersehbar, überall erwachte die Natur zu neuem Leben. Die wärmenden Sonnenstrahlen lockten uns Kinder aus den Stuben. Nun begann wieder die Zeit der vielen Spiele im Freien. Der Winter hatte viele Monate gedauert, mit Beginn des herrlichen Frühlingswetters erwachte wie in jedem Jahr die Abenteuerlust der Jungen aufs Neue. Pfiffen die ersten heimgekehrten Stare ihr Lied auf dem Dachfirst der Schule, freuten wir uns alle darüber.

Mein Bruder hatte sich nach der Schule mit seinen Freunden verabredet. Ihr Ziel war das Erlenhölzchen an der Nesse, dort, wo die Raben ihre Nester hatten. Sicher waren auch Saatkrähen dabei, wir nannten sie alle Raben. Sie ließen sich zum Leidwesen der Bauern in riesigen Schwärmen zur Futtersuche auf den Äckern nieder. Manchmal fanden sie sich auch in den Kronen der alten Linden auf dem Dorfplatz ein, wo ihr lautes Gekrächze die Ruhe im Dorf störte. Gegen Abend zogen sie unter kreischendem Gezeter der Erle zu, wo es noch eine ganze Weile dauerte, bis endlich Ruhe in die Kolonie einzog und jeder seinen Schlafplatz gefunden hatte. Auch Elstern brüteten in den weitausladenden Ästen der Bäume an der Uferböschung der Nesse. Beide Vogelarten vermehrten sich damals so stark, daß ihnen das Vorhaben der Dorfjungen sicher nicht wesentlich schadete.

Die Jungen kletterten geschickt die hohen Stämme hinauf, bis sie die Nester der Vögel erreichten. Sie stibitzten die Eier aus den Nestern, die wir dann in der Küche heimlich brutzelten. Da die Eltern in dieser Zeit meist auf dem Feld beschäftigt waren, bemerkten sie unser Tun nicht. Bei dem Wagemut der Jungen blieb es aber nicht aus, daß in manche Hose ein Dreiangel riß. Wem dieses Malheur passiert war, konnte sich gleich für die nächsten Tage bei seinen Freunden abmelden, denn das blieb nicht ohne Folgen. Doch die Bestrafung zeigte keine abschreckende Wirkung, beim nächsten Mal waren alle wieder dabei. Einmal entdeckte ein Junge besonders viele Eier. Behutsam legte er sie in seine Mütze und setzte diese wieder auf den Kopf. Als er den Stamm herunterkletterte, verkündete er lauthals, daß er die meisten Eier habe, doch niemand wollte dem Prahlhans glauben. Da riß er die Mütze vom Kopf, und alle Eier kullerten heraus, so daß ihre dünne grünliche Schale zersprang. Der Junge erntete nur schallendes Gelächter.

Ein anderes Mal hatte ein Junge nur ein Ei gefunden. Um es nicht in der Hosentasche zu zerdrücken, nahm er es vorsichtig in den Mund. Die Untenstehenden wollten wissen, wieviel Eier denn im Nest gewesen seien, da vergaß der Nestplünderer das Ei im Mund, wollte antworten, und seine Beute fiel zur Gaudi der anderen auf den Boden.

Es wäre für uns wesentlich einfacher gewesen, den Hühnerstall zu plündern, doch wo wäre da der abenteuerliche Reiz geblieben?

Wenn im Frühjahr unter der Rinde von Bäumen und Büschen der Saft quoll, war auch die beste Zeit zum Pfeifenschnitzen. Dazu schnitten die Jungen ein etwas mehr als daumenstarkes Stück Holz von einer Linden-, Haselnuß- oder Weidenrute ab. Zuerst wurde das Mundstück schräg geschnitten, dann die Schale für das Austrittsloch der Blasluft dreieckig eingeritzt und herausgenommen. Damit sich das Holz von der Schale löste, wurde der gesamte Rohling von allen Seiten vorsichtig mit dem Messergriff beklopft. Der Holzkern löste sich nur, wenn das Holz gut im Saft stand und von den jungen Pfeifenbauern fachmännisch beklopft wurde. Mit genügend Ausdauer schob sich nach einer Weile der gesamte Holzkegel aus der Schale. Der Holzpfropfen wurde nun in zwei Teile geschnitten. Am Mundstück blieb nur das kurze Ende bis zum Austrittsloch der Blasluft, denn wo das Luftloch saß, mußte ein Hohlraum entstehen. Geschickt wurde ein schmaler Spalt oberhalb des Mundstückes abgetrennt, der sogenannte Pfeifengang, in dem die Luft hineingeblasen wird. Der Raum hinter dem Austrittsloch wurde am anderen Ende des abgetrennten Holzkegels wieder zugestöpselt. Vorsichtig mußten der hintere Stopfen und das bearbeitete Mundstück wieder in die Schale geschoben werden. Je nachdem, wie eng oder weit der Pfeifengang am Mundstück ausgefallen war und wie groß die Luftlöcher geschnitten wurden, fielen die Töne höher oder tiefer aus. Nach dem gleichen Prinzip sind die Pfeifen der Kirchenorgeln gebaut.

*Spielen im Hof, nach dem Kriege. Foto: unbekannt*

Das Pfeifen der Jungen gehörte einfach zum Frühling, jedes Jahr wieder trällerte und pfiff es in allen Gassen.

Mit dem Frühling kam auch das selbstgebaute Katapult wieder in Mode. Dafür wurde ein starke Astgabel benötigt, an der ein Gummi befestigt war und in dessen Mitte das Wurfgeschoß geklemmt wurde. Beim Schuß spannten die Jungen den Gummi fest nach hinten, drückten dabei die Astgabel nach vorn, zielten mit einem zugekniffenen Auge und ... Was dabei nicht alles passierte! Nicht nur mancher Einweckgummi verschwand aus Mutters Vorratskammer, sondern auch so manche Taube vom Dach und das Glas aus so manchem Fenster. Wenn der Schuß total daneben ging, traf das Geschoß auch schon mal einen Menschen und verletzte ihn. Wohl aus diesem Grund sammelten die Lehrer auf dem Schulhof die gefährlichen Schleudern ein, wenn sie einen Jungen damit erwischten.

Wenn die Luft rein war und kein Lehrer zu sehen, stöberten wir schon einmal im Tischkasten des Lehrertisches. Eine wahre Augenweite, was dort für wunderschöne Katapults lagen. Manchmal auch ein Taschenmesser, aber selten, es war schon ein Luxus für verwegene Jungens. Oft bettelten die Lausbuben in den Pausen an den Lehrern herum, damit sie ihre Heiligtümer unter „ernstgemeinten Versprechungen" wieder zurückgaben.

Wesentlich harmloser aber als das Katapultschießen war das Kreiseln. In unserem Dorf hieß der Kreisel Dorrel. Mein Bruder hatte dabei so viel Geschick entwickelt, daß unter seiner Peitsche gleich mehrere Dorreln gleichzeitig auf der Straße tanzten. Er schlug sie immer nur wieder kurz an, und schon hüpften sie lustig über die winzigen Unebenheiten des Bodens, ohne zu stürzen. Ich dagegen lernte das Kreiseln nie so richtig, immer wieder fielen meine Dorreln um, so oft ich auch übte.

Wir kannten auch viele Ballspiele. Für die kräftigen Jungen war das derbe Völkerballspiel geeignet. Dabei wurden zwei gegnerische Mannschaften gebildet, links und rechts des Spielfeldes wurden die feindlichen Linien festgelegt. Das Mittelfeld kennzeichneten die Mannschaftsführer mit einem teilenden Kreidestrich in Feind- und Freundlager. Hatten die Spieler Aufstellung genommen, versuchte der Mannschaftsführer, so viel wie möglich von den Gegnern abzuschießen. Diese mußten dem Ball ausweichen oder ihn auffangen. Mit dem aufgefangenen Ball hatten sie nun die Möglichkeit, die gegnerische Mannschaft zu beschießen. Wurde ein Spieler angeschossen und konnte er den Ball nicht auffangen, mußte er ausscheiden und galt als Gefangener der Gegenpartei. Sieger war die Mannschaft, die zuletzt einen Spieler im Spiel hatte. Da der Ball sehr hart geworfen wurde, um zu verhindern, daß man ihn fangen konnte, liebten nur wenige Mädchen dieses Spiel.

Die anderen begnügten sich mit einem Ballspiel an der Wand, wobei auch wieder Übung den Meister machte. Meine Cousinen spielten mit drei oder vier Bällen gleichzeitig. Sie warfen die Bälle der Reihe nach an die Wand, fingen alle nacheinander wieder auf und jonglierten dabei noch den einen oder anderen durch das Bein hindurch oder um den Körper herum. Ich bekam schon bei zwei Bällen Schwierigkeiten, es sah leichter aus, als es nachzuspielen war.

Die Mädchen spielten im Frühjahr auch gern mit dem Springseil. Mutter hatte mir von einer alten Wäscheleine ein passendes Stück abgeschnitten.

*Spielen am Brunnen und rummatschen. Gerhard und Werner Reichardt, Kleinfahner*

Damit es sich nicht aufwickelte, wurde es an jedem Ende verknotet. Mädchen mit vermögenderen Eltern besaßen ein richtiges Springseil mit Holzgriffen, doch meins schlug sich besser, weil es schwerer war. Wir hüpften und sprangen auf einem Bein oder durch das überkreuzte Seil, bis die Füße müde wurden. Daß die Seile beim Aufschlagen jedesmal den Straßenstaub aufwirbelten, merkten wir erst am Abend vor der Waschschüssel.

Die kleineren Mädchen schoben bei Sonnenwetter ihre Puppenwagen auf dem Bürgersteig. Untereinander begutachteten sie ihre Puppen, Teddys und deren Kleider, die noch vom letzten Weihnachtsfest stammten. Die Puppenkinder wurden auf der Straße an- und ausgezogen oder bekamen die Windeln gewechselt. Die kleineren Jungen liefen mit einem Dackel oder Pferd aus Holz die Straßen auf und ab. In die Tiere waren meist Gelenke eingebaut, so daß sie sich drehten oder mit dem Schwanz wedelten.

Waren die Straßen von der Sonne getrocknet, wurde auch das Spiel mit den bunten Murmeln (Schössen) wieder aktuell. Jedes Kind besaß einen mehr oder weniger gefüllten Beutel voll dieser kostbaren Kugeln aus Glas, Stein, Marmor oder glasiertem Ton. Wir suchten ein Loch oder eine kleine Kuhle, glätteten die Erde ringsherum und legten eine Standlinie fest. Von dort aus versuchte jeder Spieler, seine Schösse in das Loch zu werfen, ähnlich wie beim Golfspiel. Wurde das Loch nicht getroffen, beförderten die Spieler die Kugel mit angewinkeltem Zeigefinger weiter. Hatte ein Spieler seine Murmel im Loch, durfte er so lange weiterspielen, bis er die Mulde verfehlte, dann war der andere an der Reihe. Die Murmeln, die sich im Loch befanden, gehörten immer dem Spieler, der getroffen hatte. So kam es, daß die Murmeln häufig ihre Besitzer wechselten, und so mancher schöner Kugel nachgetrauert wurde. In solch einem Fall versuchten wir so lange zu spielen, bis wir die Murmel zurückerobert hatten.

Später ersetzten die Jungen die Schösse durch Fünf- oder Zehnpfennigstücke, doch da war es kein Spiel für Kinder mehr. Mir machte es wenig Spaß, weil ich erstens kein Geld hatte und zweitens nicht geschickt genug war, um gegen die Jungen zu gewinnen.

Vom Frühjahr bis in den Herbst hinein sah man im ganzen Dorf aufgemalte Hüpfkästchen. Drei Kästchen überein-

*Spiel mit Reifen und Holzstöcken.*
*Foto von Erna Ritter, Dachwig*

ander als Körper, drei quer darüber für die Arme, darauf saß einer als Hals, und als Abschluß kam der Kopf. Der Kopf wurde durch eine Linie in zwei Hälften geteilt, damit man beim Wenden für beide Füße Platz hatte. Jedes Mädchen hatte in der Schürzentasche einen kleinen Stein, den sogenannten Hüpfstein. Er wurde nacheinander in die Kästchen geworfen. Berührte er keine Grenzlinie, gehörte das entsprechende Kästchen dem Treffer, und alle anderen mußten es überspringen.

Gesprungen wurde mit beiden Beinen, auf einem Bein oder über Kreuz, immer das ganze Männchen durch, oben erfolgte im Sprung die Kehrtwende, und dann ging es alle Kästchen wieder zurück. Dabei durfte man nicht auf die Linien treten. Auf der Rücktour mußte der Stein wieder mitgenommen werden, das war schon schwierig, wenn man auf einem Bein stand. Wenn ein Spieler umkippte, wurde der Sprung ungültig. Gewonnen hatte derjenige, dem am Ende die meisten Kästchen gehörten.

Diese lustigen Frühlingsspiele sind mir in guter Erinnerung geblieben. Auch, dass wir die Hetsche (Fußbank) umdrehten und zu einem Puppenbettchen umfunktionierten. An den vorderen Beinen einen Strick angebunden und der selbstgebaute Kinderwagen schlurfte über die Platten. (Bürgersteig)

Einen alten eisernen Reifen oder eine ausgediente Fahrradfelge und ein Stöckchen gegengehalten, ein kleiner Schups, und die Fahrt ging los!

In jedem Jahr gab es den gleichen Rhythmus, mit dem Wechsel in eine andere Altersgruppe wechselten auch automatisch die Spiele. Da ich mit zunehmendem Alter immer stärker mit häuslichen Pflichten belastet war, blieb nur noch wenig Zeit für ein ausgelassenes Spiel.

*Mit Puppenwagen bei Fam. Stecher, Molschleben ca. 1958. Gertraude Stecher im Wagen.*
*Foto von Hannalore Stecher (Gewalt), Kleinfahner*

*Landwirt Karl Rockstuhl 1959 in Tüngeda mit Enkel Harald (auf der Hutschen sitzend [auch Hitsche, Hüsche = (für eine Fußbank oder auch einen kleinen Schlitten)] unweit der Schwemme an der Hauptstrasse. Foto: Werner Rockstuhl*

# Das Karussell

Ein- oder zweimal im Jahr kamen in unser Dorf ein Karussell und eine Luftschaukel, meist zu Pfingsten. Da hieß es schnell die Hausaufgaben erledigen, und dann ging es auf den großen Lindenplatz, wo schon die Wohnwagen zurechtgerückt waren. Der Aufbau dauerte ein paar Tage. Wir lungerten auf dem Bürgersteig herum und sahen dabei zu. Kaum konnten wir die Zeit abwarten, bis der Karussellmann die Leiermusik anstellte und den Reigen eröffnete. Jedes Kind hatte ein paar Pfennige in der Tasche, die, obwohl es nicht teuer war, schnell aufgebraucht waren. Luftschaukeln konnte ich nicht allein, es gehörte viel Kraft dazu, um die Gondel zu bewegen. Manchmal ließen mich größere Jungen mitschaukeln, doch wenn es zu hoch ging, hatte ich jedesmal Angst und war froh, wenn der Bremser die Schaukel wieder zum Stillstand brachte. Abends, wenn die Großen schaukelten, sah ich vom Bodenfenster noch eine Weile zu. Manche schwangen sich so hoch, daß die Gondelstreben am oberen Stützbalken anschlugen, so daß die Schaukel sich zu überschlagen drohte. Dann schimpfte der Karussellmann, und der Bremser mußte die verrückten Jungen herunterholen.

Weil der Karussellbesitzer unser Klosett mit benutzte und bei uns am Strom angeschlossen war, hatten mein Bruder und ich einige Freifahrten. Das Geld für die anderen Fahrten besorgte ich mir auf seltsame Weise. Jeden Morgen

*Die Ollendorfer Kinder vor dem Karussell auf dem Dorfplatz bei der wohl letzten Kirmesfeier vor dem Zweiten Weltkrieg, 1938. Sammlung Frank Störzner, Kleinmölsen. Aus „Ollendorf – Beiträge zur Ortsgeschichte", Ollendorf 2006*

weckte mich meine Mutter in aller Herrgottsfrühe. Der Karussellmann hatte mir erlaubt, unter der Luftschaukel nachzusehen, ob aus den Taschen Münzen herausgefallen waren. Man sollte nicht glauben, was ich da alles fand. Bei manchen mußte das Geld ganz schön locker sitzen. Wenn sie dann gar so hoch schaukelten, fiel es heraus. Jeden Tag fand ich ein paar Mark, über die ich mich riesig freute, aber genauso gern gab ich sie wieder aus.

# Im Märzen der Bauer

Ich erinnere mich, daß wir Kinder das über einhundertjährige Frühlingslied „Im Märzen der Bauer" mit besonderer Fröhlichkeit sangen. Kräftig waren unsere Stimmen in der Vorfreude auf das nun beginnende Frühjahr. Das Lied erzählt von den verschiedenen Feld- und Gartenarbeiten der Bauersfamilien, aber auch von der Freude, die dazugehörte. Den Auftakt für die neue Jahreszeit bot schon die Fastnacht. Das gesamte närrische Spiel war ganz auf das Austreiben des Winters ausgerichtet. Danach wurde kein Gedanke mehr an den Winter verschwendet, die Menschen erwarteten den Frühling mit all ihren Sinnen. Lange genug hatten Kälte und Dunkelheit das Land fest im Griff, nun schien das Zepter übergeben, und die Sonne gewann allmählich ihre alte Kraft zurück. Die einsetzende Schneeschmelze hieß Abschied nehmen von den langen Winterabenden und den geruhsamen Nachmittagen auf der Ofenbank. Nicht bloß die Natur, auch Mensch und Tier hatten während der langen Winterzeit genügend Kraft für einen Neubeginn gesammelt. Die Bauersfrauen legten ihren Strickstrumpf beiseite, wenn die heimgekehrten Stare ihr Lied vom hohen Dachfirst der Kirche pfiffen. Auch die oft und gern besuchten Spinnstuben, Kränzchen, Spinnten oder Gesellschaften wurden bis zum Spätherbst geschlossen. Alle Bäche und Gräben führten viel Wasser mit sich, für uns Kinder eine willkommene Gelegenheit, den Bau eines kleinen Wasserrädchens oder den Probelauf eines selbst geschnitzten Schiffchens zu wagen.

Wir Kinder konnten kaum erwarten, daß die zentimeterdicke Schlammschicht auf den Dorfstraßen ausgetrocknet und zusammengekehrt war. Die Zeit für das Springen mit dem Seil, für Kreisel und Bälle war gekommen. Die Jungen hatten die Taschen voller Schösse (Murmeln), und die ganz Verwegenen bauten bereits an einem neuen, zugkräftigen Katapult. Taschenmesser hatten Hochkonjunktur, denn die Haselnuß- und Weidenruten standen gut im Saft und warteten direkt darauf, daß die Jungen zünftige Trillerpfeifen aus ihnen schnitzten. Die begehrten Taschenmesser eigneten sich vorzüglich als Kuddelware und Tauschobjekte.

Die Platten oder Trottoire vor den Häusern waren voller Hüpfkästchen gemalt, und die kleinen Mädchen kutschierten ihre Puppenwagen darüber hinweg. Niemanden hielt es mehr im Haus, alles drängte an die Frühlingsluft.

Ich erinnere mich, daß es um diese Zeit oft ziemlich laut im Dorf zuging. Die Bauern fuhren mit ihren Eggen, Walzen und Drillmaschinen auf die Felder. Die Sonnenstrahlen hatten den Acker grau werden lassen, dann nämlich war der Boden trocken genug, um die Saat aufzunehmen.
Noch heute hab' ich den ohrenbetäubenden Lärm der blechernen Drillmaschinen und der Cambridgewalzen mit ihren scheppernden Eisenringen in den Ohren. Die Bauern machten ihre Felder zurecht, um das Sommergetreide aussäen zu können. Deshalb klapperten die Geräte nun zweimal täglich durchs Dorf.
Waren die Bäuerinnen auf dem Feld abkömmlich, machten sie sich im Garten zu schaffen. Dazu mußte erst einmal die Gartenfläche abgerecht werden. Der richtige Zeitpunkt dafür war ebenso wichtig wie der für die Feldarbeit. War er verpaßt, wurde die Oberfläche klumpig und die Erde drohte auszutrocknen. Dann ging die Saat nicht auf, und Saatgut war nicht billig. Die Sämereien für den Garten waren meist selbst gezogen. Der Ausspruch „Selbst ist der Mann" hatte über lange Zeit hinweg seine Gültigkeit.

Hielt der Frühling Einzug und die Sonne schien über einige Tage warm, dann machten sich die Bauern daran, die Gruben oder Feldmieten abzudecken. Dort, wo die Kellerräume nicht ausreichten, um die Hackfrüchte schadlos über den Winter zu bringen, war im Herbst eine solche Grube angelegt worden. Ein paar Spatenstich tief in der Erde und mit Stroh und Erdreich abgedeckt, konnte der Frost den Feldfrüchten nichts anhaben.
Nun kamen die Deckschichten wieder herunter, und war die Grube ordentlich angelegt, fand der Bauer die Kartoffeln und Rüben in einer fast herbstlichen Frische vor. Rund um die Grube saßen die Frauen auf Fußbänken oder Hitschen, um die Kartoffeln auszulesen. Vor allem ging es um die Samenkartoffeln, die aus den normalen Speise- und Futterkartoffeln aussortiert wurden.
Es war mittlerer, gesunder Samen, der den Grundstock für die neue Ernte bilden sollte. Wo die Möglichkeit bestand, legte man die Kartoffeln in flache Stiegen, und im warmen Stall am Fenster konnten die Setzlinge viele, kurze und kräftige Keime bilden.
Ende April, wenn das Jahr paßte, und der Boden war warm und trocken genug, zog der Bauer die Furchen für die Kartoffeln. Mit einem Purzelkorb voller Knollen gingen auch wir Kinder die Furchen entlang und ließen gleichmäßig in Schrittweite eine Kartoffel nach der anderen in die lockere Erde fallen.
Der Pflug ackerte die Saatrillen zu, und die Kartoffeln hatten bei günstiger Bodenbeschaffenheit und bei guter Pflege bis zum Spätsommer oder Herbst Zeit genug, um zu einer zufrieden stellenden Ernte heranzuwachsen.
Die Kleefelder hatten sich auch wieder von den Wetterunbilden des Winters erholt. Vor allem die auf natürliche Weise eingesäten Rapünzchen oder Feldsalat waren in den wenigen warmen Tagen schon prächtig gewachsen.

Wir Kinder wußten genau, wo es sich lohnte, nach der Schule mit einem kleinen Korb auf Rapünzchensuche zu gehen.

Im Garten hatte auch schon der Schnittlauch lange Triebe schießen lassen. Auf einem deftigen Fettfladen war Schnittlauch eine willkommene Zugabe. So eine große Scheibe vom selbst gebackenen Brot mit Fett bestrichen und Schnittlauch darauf, das war Frühling auf seine Art.

Die Bauern waren vom Frühjahr bis in den späten Herbst hinein fest in ihren Arbeitsrythmus eingespannt. Sie konnten nur wenig Zeit abknapsen für die Bewunderung von Naturschönheiten, für Vogellieder, für das einzigartige Liebes- und Balzspiel der Wildtiere, oder für die Aufnahme von ortstypischen Gerüchen zu den verschiedenen Jahreszeiten. Aber dennoch entging den Bauern nichts Wichtiges, denn sie lebten im Einklang mit der Natur, sie lebten für sie und mit ihr. So war der Frühling eine ganz besondere Zeit für den Landmann, eine Zeit voller Hoffnung und Freude.

In jedem Frühlingstag lag die Hoffnung, für ein gesegnetes Jahr. So muß der Anblick einer Feldlerche den Bauern ganz besonders berührt haben, denn die Lerche ist der erste Bote für den Frühlingsbeginn. Die Feldlerche führt den großen Zug der vielen Vogelarten an, die aus dem Süden zurückkehren. Ihr Lied erinnert uns alle an die Kindheit und auch an viele schöne Frühlingstage draußen in der Natur. Steigt die Sonne höher, so steigt auch die Lerche im Singflug hoch hinauf in die Frühlingslüfte und erfreut den Landmann mit ihrem lustigen Geträller.

Zu einer Erinnerung der besonderen Art zählt das massenhafte Auftreten des Maikäfers. Sie erschienen bereits im April, und in vielen Jahren wuchs sich ihr Erscheinen zur Landplage aus. Wir Kinder kehrten sie eimerweise unter einer riesigen Eiche zusammen.

Die zarten jungen Blätter der Pflaumen- und Zwetschgenbäume schmeckten diesen possierlichen Brummern besonders gut. Mit den Jahren verschwand der Maikäfer wieder und heute zählt er nicht mehr zu den Bildern des Frühlings.

Auch die ersten Schwalben kamen Ende April in unsere Dörfer zurück. Sie zogen wieder ein in ihre alten Behausungen, in die Viehställe der Bauernhöfe. Ein brütendes Schwalbenpaar im Stall oder am Haus bedeutete seit alters her Glück für die Bauersleute.

Schon mit den ersten Sonnenstrahlen weckten sie ihre Gastgeber. Im Kuhstall gab es dann ein Duett zwischen dem Gesang der Milch, die in den Melkeimern zischte, und dem Gezwitscher der Schwalbenmännchen auf dem angekippten Stallfenster.

Beim Anblick der ersten Schwalben kullerte man sich auf dem Erdboden, der alte Brauch sollte Glück und das Ausbleiben von Kreuzschmerzen bewirken. Der tatsächliche Frühlingsbeginn konnte sich in manchem Jahr um Wochen verzögern. So ist die Vegetation z. B. im Monat Mai schon weit fortgeschritten oder es ist kaum ein Hälmchen gewachsen. Manchmal war schon Ende April genügend Gras an den Wegrändern und Gräben vorhanden, so daß der Schäfer mit seiner Herde schon einmal einen ersten Austrieb wagen konnte.

*Neubauer August Rockstuhl v. l. mit Walter Deck und Kuhgespann am Brüheimer Weg in der Tüngedaer Flur. Im Hintergrund die Feldscheune des Gutes, 1950 aufgeteilt unter Neubauern in 18 Teile. Foto: Karl Rockstuhl*

*Bild unten: Landwirt Fritz Schmidt mit Arno Bischoff zur Ernte ebenfalls in der Tüngedaer Flur. Sammlung Helga Rockstuhl (geb. Bischoff)*

Beim Anblick einer Schafherde geht fast allen Menschen das Herz über, aber wenn der Schäfer das erste Mal mit seinen Hütehunden und seiner blökenden Herde durchs Dorf zog, dann war es für uns Kinder schon eine kleine Sensation. Ein ziemliches Chaos war da im ganzen Dorf, weil sich die Tiere nach fast einem halben Jahr erst wieder an die Befehle des Schäfers und die Zähne der Hunde gewöhnen mußten. Auf den Straßen und Gassen befanden sich danach viele kleine, stinkende Misthäufchen. Das war auch für einen Bauern wieder gewöhnungsbedürftig, wie man heute sagen würde. Aber es gehörte nun einmal zum Dorfleben dazu, und niemand nahm ernstlich Anstoß daran.

Auch in diese Zeit fällt eine besonders freudige Angelegenheit für die gesamte Dorfbevölkerung. Es war das Setzen des Maibaumes auf dem Dorfplatz oder Dorfanger. Der Maibaum wurde als „Vergrößerung der Lebensrute" gesehen und symbolisierte Fruchtbarkeit und Gedeihen. Auch der gewundene Kranz aus grünen Zweigen, welchen die Dorfburschen am Maibaum befestigten, versinnbildlichte den Frühling und den Beginn neuer Kraft und neuen Lebens. Die jungen Mädchen schmückten den Baum mit bunten Schleifen. Der Maitanz unter dem Maibaum war schon in alter Zeit eine fröhliche, ausgelassene Festlichkeit nach dem enthaltsamen Winter.

Für die jüngere Generation der heutigen Zeit ist es kaum vorstellbar, in welchem hohen Maße sich die Dorfbewohner damals auf den Frühlingsanfang freuten. Wie viel Hoffnung sie in die neue Kraft der Sonne setzten und wie viel alltägliche Mühsal die Sonnenstrahlen zu lindern vermochten.

Bis in die fünfziger Jahre des vorigen Jahrhunderts hinein wurden die Höfe der Thüringer Dörfer noch von individuellen Bauernwirtschaften betrieben.

Erst mit der Gründung der Landwirtschaftlichen Produktionsgenossenschaften änderten sich die Wirtschaftsformen, aber auch die Lebensweise und das Dorfleben insgesamt wurden allmählich umgewandelt.

So waren die tägliche Arbeit sowie die Lebensbedingungen für die Menschen auf den Dörfern mit der Zeit leichter und erträglicher geworden.

Auch die gefürchteten strengen Winter fielen aus, bzw. wurden immer gelinder. Ich erinnere mich noch, daß in manchen früheren Jahren um Totensonntag herum der erste Schnee fiel und liegen blieb bis zum Ende des März. Ich sehe in meinen Erinnerungsbildern noch einige Küchenfenster von Nachbarhäusern, an denen die dicke Schicht der Eisblumen tagsüber nicht völlig abtaute. Bereits am Nachmittag wucherte die Eisschicht wieder bis hinauf zum oberen Rand der Fensterflügel. Die älteren Leute saßen um den Ofen herum, wenn sie ihre schwere Hofarbeit bewältigt hatten. Die Winter waren streng und eisig, die Dorfbevölkerung hatte mit kilometerlangen Schneeverwehungen auf den Zufahrtsstraßen zu kämpfen. In ihren Häusern und Stallungen war kaum ausreichend elektrisches Licht vorhanden, um der Dunkelheit Herr zu werden.

Zumeist beheizten die Leute nur einen Raum, in ihm spielte sich dann der gesamte Alltag ab. Das täglich nötige Wasser mußte für Mensch und Vieh vom Dorfbrunnen herbeigeholt werden, und nicht selten waren sogar diese Brunnen eingefroren. Dazu kam, daß sich niemand ein aufwärmendes, belebendes Bad in einem wohltemperierten Badezimmer auch nur vorstellen konnte. Bei Wind und Wetter hatten alle Familienmitglieder das Außenklo auf dem Hof aufzusuchen. Wie kalt der Wind manchmal durch die Bretterwände pfiff, daran denke ich heute oft, wenn ich auf unserer gefliesten Toilette sitze. Aber für alle Fälle besaß ja eine jede Familie einige Nachttöpfe, die am Morgen entleert und auf die Zaunstaketen gestülpt wurden. Auch besaßen die Menschen keine ausreichend kälteabschirmende Kleidung, wie wir sie heutzutage als selbstverständlich ansehen. Die Ernährung war einseitig und in puncto Vitaminen sehr entbehrungsreich. Über viele Monate hinweg lag nicht ein einziges grünes Blättchen auf den Tellern.

Mit welcher Freude und mit wie viel Hochachtung dann endlich im März ein Schüsselchen Rapünzchensalat aufgetischt und genüßlich verzehrt wurde, davon kann ich selbst noch ein Lied singen.

Auch davon, wie glücklich wir über die ersten Gänseblümchen waren, die gleich nach der Schneeschmelze auf dem kurzen Rasen der Gänseweiden über und über blühten. Wir Kinder flochten im Spiel Blumenkränze, Halsketten, Ringe und Armbänder aus den Gänseblümchen oder Maßliebchen, wie sie auch genannt wurden.

Ganz früher wurden diese Frühblüher sogar von den Menschen verzehrt, man sagt ihnen Appetitanregung und heilende Funktionen bei Atemwegsbeschwerden nach.

Aber vor allem waren diese unscheinbaren Blümchen Frühlingsboten, sie erfreuten uns mit ihrer Schönheit. Den ganzen Winter über hatten die Dorfbewohner auf jeglichen Blumenschmuck verzichtet, Gewächshäuser für Blumen, oder gar importierte Blumenpracht, waren auch damals vor ca. 40–50 Jahren noch nicht denkbar.

Was bedeuteten der Frühling, die Sonne, die Wärme, das Licht und das neu erwachende Leben in der Natur für unsere Vorfahren und für die älteren Menschen unter uns, die jene schlimmen Winter noch in lebendiger Erinnerung haben? Mein Wortschatz reicht nicht aus, um die inbrünstige, aus tiefstem Herzen emporkommende Freude der Menschen auszudrücken. Mit all ihren Sinnen klammerten sie sich an die ersten warmen Sonnenstrahlen im März. Der Winter hatte dem ohnehin harten Leben der Dorfbewohner sehr viel abverlangt. Der Frühling befreite diese Menschen von einer großen Last, es war ein Aufschrei für das Leben, eine Wiedergeburt im wahrsten Sinne des Wortes.

Der Ausspruch: „Wart, bis die Sonne wieder höher steht, dann vergeht alles Leiden von selbst", drückt diese Hoffnung aus.

Bis zum heutigen Tag hat sich das schwere Leben auf dem Dorfe gottlob merklich geändert. Auch die langen, kalten Winter sind menschenfreundlicher geworden, aber die hoffnungsvolle Freude auf den Frühling, die ist uns allen geblieben.

„So geht unter Arbeit das Frühjahr vorbei, dann erntet der Bauer das duftende Heu. Er mäht das Getreide, dann drischt er es aus. Im Winter, da gibt es manch fröhlichen Schmaus."

*(Grundsätzliches, nachgelesen bei Heinz-Werner Schreiber – Sitten und Brauch im Jahreslauf sowie Ernst Stahl, Thüringen – Sitte und Bräuche)*

# Ostern

Das Osterfest und der Frühling gehören seit uralten Zeiten zusammen. Ostara ist der Name der germanischen Frühlingsgöttin, und offensichtlich besteht da nicht nur eine Namensverwandtschaft. Ostern ist das Fest der Erneuerung, des Erwachens der Natur. Die Christen feiern zu Ostern die Auferstehung Jesu, es ist das älteste Fest der Christenheit. Heidnischen Ursprungs sind die Ostereier, das Osterfeuer und die Osterspiele.

Die wiedererstarkende Sonne im Frühling besaß seit jeher eine große Bedeutung. Die Sonne wurde mit frohen Tänzen und Singspielen begrüßt. Im Osterfeuer verbrannte man eine Strohpuppe, die den Winter symbolisierte. Die zu früherer Zeit im Osterfeuer verbrannten Opfergaben sollten „Loki", den Gott des Feuers, gnädig stimmen.

Die Osterbräuche sind in unserem Land sehr vielfältig. Sehr verbreitet ist das Schöpfen von Osterwasser am Ostermorgen vor Sonnenaufgang. Die Wirkung wird in der Heilung von Krankheiten, im Fernhalten von Ungeziefer, in der Erfüllung von Verschönerungswünschen und Partnerzusammenführungen erhofft.

Der bekannteste Brauch rankt sich um das Osterei, dem Symbol neu entstehenden Lebens. Verschiedene Spiele, wie „Eierditschen", „Eierpicken" und „Eierrollen" begleiten noch heute das Osterfest. Das Verstecken der Ostereier ist ein uralter Brauch. In manchen Gegenden legten die Bauern ein frisches Osterei in die Ackerfurche und pflügten es ein. Man erhoffte sich davon einen sehr fruchtbaren Acker, denn die Fruchtbarkeit des Eies sollte auf die Ackerkrume übergehen. Nachdem das Getreide aufgegangen war, mußten die Kinder nach dem Ei suchen. Das Auffinden desselben bedeutete Glück.

Den Osterhasen als Eierbringer kennt man nur in Deutschland. Er tat die viele Arbeit nicht allein, ihm halfen das Osterlamm, der Kuckuck, der Storch, der Fuchs und der Kickelhahn an vielen Orten. In unserer Gegend ist es der Hahn gewesen, der alle Kinder glücklich machte.

# Aufregung im Hühnerhof

Herr Hase hat fünf Dutzend Eier
im Hühnerhof schon vorbestellt.
Er braucht sie für die Osterfeier,
das schönste Ei wird ausgewählt.

Die Henne Hulda drückt und presst,
wünscht sich, es wird das schönste Ei!
Hahn Fridolin hockt auch am Nest,
er liebt die Hulda frank und frei.

Denn Hulda ist sein Lieblingshuhn.
Er ist in sie rein wie vernarrt.
Hulda hat jetzt viel zu tun,
wenn sie nicht g'rad' nach Würmern scharrt.

So sehr der Hahn sie auch hofiert,
sie steht beim Hasen in der Pflicht.
Täglich ein Ei ist programmiert,
Hahn Fridolin versteht das nicht.

Herr Hase rührt schon Farben an,
er färbt und malt bis in die Nacht.
Das Huhn ist davon angetan,
hat ihm das schönste Ei gebracht.

Herr Hase hat es rot bemalt
und Hulda mit viel Lob bedacht.
Hahn Fridolin ist durchgeknallt,
hat sich gleich aus dem Staub gemacht.

Das schönste Ei wurde versteckt,
am kleinen Bach, im frischen Gras.
Die Kinder haben es entdeckt,
sie hatten dabei großen Spaß.

Nach Ostern war der Stress vorbei.
Der Hase zog ins Feld hinaus.
Kein so Getöse mehr ums Ei,
mehr Ruhe ist im Hühnerhaus.

Doch Hulda ordnet das Gefieder.
Sie will die schönste Glucke sein!
Und schon packt sie der Ehrgeiz wieder,
folgt Fridolin zum Stelldichein.

Huhn Hulda macht erneut Tamtam.
just um das schnöde Eierlegen.
Hahn Fridolin ist flügellahm.
Doch nichts geht ohne seinen Segen.

Er folgt dem Huhn auf Schritt und Tritt.
Die Liebe fordert den Tribut.
Das Liebesspiel nimmt ihn arg mit.
Erkaltet ist sein heißes Blut.

Kein Nachwuchs schlüpfte aus dem Ei.
Die Eier waren nicht bereit.
Mit allem geht's einmal vorbei;
's hat eben alles seine Zeit!

'ne Hühnersuppe wird's bald geben,
so endet meist ein Hühnerleben!

Die älteren Leute sagten, daß wir dem Hahn mit einem Besen schon am Vortag auf den Schwanz hauen sollten, ansonsten würden nur krumme Eier im Osternest liegen.

In meiner Erinnerung bestand das Ostergeschenk ausschließlich aus bunten Eiern. Größere und kostbarere Geschenke sind ein Produkt der Neuzeit. Wir waren noch mit einem Korb voll bunter Eier, bei Verwandten, Bekannten und Nachbarn gesucht, vollauf zufrieden. Nur noch in der ländlichen Gegend besorgte der Kickelhahn alle Osterwünsche.

In der Stadt freuten sich die Ostereiersucher auf den Hasen, die Freude war jedoch überall gleich groß.

*Osterfreuden 1967. Ines und Carolin Gewalt.*
*Foto von Hannalore Stecher (Gewalt), Kleinfahner*

Und wenn man zu früherer Zeit den Eierbringern beim Färben über die Schulter schaute, war da ein Sud aus gebrühten oder gekochten Zwiebelschalen, Roter Bete, Holundersaft, frischem Gras, Klee oder Spinat, mit welchem die Eier gefärbt wurden. Den tollen Glanz besorgte eine einfache Speckschwarte.

Am Gründonnerstag wurde aus einem Teil der Eier ein Mittagessen bereitet. Die zumeist sehr hart gekochten Eier gab es zu Kartoffelsalat und Rapünzchen.

Obwohl sich unsere Familie nicht an die Fastenregeln hielt, gab es dennoch am Gründonnerstag und am Karfreitag kein Fleisch zu essen. Für den Karfreitag suchten wir Kinder einen kleinen Korb voller Rapünzchen auf den Kleefeldern. Es gehörte zur Tradition, daß im Frühjahr die Felder nach diesem wild wachsenden Feldsalat abgesucht wurden. Die ganze Familie freute sich auf dieses Essen. Die süßlich angerichteten Rapünzchen und Ostereier, dafür hat nicht nur jedes Kind gern auf Fleisch verzichtet. Die Dottern der Eier habe ich heute noch blitzblau in Erinnerung.

An den Osterfeiertagen war oft das Wetter frühlingsmäßig warm, und es wurden ausgedehnte Osterspaziergänge mit der ganzen Familie unternommen. Die Frühlingssonne hatte an geschützen Bachufern schon die ersten Veilchen hervorgelockt, und wenn die Stiele auch noch so kurz waren, wurde für die Mutter doch ein winziges Sträußchen gepflückt.

*Osterfreuden 1966. Carolin Gewalt, Kleinfahner.*
*Foto von Hannalore Stecher (Gewalt), Kleinfahner*

Für uns Kinder war das Osterfest mit der Tradition des Eiersuchens am Gründonnerstag verbunden. Wir freuten uns alle gleichermaßen auf diesen Tag, und die Vorfreude war auch damals das Spannendste an diesem Fest. Mit einem kleinen Körbchen am Arm suchte ich schon frühmorgens in der Scheune oder auf dem Futterboden nach dem Osternest. In so einem Nest lagen einige bunt gefärbte Eier und vielleicht auch ein bunt glänzender Gummiball, denn mit Frühlingsbeginn kam auch das Ballspiel wieder auf die Straße. In heutiger Zeit sind eher die Süßigkeiten der wichtigste Teil des Osternestes. Wir kannten kaum Süßigkeiten, erst viel später fanden wir einige rosa- oder gelbfarbene Fondantfiguren zwischen den Eiern.

Einige Mädchen trugen bei den Spaziergängen am Ostersonntag schon Kniestrümpfe oder gar Knöchelsöckchen. Dann kam mir das Kratzen meiner langen Strümpfe noch unerträglicher vor. Nicht nur einmal lief ich nach Hause und bettelte unsere Mutter um Erlaubnis, auch Kniestrümpfe anziehen zu dürfen. Eigentlich wußte ich aus Erfahrung, daß ich meiner Mutter mit einer solchen Frage gar nicht zu kommen brauchte, aber immer wieder hoffte ich, sie umzustimmen. Den Zeitpunkt für den Wechsel der Strümpfe, wie der Kleidung überhaupt, bestimmte Mutter ganz allein. Sie ließ sich dabei nicht von einigen aufgescheuchten Hühnern, wie sie es nannte, beeinflussen. Auch meine Tränen konnten sie nicht dazu bringen, einmal eine

Ausnahme zu machen. So ging das Osterfest für mich auch mit den kratzenden Strümpfen vorüber.

So sind die Erinnerungen an den Frühling seit jeher sehr unterschiedlich und vielfältig.

Es blieben in der Erinnerung eines Landmannes und der Dorfbewohner unzählige Frühlingsbilder gespeichert, z. B. das dottergelbe Rapsfeld mit seinem süßlichen Duft, ein alter knorriger Apfelbaum mit seinem zartrosa Flor oder der einzige Kirschbaum im Dorf, der seinen Charme mittels tausender, schlohweißer Blüten versprühte.

In jedem Mai erinnert der Muttertag an den violetten Fliederbusch am Gartentor. Die unzähligen Spatzennester unter dem Dach, aus denen Strohhalme und Stricke hingen, das Blaumeisenpärchen, das im Briefkasten nistete und die Bachstelzen, die in jedem Frühjahr den Gartenweg entlang wippten, all' das gehörte zum Frühling auf dem Lande. Und jeder Frühling fand seinen Anfang mit dem Osterfest.

*(Grundsätzliches, nachgelesen bei Heinz-Werner Schreiber – Sitten und Brauch im Jahreslauf sowie Ernst Stahl, Thüringen – Sitte und Bräuche)*

# Maikäferplage

„Maikäfer flieg, dein Vater ist im Krieg...", das Liedchen sangen wir oft als Kinder, denn es gab damals massenweise Maikäfer. Schon im April, wenn die ersten Käfer gesehen wurden, machten wir uns auf die Pirsch. Ein Karton mit Löchern im Deckel, einen alten Gummiring darum, und ab ging es ins Rieth oder in die Erle. Alle Gräben haben wir abgesucht. Dort standen viele Zwetschgenbäume, die Pflaumenblätter schmeckten den Maikäfern besonders gut. Auch auf Eichen fanden wir viele. Es machte uns Freude, recht viele Käfer im Karton gefangen zu haben, ihr Krabbeln an der Pappe machte ein eigenartiges Geräusch. Je mehr Käfer in der Kiste waren, desto unheimlicher hörte es sich an. Es gab Jahre mit solchen Unmassen von Maikäfern, da haben wir sie unter der großen Eiche auf dem Lindenplatz mit dem Besen zusammengekehrt. Ganz kahl stand dann der stattliche Baum neben dem Kriegerdenkmal. Die Hühner fraßen die Krabbelgeister gern, von dem vielen tierischen Eiweiß legten sie mehr Eier. Aber mit der Zeit wurden sie wählerisch und beachteten sie nicht mehr.

Wuchs sich das maßlose Aufkommen der Maikäfer in manchen Jahren zur Plage aus, startete die Schulleitung Sammelaktionen. Das hieß für uns schulfrei, und entsprechend gut gelaunt gingen wir Kinder daran, die Maikäfer in unsere Behältnisse zu sammeln, und jeder wollte der Fleißigste sein.

Mit den dicken braunen Käfern trieben wir allerlei Unsinn. Während des Unterrichts ließen wir sie im Klassenzimmer fliegen, auch in der Religions-

*Im Jahr 2004 ein Maikäfer auf der Thiemsburg im Hainich – heute ein seltener Anblick. Foto: Harald Rockstuhl*

stunde sorgten sie für viel Gelächter. Nicht immer waren die Maikäfer so zahl-reich vertreten, meist konnte man in den Schaltjahren mit ihnen rechnen. Heute dagegen ist es eine Seltenheit, wenn ein Kind einen Maikäfer fangen kann. Das ist wohl ein Zeichen dafür, daß unsere Natur nicht mehr so ist, wie sie einmal war.

# Gänsehüten

Wer hat nicht noch die lauten Rufe der Gänse im Ohr, wenn sie lauthals den nahenden Frühling und die damit verbundene Balzbereitschaft heraus-schrieen? Die ohrenbetäubenden Gackschreie der Dorfgänse hallten zu Ende des Winters wie Trompetenklänge durch das ganze Dorf.
Nicht nur in den Lebensbahnen von Bäumen, Sträuchern, Stauden und Gräsern regte sich der nahe Frühling, auch bei den Dorfgänsen zeigten sich erste Frühlingsgefühle.
Auf den letzten Schlammpfützen, oder mancherorts auch auf dem Dorfteich, begattete der Gansert seine Auserwählte, im Beisein vieler neu-gieriger und sicher auch etwas neidischer Zuschauer. Die gesamte Gänse-schar schrie, was die Gurgeln hergaben, als wollten sie eine Weltsensation verkünden.

Die Bäuerin sah meist schon am etwas schmutzigen Federkleid, daß ihre Zuchtgans einen Freier hatte und bald zu legen beginnen würde.

Die Federn für die neuen Betten lieferten unsere Gänse, und den Weihnachtsbraten gab es gratis dazu. Wir hatten immer eine Zuchtgans im Hof, und wenn das Frühjahr herankam, führte sie eine stattliche Schar kleiner Gänse an. Bevor unsere alte Gans Eier legte, war sie den ganzen Winter über mit ihrem Freund, dem Gansert von Nachbarin Rosa, auf dem Dorfplatz zusammen. Wenn sie am Abend in ihren Stall zurückgeholt werden mußte, genügte es, laut „Wulle-Wulle" zu rufen. Sofort antwortete sie aus der großen Gänseschar heraus mit ihrem typischen „Gack-Gack". Sie kannte unsere Stimmen genau und lief uns entgegen. Hatten wir sie einmal vergessen, wartete sie schon vor dem Hoftor. Die Bezeichnung „dumme Gans" traf auf sie ganz und gar nicht zu.

Wenn sich der Frühling ankündigte, schaffte Mutter viel frisches Stroh in den Gänsestall. Eines Tages war daraus ein großes Nest gebaut, und jeden Morgen in aller Frühe legte unsere Altgans ein Ei hinein. Die Eier wurden vom Nest genommen und in einem Korb an einem kühlen Ort gesammelt, bis die angehende Gänsemutter eines Tages kein weiteres Ei mehr zutage brachte. Das Nest war inzwischen völlig mit weichen Daunen ausgepol-

*„Gänsegarten". Foto: Edgar Bärwolf, Molschleben*

stert, da hinein legte Mutter vorsichtig alle gesammelten Eier. Das Brutgeschäft dauerte etwa vier Wochen. Die Gans saß brav auf ihrem Nest und zischte böse, wenn man in ihre Nähe kam. Nur, wenn sie Hunger oder Durst hatte, verließ sie für kurze Zeit ihren Stall. Das Gelege deckte sie vor dem Verlassen des Nestes gut mit Federn zu, um es vor dem Auskühlen zu schützen.

Wenn es dann eines Tages zu piepsen begann, hatten die kleinen Gänschen die derbe Eierschale aufgepickt und waren herausgeschlüpft, es konnten bis zu 15 Junge sein. Manchmal half die Alte mit ihrem Schnabel vorsichtig nach. Beim Schlüpfen waren die Gänschen ganz naß und ihre Daunen angedrückt, aber schon nach kurzer Zeit war ihr Kleid getrocknet, und unter der Alten lugten lauter kleine Kuschelbällchen hervor.

Es war im zeitigen Frühjahr, wenn das Wetter meist noch nicht besonders schön ist. Weil die Kleinen viel Wärme brauchten, konnten sie nicht auf dem Nest bleiben. Sie wären unter der Mutter hervorgelaufen und hätten sich erkältet. Oft war es so viel Nachwuchs, daß gar nicht alle unter dem mütterlichen Gefieder Platz fanden, die Wärme war aber lebensnotwendig für die Neugeborenen. Aus diesem Grunde füllten wir einen großen Spreukorb[19] mit Stroh, worauf Mutter das federgepolsterte Nest aus dem Stall setzte. Dieser Korb wurde abends in die Küche gestellt, dort hatten es alle warm, und kein Ungeziefer konnte den Gänschen etwas anhaben. Jeden Abend also trug Mutter die kleinen Federbällchen in das Nest und setzte die Gänsemutter vorsichtig darauf. Über das Ganze wurde eine Decke gehängt,

*Rosa Burgdorf, Molschleben ca. 1948. Foto: R. Stecher*

damit die Alte den Korb nicht verlassen konnte. Diese war bei der Prozedur ziemlich aufgeregt, denn sie wertete jegliche Bewegung als einen Angriff auf ihre Kinderschar. Überkam sie nachts ein allzu tierisches Bedürfnis, so schwappte selbiges über den Korbrand auf den Küchenboden. Beim Öffnen der Küchentür am nächsten Morgen konnte man dadurch schon einer Ohnmacht nahe kommen. Doch wir fanden dies ganz normal, denn wir waren daran gewöhnt.

Wenn abends das Küchenlicht gelöscht wurde, dauerte es gar nicht lange, und das Gewisper der Gänsefamilie wurde immer leiser. Es hörte sich so an, als würde die Alte den Kleinen noch eine Geschichte erzählen. Ab und zu meldete sich noch ein Pieps, bis es ganz still wurde. Aber schon früh am Morgen waren alle wieder wach, die Gänschen meldeten ihren Hunger an, und die Gänsemutter hielt keine Ruhe mehr. Jetzt mußte alles sehr schnell gehen. Mit einem festen Griff wurde die Gans unter den Flügelansätzen gefaßt und in den Hof befördert. Dabei konnte es gelegentlich vorkommen, daß man einen Schnabelhieb abbekam. Oder vor lauter Aufregung passierte der Gans ein Mißgeschick, so daß Flur und Küche sauber gemacht werden mußten. Im Hof war zunächst ein lautes Gegackse zu hören, bis sich die Gänsemutter endlich in ihr Schicksal ergeben hatte. Danach stand die Altgans oft stundenlang vor dem Küchenfenster. Wenn sie einen Piepser ihrer Lieblinge hörte, schnatterte sie ganz aufgeregt und ließ erst davon ab, wenn sie von ihren Leidensgenossinnen abgelenkt wurde.

Die kleinen Gänschen kamen tagsüber in ein Gänsegatter, das einem Kinderbettchen ähnlich sah, nur daß die Beine fehlten. Vorn am Gatter hing eine kleine Krippe für das Futter, auf dem Stroh stand ein tönerner Trinknapf. Er hatte einige Löcher, und die Gänsebabys steckten sofort ihre Schnäbelchen hinein, als hätten sie es nicht anders gelernt. Für das Futter mußten täglich Brennesseln gesucht werden. Diese wurden auf einem hölzernen Kuchenbrett kleingewiegt und mit Kleie oder Semmelkrumen und feingeschnittenen, gekochten Eiern vermengt. Das Futter roch so appetitlich, daß ich manchmal auch eine Handvoll davon in den Mund steckte.

So hat sich auch in meinen Erinnerungen an diese Zeit der Brennesselkorb eingeprägt. Er gehörte zum Frühjahr und zum Dorf genauso, wie die kleinen Gänschen, Entchen oder Küken. An windgeschützten Mauern, an Zäunen und hinter Sträuchern guckten schon die ersten, grünen Spitzen der Brennessel hervor. Zu den Bildern dieser vergangenen Zeit, in welcher der Bauer sein Rößlein einspannte, gehören auch typische Geräusche und Gerüche.

Nach dem Umgang mit Brennesseln kribbelten tagelang die Hände. Bei den älteren Frauen hatte sich vom vielen Arbeiten so viel Hornhaut an den Händen gebildet, daß ihnen die Brennhaare der Nesseln nichts ausmachten. So klein die Gänse auch waren, sie hatten gleich herausgefunden, daß die Eier am besten schmeckten. Mit raschen Bewegungen war das Futter schnell nach den köstlichen Bröckchen durchsucht. Wie ihre Mutter erledigten sie ihr tierisches Bedürfnis völlig zwanglos, gelegentlich auch durch die Sprossen des Gänsegatters. Anfangs sah man ja wegen der niedlichen Federbällchen über viel Unangenehmes hinweg, doch allmählich wurde es zum Problem. So war es gut, daß das Wetter immer besser und das Gras auf dem Dorfplatz saftig grün wurde. Die Gänschen waren gewachsen und konnten nun auf die Weide. So war nach der Schule oft Gänsehüten angesagt. Eine alte Decke wurde zusammengerollt, ein bißchen Spielzeug und etwas Eßbares eingepackt, dann ging es hinaus auf den großen Lindenplatz. Voran stolzierte die Gänsemutter, ihr folgte – natürlich im Gänsemarsch – die Kinderschar und hinterher kam ich als Gänseliesl. Mit einer Weidenrute mußten die Gänse ständig leicht angetrieben werden, denn bei jedem Grashälmchen blieben die Kleinen stehen und begannen zu zupfen. Die Alte zischte laufend, ihr langer Hals schnellte nach allen Seiten, dabei wollte niemand etwas Böses von ihr.

Auf dem Lindenplatz hüteten schon mehrere Kinder ihre Gänsefamilien. Schnell war ein Plätzchen gefunden und die Decke ausgebreitet. Die Gänse zupften das frische Gras, als hätten sie seit Wochen nichts anderes getan. Obwohl genug Futter für alle da war, kam es immer wieder vor, daß sich die Altgänse ins Gehege kamen, besonders wenn ein Gansert dabei war. Die Alten zischten sich böse an und zupften sich bedrohlich an den Federn. Im

*Gänsefamilie von Rosa Stecher in Molschleben. Foto: R. Stecher*

Wasser nach Hause. Es war für mich eine schwere Arbeit. Ich pumpte zwar die Eimer nicht bis obenhin voll, aber wenn ich in der Küche ankam, war ich froh, daß ich es geschafft hatte. Am Badetag beteiligte sich jeder am Wassertragen, denn alle freuten sich gleichermaßen auf die Wanne. Durch Feldarbeit, den Stall und die unbefestigten Dorfstraßen gab es viel Dreck und Staub, baden wäre eigentlich jeden Tag nötig gewesen. Doch wir waren schon zufrieden, wenn wir ab und zu dieses Vergnügen hatten. Anschließend durften wir frische Unterwäsche anziehen. Auch damit wurde gegeizt, und schon als kleines Mädchen legte ich mich mit Mutter an, wenn ich das Leibchen – eine Art Weste mit Strumpfhaltern – noch ein paar Tage länger anbehalten sollte.

Anläßlich einer Buchlesung in dem kleinen Dörfchen Frienstädt meldete sich nach dem Vorlesen des Aufsatzes „Badetag" eine Zuhörerin zu Wort. Sie war mir sofort wegen ihrer üppigen Körperfülle aufgefallen. Sogleich brachte sie auch den Punkt auf ihre starke Figur. Sie erzählte, daß sie schon ebenso stark gebaut war, als sie ihren sehr mageren Ehemann kennen lernte. Es fiel allen auf, daß die beiden von der Figur her völlig gegensätzlich waren. Das Eigenartige dabei war, daß das Ehepaar selbst über sich lachen konnte. Wer kann das schon? Die Frau erzählte, daß sie als junge Frau auch

*Badetag 1962 in Tüngeda in der Bachstraße. Auf dem Bild Karin und Harald Rockstuhl. Foto: Werner Rockstuhl*

in einer Zinkwanne baden wollte. Ihr Mann schüttete ihr das Wasser ein und hielt ihr die Hand beim Einsteigen in das Bad. Sie setzte sich verständlicher Weise etwas schwerfällig hin und auch noch an das schwächere Ende der Wanne. Ein lautes rülpsendes Geräusch entstand, als ihre Fettmassen das Wasser herausdrückten und sich die glatte Haut an den Wänden ansaugte. Sie bemerkte, daß sie völlig eingeklemmt war und sich gar nicht mehr bewegen konnte. Dabei lachte sie so herzlich, daß sie alle Zuhörer total begeisterte. Auf meine Frage, wie sie denn nun wieder aus der Wanne kam, beschrieb sie so herzlich jenen Vorgang, wie es ein guter Autor nicht besser könnte. Mehrere Helfer bugsierten sie mitsamt der Wanne in die Höhe. Nach und nach kam ein wenig Luft zwischen ihre Schenkel und die Zinkwanne. Man zog und preßte solange, bis sie einfach so heraus flutschte. Ich konnte diese liebenswerte Frau nie vergessen.

# Das Seifekochen

Während des Krieges, als die Not am größten war und es an den einfachsten Dingen des Lebens mangelte, war nichts so wertlos, daß es nicht doch noch zu etwas Brauchbarem umfunktioniert werden konnte. So verstand man sich z. B. in einigen Höfen unseres Dorfes auf das Seifekochen. Hatte ein Schwein aus irgendeinem Grund seinen Lebensgeist aufgegeben, rief der Bauer nicht etwa den Abdecker, nein, die Bäuerin schürte den Kessel an und schlüpfte in die Rolle eines Seifensieders.

Zuerst befreite man den Tierkadaver von seinen Innereien, was sicher nicht jedermanns Sache war. Danach wurde der Körper zerteilt und solange im Kessel gekocht, bis sich die Knochen vom Fleisch lösten. Die Knochen nahm man heraus und zermahlte sie später zu Knochenmehl, was man den Hühnern unter das Futter mengte. Das tierische Eiweiß brachte die Eierstöcke der Hühner auf Trab, ein nicht endender Kreislauf, in dem alles seine Verwendung fand.

Da das Seifesieden ein chemischer Vorgang ist, wären spätestens jetzt sichere Kenntnisse der Chemie vonnöten gewesen. Aber die wenigsten Bauern verstanden die chemischen Zusammenhänge, sie verließen sich statt dessen auf das überlieferte praktische Wissen der Großväter und Großmütter. Diese wußten, welche Menge Pottasche und Seifenstein aus der Stadtdrogerie zu besorgen waren. Kamen diese Chemikalien mit dem fettigen Fleischbrei in Berührung, bildete sich viel Schaum, der ständig abgeschöpft werden mußte. Dabei durfte das Feuer nicht gar zu forsch lodern, sonst wurde man nicht Herr über die sich bildende Gischt. War genügend Schaum abgeschöpft, beruhigte sich der Kesselinhalt wieder, und nach einigen Stunden war alles zu einer breiigen Masse zusammengekocht. Dann ließ die Bäuerin einfach das Feuer ausgehen. Der Seifenstein hatte bewirkt, daß sich eine dicke, speckige Fettschicht von der übrigen weichen Masse abhob, die sogenannte Kernseife war fertig. Nach dem Erkalten stellten die Frauen mittels viereckiger Holzformen handliche Seifenstücke her, ähnlich wie beim Buttermodeln. Diese selbstgekochte Seife war nicht so glatt und fest wie die heutige. Sie war grau, fühlte sich fettig an und besaß einen eigenartigen Geruch. Zum Händewaschen und für die große Wäsche mußte sie einfach genügen. Weil ich wußte, wie sie entstanden war, hatte ich einen ziemlichen Ekel vor ihr. Aber was half es, ich mußte froh sein, daß es überhaupt etwas gab, womit ich meine vom Barfußlaufen schmutzigen Füße säubern konnte.

Es war schon eine eigenartige Angelegenheit, wenn die Seifensieder am Werk waren. Wir Kinder rochen es schon von weitem und machten uns aus dem Staub. Für mich blieb es eine makabere Geschichte, daß aus einem verendeten Tier eine saubere Sache wurde, doch von Nutzen war es allemal. Und bei der wohlriechenden, gefärbten und parfümierten Toilettenseife von heute vergessen wir, daß sie auf ähnliche Weise entstanden ist.

# Trauer

Mein Vater hatte mehrere Brüder, aber meinen Onkel Wilmar, den hatte ich ins Herz geschlossen. Ich weiß nicht, ob es nun stimmt, oder nicht, daß die Besten immer zuerst sterben müssen, bei meinem Lieblingsonkel traf es wohl zu. Er erkrankte plötzlich an einer Lungenentzündung, und nach ein paar Tagen starb er schon. Es gab nach dem Krieg keine Medikamente, das hat bei fehlendem Penicillin sehr vielen Menschen das Leben gekostet, damals.
Ich ging in die zweite Klasse, zu jung, um richtig zu begreifen, was der Tod überhaupt bedeutet. Und weil alles so überraschend für mich kam, konnte ich gar nicht richtig glauben, daß ich meinen Lieblingsonkel verloren hatte. Meine beiden Cousinen mußten nun zukünftig ohne einen Vater auskommen. Ich bettelte Mutter so lange, bis sie mir erlaubte, meinen Onkel Wilmar noch einmal zu sehen und ihm auf Wiedersehen zu sagen.
Mit wackligen Knien ging ich zu meiner Patentante, schließlich wußte ich nicht, was mich erwarten würde. Zaghaft klopfte ich an die Haustür, und meine Patentante war wohl ein wenig erstaunt, als sie mir öffnete. Ich trug ihr meine Bitte vor. Sie führte mich in die kleine Stube, in welcher Onkel Wilmar aufgebahrt lag. Aber was ich da sah, das brachte mich ganz durcheinander. Der Tote auf dem Bett sah meinem Onkel bloß ähnlich, ich fürchtete mich fast ein wenig vor ihm. Noch nie hatte ich einen leblosen

Menschen gesehen, ich war wegen der Veränderung doch ziemlich erschrocken. Mir kullerten die Tränen über das Gesicht, ich konnte noch nicht so richtig begreifen, daß ich nun einen lieben Menschen weniger hatte. Es waren sowieso nur wenige, die mich verstehen konnten und die auch ich lieb hatte.

Von toten Tieren wußte ich, daß ein solcher Zustand endgültig war. Das alles hat mich lange beschäftigt. Ich war traurig, daß ich nicht mit zur Beerdigung gehen durfte. Mein Bruder war 6 Jahre älter als ich, ihm war die Teilnahme erlaubt.

Mutter hielt mir eine Moralpredigt, daß ich auf gar keinen Fall die Stubengardinen bewegen sollte. Ich war zwar noch relativ jung, aber daß ich nicht zum Fenster hinausschauen sollte, das hätte ich auch ohne Mutters Androhungen gewußt.

Von weitem schaute ich zwar durch die Gardinen, aber das konnte niemand sehen.

Zur damaligen Zeit waren Kinder von Beerdigungen ausgeschlossen, es sei denn, der Todesfall betraf die Familie direkt. Meine Cousine war ja auch nur 2 Jahre älter als ich es war. Die Kinder waren doch ebenso traurig wie die Erwachsenen und hätten doch auf jeden Fall stets gehorcht.

Plötzlich hörte ich eine Blaskapelle auf der Straße, und ich sah den Trauerzug sich auch schon langsam vorwärts bewegen. Voran die Musiker und danach folgten viele schwarz gekleidete, traurige Menschen. Onkel Wilmar war im Dorf sehr beliebt, er war freundlich und sehr hilfsbereit, deshalb begleiteten ihn so viele Dorfbewohner. Aber warum ging da eine Kapelle voraus? So etwas hatte ich noch nie gehört oder gesehen. Als der Trauerzug an unserem kleinen Haus vorbeikam, war ich völlig kopflos, ich erinnere mich noch heute daran. Weder Schulaufgaben noch irgend etwas spielen konnte ich. Völlig aufgelöst legte ich mich auf das Sofa und weinte mich aus. Meine Cousinen beneidete ich oft wegen so einem lieben, verständnisvollen Vater. Vater war Onkel Wilmars Bruder, aber da gab es wahnsinnig viele und große Unterschiede, aber das konnte ich leider nicht beeinflussen. Ich wartete auf Mutter, um sie wegen der Blasmusik zu befragen. Aber ich dachte mir schon, daß mich die Antwort wieder nicht zufrieden stellen würde, wie es oft der Fall war.

Musik war für mich etwas Lustiges und das bei einer Beerdigung! Das konnte ich einfach nicht begreifen. Endlich hörte ich die Hoftüre. Sofort fragte ich Mutter wegen der Blasmusik. Mein Bruder tippte sich an die Stirn, was bedeuten sollte, daß ich einen Vogel hätte, das kannte ich schon. Mutter erklärte mir überraschend ruhig, daß die Blasmusiker Freunde von Onkel Wilmar waren, die ihm ein Abschiedsstück spielten. Erst später begriff ich den Unterschied zwischen fröhlicher und trauriger Musik. Bis dahin waren mir keine Trauermärsche bekannt. Wie denn auch, wenn wir „kleinen" immer ausgenommen waren.

Ein acht- oder neunjähriges Kind von der heutigen Zeit kann meine Naivität von damals sicher nicht verstehen. In meiner Kindheit wurde über den Tod möglichst nicht gesprochen, obwohl er gerade durch den Krieg allgegenwärtig war.

Die wenigen Streicheleinheiten von meinem Lieblingsonkel habe ich jedenfalls bis heute nicht vergessen.

## Entbehrungen und Sehnsüchte

Die Bezeichnung Obst beschränkte sich zu meiner Zeit ausschließlich auf die süßen Früchte einheimischer Bäume und Sträucher. Das hätte uns auch völlig genügt, wäre es nur zu jeder Zeit ausreichend vorhanden gewesen. Eines Tages fuhr ich mit Mutter in die Stadt zum Kinderarzt. Unterwegs trafen wir die Frau eines ehemaligen Kriegskameraden meines Vaters. Die beiden Frauen hatten sich viel zu erzählen. Währenddessen zog das Einkaufsnetz der Bekannten, das von ihrem Sohn getragen wurde, meine ganze Aufmerksamkeit auf sich. Dort lugten mehrere, goldgelbe, leicht gebogene Stangen durch die Maschen. Was das wohl für seltsame Dinger sein mögen, dachte ich bei mir. Immer wieder unternahm ich den Versuch, Mutter in ihrem Redeschwall zu unterbrechen, aber es gelang mir nicht. Endlich fand ich Gelegenheit, nach den gelben Dingern zu fragen. „Das sind Bananen, mein Mädchen", sagte die dicke Bauersfrau und tätschelte mir die Wangen. Irgendwo waren sie ihrer habhaft geworden. Die ganze Zeit hoffte ich, daß mir der Junge eine schenken würde, doch dafür reichte wohl mein kindlicher Charme nicht aus.

Beim Weitergehen lag ich Mutter wegen der Bananen in den Ohren. Ich wollte wissen, wie sie schmecken, woher sie kommen und warum wir sie nicht haben konnten. „Wir haben nicht so viel Geld wie die Großbauern, die Dinger gibt es irgendwo bei den Negern, und wie sie schmecken, weiß ich auch nicht. Es soll ein pappiges Gelumpe sein", antwortete Mutter wirsch und zog mich hinter sich her. Nun teilte ich mir also mit meiner Mutter das Wissen um die begehrten Bananen, und es sollte noch eine ganze Weile dauern, bis ich ihren Geschmack kennenlernte.

Zu einem besonderen Genuß wurde der Inhalt eines Weihnachtspäckchens. Eine Schulfreundin war nach Berlin gezogen und schickte mir ein kleines Geschenk. Obwohl ich fast dreizehn Jahre alt war, hatte der Postbote noch nie etwas für mich befördert. Ganz aufgeregt schnitt ich die Verschnürung durch. Als ich den Deckel hochzog, strömte mir ein wundersamer Duft entgegen. Er gehörte zu zwei gut verpackten Orangen. So etwas gab es also in Berlin? Ganz langsam sog ich den süßen Saft in mich hinein; lange noch zehrte ich von dem unvergeßlichen Geschmack.

Leichter zu haben war dagegen unser einheimisches Obst. Ich hatte zeitweilig eine Schulkameradin, deren Eltern einen Obstgarten hatten. Dort wuchsen Kirschbäume mit den knackigsten Herzkirschen, die man sich nur denken kann. Mit dieser Schulkameradin hatte ich ein Abkommen getroffen. Gegen ein paar Groschen, die ich mir auf nicht ganz legale Weise besorgte, denn freiwillig hätte sie Mutter nie herausgerückt, erhielt ich eine Spitztüte voll Kirschen oder manchmal auch Beerenobst. Ich freute mich auf das Obst und konnte es gar nicht abwarten, bis wir unser kleines Tauschgeschäft abgewickelt hatten. Natürlich geschah das in aller Heimlichkeit, unsere Mütter durften davon nichts erfahren. Vor der Schule wartete ich auf meine Obstlieferantin, und ich konnte es absolut nicht verstehen, wenn sie einmal die verabredete Tüte vergessen hatte.

Nach dem Krieg versuchte jeder, auf irgendeine Weise an Obst zu kommen.

*Kirschernte in Kleinfahner auf der Plantage von W. Kaufmann.*
*Foto von Otto Schwanengel, Kleinfahner*

Während der Kirschernte fuhren viele Stadtbewohner mit ihren Fahrrädern „unter den Berg", wie wir es nannten. Damit waren die Dörfer um die Fahner Höhe gemeint, in denen seit alters her Obst angebaut wurde. Die Helfer hatten bei den Obstbauern den ganzen Tag über zu pflücken, dafür banden sie am Abend eine Schwinge[8] Kirschen auf ihren Gepäckträger und traten den Heimweg an. Die Kirschen waren wirklich sauer verdient, denn auf dem Nachhauseweg mußten die Städter ihre Räder auch noch den Berg hinaufschieben, und erst an der Bienstädter Warte hieß es wieder aufsitzen. Nun holperten die Räder durch die vielen Schlaglöcher, und es kam vor, daß ein paar Kirschen aus den Körben sprangen. Wir Kinder freuten uns darüber und lasen die verlorenen Früchte auf. Ohne sie vorher zu waschen, verschwanden sie gleich im Mund. Manchmal waren winzige Kieselsteinchen ins Fruchtfleisch eingedrückt. Den Geschmack werde ich nie vergessen, irgendwie eigenartig, aber es waren Kirschen!

Auch an der Landstraße nach Gierstädt standen links und rechts große Kirschbäume, begehrte Objekte der meisten Dorfkinder. Zur Reifezeit waren alle vom Boden erreichbaren Äste das Ziel unserer Begierde. Eines Tages machte ich mich mit einigen Freunden aus dem Dorf gerade an den Ästen zu schaffen, als uns ein Bauer dabei überraschte, eine Art Hilfspolizist aus unserem Dorf. Er beschimpfte uns sehr grob und weckte bei mir das schlechte Gewissen. Mit unseren Eltern würde er sprechen, und danach hätten wir mit einigen Tagen im Spritzenhaus zu rechnen! Ich war damals zwölf Jahre alt und naiv genug, seinen Drohungen zu glauben. In den nächsten Tagen druckste ich im Haus herum und ließ die Haustür nicht aus den Augen. Nur allmählich verlor ich die Angst vor dem Spritzenhaus. Meinen Eltern erzählte ich nichts von meinen Sorgen, denn Prügel wollte ich nicht auch noch bekommen. Um den bewußten Bauern machte ich in Zukunft einen großen Bogen.

Unser Vater war, wie viele Bauern im Dorf, Mitglied der liberalen Partei. Für die dazugehörende Parteizeitung wurde ein Verteiler gesucht. Vater hatte mich gemeldet, natürlich ohne mich vorher zu fragen. Das Austeilen schränkte zwar meine knappe Freizeit noch mehr ein, aber ich verdiente nun auch ein paar Mark für ganz private Zwecke. Ich kam viel herum, mit vielen Leuten ins Gespräch, man steckte mir auch manchmal ein kleines Geschenk zu, besonders in der Weihnachtszeit.

So rief mich an einem kalten Wintertag ein älterer Bauer in die Küche und stopfte mir die Taschen voller Äpfel. Er wußte, daß er mir damit eine besondere Freude machen konnte. Bis ich nach Hause kam, waren alle Äpfel aufgegessen.

Durch das Zeitungsaustragen besaß ich nun eine kleine Menge eigenen Geldes. In der Stadt hatte ich herrliche Weintrauben gesehen. Ich steigerte mich in einen solchen Appetit auf Trauben hinein, daß ich alle Groschen zusammenkratzte, zur Bushaltestelle ging und eine Frau bat, mir aus der Stadt eine Tüte Trauben mitzubringen. Alles mußte heimlich geschehen, Vater und Mutter hätten meinen Wahnsinnsappetit nicht verstanden. Die Tüte mit den saftigen Trauben versteckte ich in der Röhre vom Kachelofen. Da wir zu dieser Jahreszeit auch in der Küche wohnten, fiel mein Versteck niemandem auf. Immer wenn ich allein war, naschte ich ein paar von den Weinbeeren, ich konnte sie so richtig genießen.

Manchmal kam man aber auch ganz legal zu frischem Obst. Im Frühsommer reiften im Wald die Walderdbeeren und später die Brombeeren. Zu dieser Zeit zogen die Familien mit Kind und Kegel in den Wald zum Beerensammeln. Jeder trug ein kleines Blechtöpfchen bei sich, das, wenn es voll gesammelt war, in ein Bräutchen[9] ausgeschüttet wurde. Ich erinnere mich, daß einmal sogar unser Vater mit in den Wald kam, das war kurz nach dem Krieg. Der Tag war wunderschön, und als das Bräutchen voll war, frühstückten wir auf einer Lichtung. Nachdem wir zu Hause angekommen waren, kochte Mutter einen Grießbrei, der zusammen mit den eingezuckerten Walderdbeeren der Höhepunkt eines herrlichen Tages war. Leider blieb es der einzige Tag in meiner Erinnerung, an dem unsere kleine Familie so fröhlich zusammen war.

*„Apfelernte im Obstgarten" Familie Sever und Bärwolf, Molschleben 1944.*
*Foto: E. Bärwolf*

# Der Garten Eden

Einen Garten Eden mit all seinen verführerischen Köstlichkeiten hatte Tante Hildegard. In ihm wuchsen Äpfel, Birnen, Pflaumen, Weichselkirschen, Beeren[10] aller Art und Haselnüsse. Besonders ins Herz geschlossen hatte ich die Kläräpfel. Wenn sie reif wurden, fiel mir jeden Tag etwas Neues ein, um in ihre Nähe zu kommen. Meist hatte ich einen Purzelkorb[11] dabei, um Gänsefutter zu suchen, denn auch Brennesseln wuchsen massenhaft in Tante Hildegards Garten. Die reifsten Äpfel lagen immer im Gras. Oft waren sie wurmstichig, denn gespritzt wurde das Obst damals nicht. Wir bissen den Wurm oder seine Hinterlassenschaft einfach aus und spuckten das Ganze ins Gras.

Im Frühherbst reifte der Gravensteiner. Er war so saftig, daß man beim Abbeißen aufpassen mußte, daß einem nicht der Saft vom Kinn tropfte. Nie wieder habe ich einen köstlicheren Apfel gegessen.

Neben den Äpfeln und Birnen hatten es mir noch die Haselnüsse besonders angetan. Wie freute ich mich, wenn ich mir eine Schürzentasche voll davon auflesen durfte!

Auch eine Schulkameradin, die Tochter des Schneidermeisters, hatte im Hühnergarten einen großen Haselnußstrauch. Laufend überredete ich Karin, daß ich mir ein paar Nüsse auflesen durfte. Sie hätte es schon immer erlaubt, aber warum sich die Erwachsenen meist so komisch, etwas geizig verhielten, das verstand ich damals noch nicht.

Tante Hildegard besaß eben einen richtigen Paradiesgarten. Wenn wir im Winter zum Schlachtfest bei ihr eingeladen waren, gab es als Nachtisch immer Mirabellen und Weichselkirschen. Das wiederholte sich in jedem Jahr, und es war in jedem Jahr eine Köstlichkeit, an die ich gern zurückdenke.

# Dörrobst

In unserem kleinen Garten wuchs nur ein wenig Beerenobst. Später gehörte zu einem gepachteten Acker auch ein Graben, an dem einige Apfel- und Zwetschgenbäume standen. Die Äpfel waren nicht besonders schmackhaft, aber zu Bratäpfeln eigneten sie sich vorzüglich. Herbstäpfel hatten nur eine begrenzte Haltbarkeitsdauer, sie mußten relativ schnell verbraucht und verarbeitet werden. Um sie ein wenig länger genießen zu können, fädelte ich viele Apfelscheibenketten. Dazu mußte der Apfel in dünne Scheiben geschnitten werden, das Kerngehäuse wurde entfernt. Auf einen langen Zwirnsfaden fädelte ich sie dann alle auf, wie eine Perlenkette. Am Bodenfenster waren einige Nägel eingeschlagen, daran hingen dann die langen Schnüre zum Trocknen. Die getrockneten Scheiben kamen in ein kleines Säckchen und schmeckten im Winter köstlich.

Auch Zwetschgen wurden durch Trocknen für die kalte Jahreszeit konserviert. Bis Oktober hingen die Früchte an den Bäumen, sie sahen schon etwas schrumpelig aus, das Fruchtfleisch war orangefarben, sie schmeckten zuckersüß. Die Zwetschgen kamen auf ein Blech und dann in die Röhre des Küchenherdes. Das Feuer mußte fast am Ausgehen sein, sonst wären die Pflaumen gekocht anstatt gedörrt worden. Der Vorgang wurde noch einige Male wiederholt, damit das relativ dicke und saftige Fruchtfleisch langsam welkte. In einem Leinensäckchen hingen sie dann auf dem Boden und waren sehr schnell aufgebraucht. Wer im Zeitalter des Überflusses aufgewachsen ist, kann einer Trockenpflaume sicher nichts Besonderes abgewinnen, doch für uns war es eine wichtige Vitaminquelle im Winter und außerdem ein Leckerbissen. So vergißt man im Überfluß allzu leicht die Wertschätzung der einfachsten Dinge.

## Quetschenkuchen und Quetschenmus

Wer einige Quetschenbäume sein eigen nennen konnte, der war in den Kriegs- und Nachkriegsjahren so einigermaßen aus dem Schneider. Die vielseitige Verwendung der Quetsche half über viele Tage des Jahres hinweg. So freuten sich alle auf den herrlichen Zwetschgen- oder Quetschenkuchen, zu dem man nicht einmal Öl und Zucker brauchte. Es war ein einfacher Kuchen, dessen köstliche Saftigkeit kaum übertroffen werden konnte. Aber auch im Winter wurden Quetschen für Kompott oder Kuchen konserviert. Ein wohlschmeckendes Kompott ergaben z. B. geschälte Quetschen mit Zuckerlösung eingeweckt. Dazu wurden die Quetschen in einem Drahtsieb einige Minuten in kochendes Wasser gehängt, wonach sich die Schale leicht abziehen ließ.

Die Quetschen für den winterlichen Kuchen wurden entkernt, in Streifen geschnitten und danach mit Zucker und einem kleinen Schuß Wasser im eigenen Saft eingekocht. Geschnittene Quetschen aßen wir auch zu gekochten Kartoffelklößen oder einfachen Löffelklößen.

Die Wärme des Altweibersommers und die morgendlichen Herbstnebel waren notwendig, damit die Hauszwetschgen im Oktober ihre süße Reife bekamen. Es mußten sogenannte „Wälläkärsch" (Welkärsche) sein, ehe sie sich für das Pflaumenmus eigneten. Ihre Spitzen waren dann etwas eingeschrumpelt, und im Innern hatte sich viel Fruchtzucker gebildet. Die wurmstichigen lagen schon unter den Bäumen. Einige Tragekörbe voll der süßen Früchte waren für einen Muskoch nötig, schließlich mußte sich die Arbeit durch entsprechende Ausbeute lohnen. Die Zwetschgen wurden gepflückt, oder man legte Planen und Decken unter den Baum und schüttelte sie herunter.

*Mit dem Kuchenblech gehts zum Bäcker.*
*Foto: Kurt Rockstuhl, Tüngeda.*

Inzwischen war zu Hause der Kessel mit einem Stück fetten Speck eingerieben worden, und das Feuerloch war vorbereitet. Ein guter Zentner Zwetschgen wurde nun in den bauchigen Kessel geschüttet. Das vom Waschen noch anhaftende Wasser und der Speckfilm genügten, um ein Anbrennen zu verhindern. Langsam wurde die Feuerung betrieben, denn es mußte sich erst einmal etwas Sud bilden. Es dauerte gar nicht lange, und alle Zwetschgen waren weich gekocht und geplatzt, so daß sich der Kern zu lösen begann. Nun fing die heiße und anstrengende Arbeit der Musköche an. In das Mussieb – das war ein stabiler hölzerner Kasten mit einer mit Löchern versehenen Metallplatte – löffelten sie die kochenden Zwetschgen und rieben das Mark durch die Löcher. Zurück blieben die Kerne und die Schalen. Das so gewonnene Zwetschgenmark wurde wieder zurück in den Kessel geschüttet und mit einigen Händen voll grüner Walnüsse und einer Schüssel reifer Holunderbeeren vermischt. Jetzt hieß es, das Feuer mit Fingerspitzengefühl zu unterhalten, denn allzu viel Hitze hätte das Fruchtfleisch anbrennen lassen. Eine Person war ständig damit beschäftigt, den Kesselinhalt mittels einer Musrühre in Bewegung zu halten. Diese Musrühre, wie auch das Mussieb, wurden von einer Bauernfamilie an alle Haushalte ausgeliehen, sie gingen immer reihum im Dorf.

Das Kochen von Pflaumenmus zog sich über viele Stunden hin. Die ganze Familie war eingespannt, und laufend mußte der Rührer abgelöst werden. Immer mehr kochte das Mark ein, immer dunkler wurde das Mus, und immer gefährlicher drohte ein Anbrennen. Das an der Musrühre angebrachte Messing- oder Kupferkettchen sollte dieses Malheur durch ein ständiges Scheuern auf dem Kesselboden verhindern. Nicht auszudenken, wenn alle Arbeit und Mühe vergebens gewesen wäre, also rühren und immer wieder rühren!

Eine Zuckerzugabe war in der Regel nicht nötig, da die Zwetschgen genug eigene Süße hatten. Etwas Pflaumenmusgewürz konnte kurz vor dem Ende untergerührt werden, aber in den Nachkriegsjahren war dies meist nicht vorhanden. Als Gewürz kamen einige Walnüsse mit grüner Schale und einige abgebeerte Holunderbeeren dazu. War das Mus dann soweit angedickt, daß eine dunkle, etwas zähe Masse entstanden war, wurde das Feuer gelöscht und der Kesselinhalt in tönerne Töpfe gefüllt. Nach dem Erkalten hatte sich auf dem Mus eine trockene, derbe Schicht gebildet. War Schnaps vorhanden, beträufelte man ein abdichtendes Stück Pergamentpapier damit und deckte so das kostbare Gut ab. Aber ein Zubinden mit einem Leinentuch und die Aufbewahrung an einem kühlen, ameisenfreien Ort genügte auch.

Das Zwetschgenmus wurde nun als Brotaufstrich verwendet, in Kräpfel gefüllt, beim Musklitscherkuchen[12] verbacken oder auf einfache Patschkuchen gestrichen, immer jedoch war es eine wunderbare Köstlichkeit.

# Die Grude

Eine Grude[13] fehlte in keinem Bauernhof, ihre Betreibung war wirtschaftlich und ihr Nutzen vielseitig. Es war ein rechteckig gemauerter Kasten, je nach Größe hatte er eine oder mehrere Glutstellen. Auf einem niedrigen Sims lagen zwei Eisenschienen über der Feuerstelle, auf denen Töpfe standen. Ein blech-beschlagener Deckel schloß das Ganze ab. Meist stand die Grude in der Futterküche, hauptsächlich war sie zum Kochen der Schweinekartoffeln gebaut. Die Glut wurde mit Grudekoks am Glimmen gehalten. An der Seite, etwas weg von der Hitze, hatte ein großer Wassertopf Platz, so war stets heißes Wasser vorrätig. Hülsenfrüchte, die eine lange Garzeit hatten, stellte Mutter früh in die Grude. Alle Zutaten kamen auf einmal in den Topf, und obwohl niemand umrührte, war am Abend, wenn wir vom Feld kamen, die Erbsen-, Linsen- oder Bohnensuppe[14] fertig. Der ganze Hof roch nach dem köstlichen Eintopf. Es war auch nichts angebrannt, der Koks brachte keine Loderfeuer, sondern nur ein langsames Glimmen. Viel Asche war um die Glutstelle, in ihr lag das Feuer wie in einem Nest. Es gehörte schon einige Übung und Geschicklichkeit dazu, um die Grude nicht ausgehen zu lassen. In der Regel wurde das Auflegen von der Bäuerin besorgt, bei uns besaß Mutter das Patent. Geschah es doch einmal, und die Schweinekartoffeln waren noch roh, weil das Feuer erloschen war, dauerte es meist einige Tage, bis alles wie-der in Gang kam. Dann hatte Mutter schlechte Laune. Sie war wütend, daß ihr so etwas passieren konnte, ihre Ehre war angekratzt. Ich mußte dann mit einem Zinkeimer zum Bäcker laufen und frische Glut zum Anbrennen holen. Der Henkel wurde immer heißer, ich mußte mich auf dem Heimweg beeilen. Es waren Riesentöpfe, in denen die Schweinekartoffeln gekocht wurden, sie faßten bestimmt dreißig Pfund. Eigentlich war es kein Wunder, daß die meisten Bauersfrauen über Kreuzschmerzen klagten, denn täglich hoben sie verschwiegen aber, daß es ihnen hundeelend gewesen war und manche sogar die Hosen wechseln mußten. Es war und ist ein Teufelskraut, aber die Männer ließen nichts umkommen, sogar die Strunke wurden klargeschnitten und in der Pfeife geraucht. Das stank dann ähnlich wie russischer Machorka. Da Tabak ein begehrtes Objekt war, ließen sich mit ihm auch allerlei Tauschgeschäfte betreiben. Die Bauern bauten so viel an, daß nach dem Abliefern noch genügend für sie selbst übrigblieb. Findige Tüftler hatten ein Tabakschneidemaschinchen entwickelt und produzierten in Serie, da genügend Abnehmer da waren. Diese Maschine sah einer Futterschneidemaschine sehr ähnlich und arbeitete nach dem gleichen Prinzip. Vor dem Schneiden wurden die Blätter etwas angefeuchtet und mußten durchziehen, damit sie beim Rollen und Schneiden nicht brachen. Es gab auch passionierte Raucher, die die Tabakblätter in einen Sack legten und diesen in trockenem Pferdemist einige Tage dampfen ließen. Angeblich bildete sich durch die Art Gärung eine herrliche Farbe und ein würziger Duft. Ich mochte schon den Ammoniakgeruch im Pferdestall nicht, aber die Geschmäcker sind eben verschieden.

*Das Kreiskulturorchester spielt zur Kirmes in Mackenrode/Eichsfeld auf dem Anger auf, etwa 1962. Der PkW gehört dem Leiter des Orchesters. Im Hintergrund links die Gaststätte „Zur Linde" mit Saal. An der Tischlerwerkstatt und am Stall von Ignaz Albrecht hängt Tabak zum Trocknen. Das Foto wurde aus dem Arbeitszimmer des Pfarrers Albin Metze aufgenommen. (Foto aus der Sammlung von Pfarrer Albin Metze) Aus Manfred Lückerts Buch „Ein Streifzug durch das ländliche Eichsfeld 1885–1965", Verlag Rockstuhl, 2005*

War der Tabak dann geschnitten, trockneten wir ihn nochmals auf einer Zeitung, danach kam er in die Tabakkiste. Mit ihm wurden dann Zigaretten gedreht oder ein Pfeifchen gestopft. Das Rauchen war also auch schon damals ein menschliches Laster, aber es wurde mehr gepafft als wirklich geraucht. Der Rauch wurde gleich wieder ausgestoßen und gelangte selten wirklich bis in die Lunge. Dennoch war es eben ein Laster, und unsere Mutter schimpfte oft darüber. Aber sie sorgte immer dafür, daß die Tabakkiste voll war, ein Widerspruch, den ich mir als Kind nicht erklären konnte.

# Die Wellenhaufen

Weil während des Krieges, und auch noch viele Jahre danach, das Heizmaterial knapp war, ersetzte das Reisig Holz und Kohle. Vor fast jedem Haus lag im Frühjahr ein Haufen aus Reisigästen, alljährlich zierte ein riesiger Wellenhaufen auch unsere Hausmauer. Solange die Felder für die Bestellung noch nicht trocken genug waren, blieb genügend Zeit, den Reisighaufen in Hunderte kleine „Wellerchen" zu verwandeln.

Die Bäuerinnen verbrannten das Reisig meist unter dem Kessel, wenn Wäsche in ihm gekocht wurde, Badewasser heiß zu machen war, oder beim Schweineschlachten das Fleisch in ihm gegart wurde. Aber auch beim Pflaumenmus- oder Rübensaftkochen brauchte man viele Wellenbündel. War eine Großmutter im Haus, sah man sie oft auf einer Fußbank vor dem Kesselloch sitzen. Sie war damit beschäftigt, ständig dünne Ästchen nachzulegen, denn das Feuer der Wellchen erlosch ebenso schnell wie es entflammte. Viel Reisigholz lieferten die Kopfweiden am Bachufer, die man von der Gemeinde pachten konnte. Vater machte sich immer an ihnen zu schaffen, denn wenn die Äste armdick waren, mußten sie abgeschlagen werden. Sie trieben dann erneut aus, und so verkahlten sie nicht.
Auch aus dem Wald karrte Vater große Mengen Fichtenreisig herbei. Bei schönem Frühlingswetter schaffte er einen Hackklotz vors Haus, Mutter suchte alte Papierstricke, die beim Strohbündelaufschneiden gesammelt worden waren, und brachte neue Ösen an. So fand alles wieder seine Verwendung. Ein Melkschemel wurde umgedreht, so daß seine Beine in die Luft ragten, ein Strick wurde in die Mitte gelegt, und Mutter packte die von Vater gehackten Ästchen hinein. War alles völlig ausgefüllt, drückte Mutter das gestapelte Kleinholz zusammen, zog den Strick durch die Öse, und fertig war das Wellchen. Mit meinem Bruder trug ich die Bündel auf den Hausboden, später, als wir in ein landwirtschaftliches Gehöft umgezogen waren, lagerten sie in einem Schuppen.

Auf dem Weg durchs Haus zog sich eine Spur von herabgerieseltem Dreck, kleinen Zweigen und Fichtennadeln. Genauso ging es zu, wenn die Wellerchen nach dem Trocknen vom Boden in die Küche geholt wurden. Aber darüber regte sich niemand auf, es gehörte einfach dazu. Überhaupt hatte man damals nicht so viel Zeit fürs Saubermachen, einmal die Woche durchwischen mußte genügen. Ansonsten trat der Besen in Aktion. Vor dem Kehren mußte ich den Boden mit Wassertröpfchen besprengen, damit es nicht so staubte.

Es war zwar mit dem Reisig eine ziemlich schmutzige und arbeitsaufwendige Angelegenheit, aber dafür prasselten die Ästchen um so feuriger, je trockener sie waren und je mehr aus ihnen herausrieselte. Im Nu kochte der Wasserkessel davon.

# Torfstechen

In der Nähe unseres Dorfes entdeckte man hinter der Erle auf einer sumpfigen Wiese ein Torflager. Die Entdeckung kam in dieser Zeit des Mangels nicht ungelegen. Die Gemeinde verwaltete das Torfloch, jeder Haushalt bekam sein Kontingent. Von der Gemeinde wurden Arbeiter eingestellt, eine Motorpumpe und eine Torfpresse wurden angeschafft und sollten die Arbeit erleichtern. Die Arbeiter zogen Gräben und legten Rohre bis zur Nesse, der kleine Fluß nahm das abgepumpte Wasser auf. Die Kälberwiese wurde zur Schlammgrube. Vater war tagelang im Torf und sorgte für eine einigermaßen warme Stube. Ziegelsteingroße Stücke stach er mit dem Spaten ab, lud sie auf den Wagen und brachte das Schlammzeug nach Hause.

Der Torf bestand aus vermoderten Pflanzenteilen, frisch gestochen hatte er viel Wasser in sich aufgesogen. Wir halfen alle mit und stapelten die Steine zum Trocknen. Als der Torf trocken war und in der Stube im Kohlenkasten lag, habe ich die Batzen verflucht und mir den Tag herbeigewünscht, an dem das Bröckelzeug aufgebraucht wäre. Überall rieselte und krümelte es, der Dreck von den Wellchen war dagegen ein Nichts. Außerdem brachte die Brennkraft des Torfs unseren Kachelofen auch nicht gerade zum Glühen. Aber es war ein Notbehelf für zwei oder drei Jahre, dann war der Dreck vorbei. Eigentlich konnten wir froh sein, daß bei unserem Dorf so ein Moorloch gefunden worden war.

Später füllte sich das ausgestochene Loch mit Wasser, und im Sommer zog es die Dorfjugend zum Baden an. Aber es muß eine Dreckbrühe gewesen sein, denn die Jungen kamen schmutziger heim, als sie fortgegangen waren. Ich war nicht mit im Torf, wie die Badepfütze hieß, denn ich konnte nicht schwimmen. Das aber war in dem morastigen Wasserloch Voraussetzung.

# Große Wäsche

In den Sommermonaten gab es zwar die meiste schmutzige Wäsche, aber es fehlte die Zeit, sie zu waschen. Meist wurde der Waschtag acht Wochen und länger hinausgeschoben, aber dafür lohnte es sich dann auch.

Am Vortag holten wir zunächst sämtliche Wannen, Tröge, Bottiche und sonstige große Gefäße hervor. Mit Wellchen machte Mutter unter dem Kessel Feuer, sie brauchte heißes Wasser zum Einweichen. In eine große Wanne kamen lauwarmes Wasser, Waschpulver und die weiße Wäsche, manchmal reichte eine Wanne nicht aus. In einem anderen Gefäß weichte Mutter dann die bunte Wäsche ein. Zum Schluß wurde alles mit einem großen Wäschestück abgedeckt. Mutter ging zeitig schlafen, denn sie hatte einen schweren Tag vor sich. Schon in aller Frühe brannte das Feuer unter dem Kessel. Mit einer Bürste bewaffnet, stand Mutter am Waschtrog, jedes Wäschestück wurde auf dem Waschbrett gebürstet. In manchen Haushalten existierte eine Wäscherumpel. Das war ein handliches Waschbrett mit welligem Weißblecheinsatz, auf dem die Hausfrauen die schmutzigsten Stellen der Wäschestücke – z. B. Hemdkragen oder Manschetten – so lange „rumpelten", bis sie fast sauber waren. Nach dem Abbürsten kam alles in den Kessel, darin kochte der restliche Schmutz heraus. Danach wurden alle

*„Große Wäsche" Haushaltungsschule in Wandersleben, Hedwig Degenhardt (Gewalt), Kleinfahner ca. 1918. Foto: R. Gewalt*

Stücke mit einer großen Wäschezange in die erste Spülwanne befördert, da war das Wasser schnell seifig und heiß. Aber das war noch nicht alles. Nun wurde gewrungen und gespült und wieder gewrungen und gespült. Große Wäschestücke mußten wir zusammen auswringen, da waren zwei Hände zu klein.

In einigen Familien gab es schon eine Arbeitserleichterung, eine sogenannte Wringmaschine, die am Waschbottich angeschraubt wurde. Die Wäschestücke liefen über zwei Holzrollen, die das Wasser aus der Wäsche herauspreßten.

Wenn endlich die weiße Wäsche fertig war, begann alles noch einmal mit der bunten, nur daß diese nicht gekocht wurde.

Mutter hatte bei den verschwitzten und verdreckten Feld- und Stallklamotten ganz schön zu bürsten. Zwischendurch waren die großen Leinen auf dem Lindenplatz gezogen worden, die ersten Bett- und Handtücher wedelten schon im Wind. Nach dem Waschen und Spülen hatten wir ständig mit Aufhängen und Abnehmen zu tun. Ich konnte dabei nur mithelfen, solange die langen Wäschestützen noch nicht unter den Leinen staken, dann reichte ich nicht mehr heran.

*Ausbildung junger Hausfrauen in der Haushaltsschule in Wandersleben. W. Kaufmann, A. Hörnlein, L. Freitag, Kleinfahner.*

So eine Leine hatte ganz schön was auszuhalten, denn die Wäsche war nur mit den Händen gewrungen, es war noch genug Wasser darin. Da ist dann schon mal eine ältere Leine gerissen. In solchen Fällen suchte ich lieber das Weite, wollte ich nicht das Donnerwetter abbekommen. Wieder mußte viel Wasser vom entfernten Brunnen herbeigeschleppt werden, und es war kein Vergnügen, den Dreck und die kleinen Grasstückchen des Lindenplatzes aus den Wäschefasern herauszuspülen.

Ich erinnere mich an einen Spätsommertag, an dem eine große Wäsche, sicher vom ganzen Sommer, unter den Lindenbäumen hing. Plötzlich schrie Mutter aus Leibeskräften, daß die Fensterscheiben klirrten. Ein riesiger Schwarm Stare hatte sich auf die Lindenbäume gesetzt, nachdem die Vögel zuvor reife Holunderbeeren gefressen hatten. Nun machten sie ihre Verdauungssitzung und hinterließen ihre Visitenkarten auf unserer Wäsche. Mutter zerrte wütend die Wäsche von der Leine, warf sie wieder in den Kessel, und alles begann von vorn, doch ohne sichtbaren Erfolg. Die Stare hatten wirklich ganze Arbeit geleistet. Es brauchte noch viele Wäschen, bis das „Holunderbeerenblau" allmählich verblaßte. Der Tag mit den Staren auf der Wäsche ging in die Familienchronik ein.

Verlief aber alles ohne solche Zwischenfälle, standen am Abend einige gefüllte Wäschekörbe in der Stube, sortiert nach Bügel-, Flick-, Stopf- oder Heißmangelwäsche. Bügelsachen lagen am längsten im Korb, Mutter bügelte ungern, und bevor ich damit betraut werden konnte, dauerte es noch ein Weilchen. Wurde mit dem elektrischen Bügeleisen gebügelt, roch es anders, als mit dem eisernen Plättchen vom Herd. Es war eine andere Wärme. Auch das Einsprengen mit Wasser brachte die Wäsche zum Riechen. Auf dem Herd standen zwei eiserne Eisen, mit dem Topflappen mußte man bügeln, weil auch der Griff heiß wurde. Das Feuer mußte schon ziemlich brennen, sonst wurden die Plättchen nicht heiß genug. Neben dem heißen Herd und mit dem heißen Eisen, das wurde manchmal ungemütlich.

Stopf- und Flickwäsche nahm sich Mutter abends vor, oft saß sie damit auf den Eingangsstufen vor dem Haus. Dazu gesellten sich

*Waschfreuden. Foto: E. Ritter, Dachwig*

Der Vorrat an Rübensaft reichte bis in den Sommer hinein. War ein Eimer ziemlich leer, saß am Boden eine dicke Schicht Zucker, der sich aus dem Saft kristallisiert hatte. Dieser festgesetzte Bodensatz wurde gern aufgehoben und den Kindern bei Erkältungskrankheiten zum Lutschen gegeben. Angeblich wären dort Vitamine drin, von denen wir alle viel zu wenig bekamen. Ich persönlich litt schon als Kind unter heftigen Magenbeschwerden wie Übelsein, Magenschmerzen und Brechattacken. Der Arzt hatte von Sirup am Morgen abgeraten. Aber viel Ausweichmöglichkeiten blieben da nicht. Der Rübensaft war buchstäblich zur damaligen Zeit in aller Munde, seine natürliche Süße war ein Ersatz für Kinderwünsche, die anders nicht zu erfüllen waren.

In der Kriegs- und Nachkriegszeit kamen wir mit dem Saft gut über die Runden. Die dazu nötigen Zuckerrüben bekamen wir von Tante Hildegard, weil nur die großen Bauern Zuckerrüben in ihrem Anbauplan hatten. Je nach Hektargröße eines Gehöftes richtete sich das Ablieferungssoll der Rüben. Nach der Ernte waren die größeren Bauern oft wochenlang damit beschäftigt, die Runkeln mit großen Erntewagen in die Zuckerfabriken zu fahren, wo nach einem ähnlichen System wie beim Saftkochen der Zucker hergestellt wurde.

# Federnschleißen

Im Herbst und Winter, wenn die Gänse geschlachtet wurden, kamen die Federn in große Säcke. Es waren Daunen, Schwanzfedern, längere Deckfedern, eben alles, was ein Federkleid so zu bieten hat. Die Flügelenden schnitt Mutter beim Schlachten ab und trocknete sie. Diese sogenannten Federwische waren später hilfreich beim Ofenreinigen oder beim Ausfegen irgendwelcher unzugängliche Ritzen.

Normalerweise wachsen die Federn einer Gans nicht nur einmal, sondern immer, wenn die Großvögel flügge sind, fällt ein Teil der Federn aus, und es wachsen an ihrer Stelle neue nach. Die Altgänse zupften sich die losen Federn beim Putzen aus, oder sie fielen heraus, wenn ein kurzer Flugstart unternommen wurde. Die einfachste und humanste Methode wäre das Aufsammeln gewesen, aber das war vielen Bauersfrauen zu mühsam. Also waren die Gänse die Leidtragenden. Sie wurden gefangen, und nachdem Kopf und Hals eingeklemmt waren, mußten die Daunen und Deckfedern dran glauben, die meist am Bauch wuchsen. Die armen Gänse gacksten laut, sicher nicht vor Wohlbehagen. Die so gewonnenen Daunen waren besonders wertvoll für ein Bett. Nach diesem Lebendrupfen bekamen die

Vögel gutes Futter, denn zum erneuten Nachwachsen des Gefieders brauchten sie viel Kraft. Um ein Kilo mehr Gänsefett zu bekommen, wendeten einige Bäuerinnen eine sehr brutale Methode der Gänsemast an, das Frecksen, wie es bei uns genannt wurde. Dazu wurde Getreideschrot in Wasser eingeweicht, aus diesem Brei formte man fingerstarke Würste. Sie waren etwa so dick wie eine Gänsegurgel, von selbst wären sie also nicht in den Gänsemagen gerutscht. Diese Schrotstäbchen wurden in der Ofenröhre getrocknet, vor dem Frecksen tauchten die Bäuerinnen sie in Wasser, und dann verschwanden die dicken Nudeln im Schnabel der armen Gänse. Diese brauchten gar nicht zu schlucken, denn eine Nudel folgte der anderen und beförderte die vorhergehende in den Magen. Täglich wurde die Anzahl gesteigert, und es war wirklich eine Quälerei für die Tiere. Bei uns wurden die Gänse nicht gefreckst, sicher, weil meine Mutter sich nicht viel aus dem Gänsefett machte. Aber auch heute wird diese Methode noch in Mästereien angewandt, um die als Delikatesse bekannte Gänseleberpastete herzustellen. Durch das massenhaft aufgenommene Kraftfutter vergrößert sich die Leber der Gans, eine Qual für die Tiere, die eigentlich verboten werden müßte.

Das Leben einer noch so stattlichen Gans endete seit eh und je in der Bratpfanne[16], das Federkleid verschwand im Inlett der Betten. Zuvor mußten die Federn aber geschlissen werden, d. h. sie wurden vom pieksenden Federkiel befreit. Dies geschah in den Wintermonaten, denn im Frühjahr hatte man dafür keine Zeit mehr. Mehrere Frauen fanden sich ein, die Haare unter großen Kopftüchern versteckt. Die Bäuerinnen trugen Leinenkleider und Riesenschürzen, an denen die winzigen Daunen nicht haften bleiben konnten. Man brauchte lange Tische, dazu schob man die Schieber in die Tischseiten. Ein Schieber war ein Brett mit zwei langen Stäben, die in die seitlich dafür vorgesehenen Löcher des Tisches eingelassen waren. So konnten die Tische verlängert werden. Auf die langen Tafeln schüttete die Bauersfrau die Federn, dabei stiebten die feinen Daunen in der ganzen Küche herum. Nun konnten die Schleißer Platz nehmen und mit der Arbeit beginnen. Vorsichtig wurden die Federn weggenommen, hatten sie keinen Kiel, schob man sie gleich zur Seite auf ein Häufchen. Bei Kielfedern riß man links und rechts vom Kiel die Feder ab, der Rest flog unter den Tisch. Ein neues Inlett lag bereit, entweder ein Kopfkissen, ein Deckbett oder ein Unterbett[17]. Für jedes einzelne Teil war ein bestimmtes Gewicht an Federn vorgesehen. Nach dem Füllen nähte die Hausfrau das Bett mit der Hand zu, danach mußten die restlichen Daunen im Hof noch einmal abgeschüttelt werden.

Beim Federnschleißen ging es immer sehr lustig zu, allerdings konnte nur hinter vorgehaltener Hand gelacht werden. Wenn man allzu stark in den Haufen pustete, stoben die winzigen Daunen in alle Richtungen.

Im Dorf sprach es sich schnell herum, wenn in einem Bauernhof die Federn geschlissen wurden und sich dazu eine Gesellschaft einfand, die flink mit den Händen war und auch einen deftigen Spaß verstand.

So ist es vorgekommen, daß junge Burschen einen Sperling oder eine Taube in das Zugloch hineinbugsierten. Das Zugloch beförderte den Dampf und die Gerüche, die beim Kochen und Braten entstanden, aus der Küche hinaus. Eine kleine, bewegliche Handklappe konnte gegebenenfalls geöffnet oder geschlossen werden. Auch ein alter Lappen konnte das Loch bei Kälte wieder verschließen. Ein ganz übler Streich war, wenn eine Katze im hohen Bogen durch die Türe auf den Küchentisch geworfen wurde. Oft endeten solche Späße aber auch mit Tränen. Wer einmal die Küche säubern mußte nach einem solchen Einsatz, der versteht, daß auch Späße eine Grenze haben sollten.

Das anschließende Großreinemachen war dann nicht mehr so lustig, und alle Federn erwischten die Frauen sowieso nicht gleich.

## Säckeflicken

Auch das Säckeflicken war eine Arbeit, die die Frauen gern im Winter erledigten. Doch gewaschen wurden die Säcke im Herbst nach der Kartoffelernte. Dazu wurden sie links herumgedreht, und der gröbste Dreck wurde herausgeschüttelt. Alle Holzbottiche und Tröge holten wir aus dem Keller, der größte kam auf einen Dreifußbock, die anderen standen im Hof auf der Erde. Die Säcke wurden über Nacht eingeweicht, so daß der Schmutz Zeit hatte, sich zu lösen. Am anderen Morgen wurde unter dem Kessel Feuer gemacht, damit man heißes Wasser zum Waschen bekam. Auf einem Waschbrett bürsteten die Frauen die vollgesogenen Ungetüme mit einer starken Wurzelbürste. Danach wurden sie von einem Bottich in den anderen geworfen und gestaucht, bis das Wasser einigermaßen sauber war. Es war eine Schinderei, die Bottiche immer wieder leerzuschöpfen und umzustülpen. Die Redewendung „schwer wie ein nasser Sack" mag wohl bei dieser Arbeit entstanden sein. Sofort aufhängen konnte man die nassen Säcke nicht, dazu waren sie viel zu schwer. Sie tropften also erst einmal auf einem Brett ab, bevor sie in Reih und Glied auf dem Gartenzaun landeten.

Ob die derben Säcke in einem Bach oder dem Dorfteich gewaschen wurden, kam auf die örtlichen Gegebenheiten an. Auf jeden Fall waren die Ungetüme allesamt schwerer, als es die Kräfte einer Frau vertrugen. Sie lagen meist zu Dutzenden auf einer Schubkarre, hingen über Leitern oder ähnlichem und tropften vor sich hin.

Waren sie dann von der Sonne getrocknet, verschwanden sie in großen Truhen, bis sie im Winter wieder hervorgeholt wurden.

Wer keine Truhen auf dem Boden hatte, stopfte zehn Säcke in einen Sack, band ihn zu und hängte ihn auf dem Dachboden an einen Balken, um sie vor den gefräßigen Mäusen zu schützen.

Trotz allen Waschens war immer noch genug Staub in den groben Fasern hängen geblieben, der ausreichte, die Küche völlig zu verdrecken. Zum Säckeflicken fanden sich immer ein paar Frauen zusammen, die von Hof zu Hof zogen, bis alle an der Reihe gewesen waren. Mutter war auch mit von der Partie, denn erstens mußte sie Geld verdienen, und zweitens gehörte sie einfach mit dazu. Auch für mich war es eine willkommene Abwechslung. Wenn ich nach der Schule losmarschierte, freute ich mich immer schon auf das gute Essen, den Kuchen und auf ein bißchen Spaß. Beim Säckeflicken gab es jedesmal einen großen Weibertratsch, weil ja sonst nichts Aufregendes im Dorf los war. Zwar war nicht alles für Kinderohren bestimmt, aber so wurde ich schon früh an den Dorfklatsch gewöhnt, der sich von Generation zu Generation überlieferte. Dabei ging den Frauen die Arbeit flott von der Hand, ja ich hatte den Eindruck, wenn über eine Nachbarin hergezogen wurde, sausten die Nadeln um so schneller durch das dicke, steife Gewebe.

*Mühlensackausstellung auf der Bockwindmühle Tüngeda, zum Mühlentag, Pfingstmontag 2006. Foto: Harald Rockstuhl*

Waren die Löcher klein, wurden sie mit grobem Garn gestopft, derbe Sacknadeln waren für diese Arbeit nötig. Die größeren Löcher bekamen einen Flicken. Für die Flicken opferten die Frauen ein paar Säcke, die zerschnitten wurden. Dabei konnte man beobachten, daß es bei der Ausführung der Arbeiten riesige Unterschiede gab. Es gab ordentlich aufgesetzte Flicken und solche, bei denen ich den Eindruck hatte, daß sie sich bei der geringsten Belastung auftrennen würden.

Waren alle Säcke fertig, gab es noch einen Abschlußkaffeeklatsch. Die Säcke verschwanden wieder in den Truhen, und die Frauen freuten sich schon auf das nächste Jahr.

# Heile heile Kätzchen

Bevor der Arzt aufgesucht wurde, probierte man zu meiner Kindheit erst einmal überlieferte Heilmethoden aus. Bei einer normalen Erkältung lief man nicht gleich zum Doktor, und kleine Wehwehchen wurden auf eigene Weise kuriert.
Bedingt durch die schwere Feld- und Stallarbeit litten besonders die Frauen unter häufigen Kreuzschmerzen. Linderung verschafften sie sich mit einem selbstgebrauten Elixier.
Im Frühjahr, wenn die Fichten ihren Maitrieb hervorbrachten, holten viele Familien ein Körbchen der ein bis zwei Zentimeter langen, frischen Triebe. Wer nicht bis in den Wald hinaus laufen wollte oder konnte, brachte die Fichten hinter dem Sportplatz an der Nesse um ihren jährlichen Zuwachs. Der Förster wäre mit dieser Art des Baumfrevels sicher nicht einverstanden gewesen, aber für uns war es eine selbstverständliche Sache, und niemand nahm daran Anstoß. Die hellgrünen, weichen Triebe wurden in Flaschen gestopft, die mit klarem Schnaps oder Spiritus aufgefüllt wurden. Danach standen die Flaschen an einem kühlen Ort, bis ihr Inhalt wegen eines rheumatischen Gelenkreißens zum Einsatz kam. Die schmerzenden Stellen wurden öfters mit der Tinktur eingerieben, und sicher spielte auch der Glaube an die Wirkung des Mittels eine Rolle.

Zur Zeit der Kartoffel- und Rübenernte waren die Hände der Bäuerinnen besonderen Strapazen ausgesetzt. Ständig wühlten sie in feuchter oder auch in trockener, harscher Erde. Dadurch kam es zu tiefen Rissen in den Hautfalten der Fingergelenke. Kimmen nannten wir die schmerzhaften Furchen. Da es keine Gummihandschuhe gab, drang immer wieder Erde in die Wunden ein, oft kam es zu häßlichen Entzündungen, aber Schonung gab es für die Hände nicht. Schließlich mußte die tägliche Arbeit geschafft werden, egal wie. Abends wurden die Finger in lauwarmem Kernseifenwasser gebadet. Die Kimmen weichten in der Seifenlauge, der eingedrungene Schmutz löste sich. Danach wurden die Wunden dick mit Bockfett eingerieben, denn dem Schafsfett schrieben die Bauern große Heilkraft zu.

Lauwarmes Kernseifenwasser wurde oft verwendet, z. B. bei eingezogenen Splittern, Disteln oder Dornen, aber auch bei Rissen oder Schnittwunden. Wenn sich ein alter Bauer an den Händen verletzt hatte, behandelte er die Wunde sofort mit eigenem Urin. Angeblich sollte er eine desinfizierende Wirkung haben.

Wer häufig unter Angina litt, war ganz besonderen Torturen ausgesetzt. Heiße, zerdrückte Pellkartoffeln wurden in einen langen Strumpf gefüllt und die dampfende Schlange um den erkrankten Hals gelegt. Dabei hatte man das Gefühl, mit dem Kopf in einer Bratröhre eingeklemmt zu sein. Es wäre sicher nicht verwunderlich gewesen, wenn ein Gefühlsnerv unter dieser Pferdekur gelitten hätte. Auch das Umbinden eines stinkenden Schweißstrumpfes um den Hals eines Grippeopfers gehörte zu den altbewährten Methoden. Wenn man sich dann auch noch neben den warmen Kachelofen setzen mußte, war der Gedanke an Erstickungstod nicht mehr weit. In furchtbarer Erinnerung blieben mir deshalb auch die Heilversuche bei Ohrenentzündungen. Wurde meiner Mutter mein Schmerzgejammer zu viel, stellte sie ein Töpfchen mit Leinöl auf den Herd. Nach einer Weile prüfte sie mit dem Finger die Temperatur, und wenn sie ihr richtig erschien, flößte sie mir das angeblich lauwarme Öl in die Ohren. Ich empfand das Öl immer als zu heiß und stimmte ein großes Gezeter an. Mein Gehör litt zwar nicht unter dieser Prozedur, wohl aber meine Empfindlichkeit. Weitaus humaner fand ich da schon das Auflegen von Leinsamen- oder Kamillenblütensäckchen bei Zahn- oder Ohrenschmerzen. Die kleinen Beutel wurden auf dem Deckel des Warmwassertopfes erhitzt, je nach Empfindlichkeit konnte man die Wärme selbst regeln. Es war eine wohltuende Behandlungsweise.

Manche Großmütter oder Mütter schworen bei Erkältungsbeschwerden darauf, die kindliche Brust der Kinder oder Enkel mit Schmerfett vom Schwein einzureiben und mit einem Handtuch abzudecken.

Auch salzige, dünne Speckscheiben um den entzündeten Hals gelegt und dann mit einem warmen Schal abgedeckt, sollten angeblich schnelle Linderung bringen.

Die Mütter oder Großmütter kannten die Hausmittelchen von ihren Vorfahren, und wenn ein Erfolg eintrat, war es schnell überall im Gespräch. Im Gegensatz dazu gab es bei der Frostbeulenkur oft Tränen. Durch zu enges und nicht wärmendes Schuhwerk waren die Zehen und Teile des Fußes angefroren. Sie waren blaurot gefärbt, geschwollen und verursachten schmerzenden Juckreiz. Salbe gab es nicht, und so griff jeder zur Selbsthilfe. Eine große Schüssel Schnee stand neben einer Schüssel mit warmem Wasser. Abwechselnd mußte man nun die Füße von einer in die andere tauchen. Es war wie ein Wechselbad der Gefühle, aber mit beißendem Schmerz gekoppelt. Doch trotz aller Wechselbäder meldeten sich die Frostbeulen nach einigen Jahren wieder, wenn der erste Frost kam und die Füße durchfroren waren.

Ein bewährtes Heilmittel war auch Schöllkraut, mit dessen Saft man sich einrieb. Es wuchs eigentlich überall, und wir Kinder hatten uns vorzusehen, daß wir uns nicht mit seinem orangefarbenen Saft bespritzten, denn der war schwer auswaschbar. Wir bestrichen uns die Warzen an Händen und Füßen mit dem Saft, bis sie eines Tages verschwunden waren. Gegen Warzen half auch das Einreiben mit Schulkreide, man mußte nur genügend Ausdauer haben.

In der kalten Jahreszeit, wenn die Erkältungen kein Ende nehmen wollten, half oft ein Töpfchen mit Zwiebelsaft, mit dem man dem Husten den Garaus machte. Einige Zwiebeln wurden kleingeschnitten, in ein Glas oder Töpfchen gefüllt und mit einigen Löffeln Zucker überstreut. Schon nach kurzer Zeit bildete sich der Zwiebelsaft. Mehrmals täglich schluckten wir einen Löffel davon. Nach einigen Tagen mußten die Zwiebeln erneuert werden, es bildete sich kein Saft mehr, da die alten Zwiebeln ausgelaugt waren.

Die altbewährten und überlieferten Heilmethoden wurden allerorten angewendet und die Erfolge gepriesen, sie stellten aber keine Konkurrenz für den Doktor dar.

## Der Holunderstrauch

Seit alters her begleitet der Holunder die Wohnsiedlungen der Menschen. Bis in die Antike zurück, so kann man nachlesen, läßt sich seine Nutzung als Heilmittel verfolgen. Zu allen Zeiten wurde die Kraft des Holunders geehrt und gepriesen. So verwundert es nicht, daß ein solcher Strauch in keinem Bauerngarten fehlte, und daß man ihn wachsen ließ, wenn er an Stallungen, hinter Scheunen und sogar an Häuserwänden wucherte. Durch seine starke Wachstumskraft entwickelte sich innerhalb weniger Jahre aus einem kleinen Samenkorn ein riesiger Busch mit weit ausladenden Ästen. So entstand in einem fränkischen Volksblatt Ende des 19. Jahrhunderts das Gedicht „Getreue Nachbarn":

> *Nachbars Kinder*      *Schließest du ihnen*
> *und Nachbars Holunder*      *die Türe, o Wunder!*
> *bannest du nie auf Dauer;*      *Klettern sie über die Mauer.*

Ich las, daß alte Leute südlich des Rennsteigs noch Anfang unseres Jahrhunderts beim Anblick eines besonders breit wachsenden Holunderstrauchs zum Gruß den Hut zogen, wohl aus Ehrfurcht vor diesem göttlichen Geschenk, das ihnen Heilung von allerlei Krankheiten und Köstlichkeiten in vielerlei Formen versprach. Damals braute man noch Elixiere aus Wurzelteilen, der Rinde und den Blättern.

Eben mit den Holunderblättern putzten die Frauen die Metalle in Küche und Haus. Seit alters her sah die Dorfbevölkerung den Holunderstrauch als einen Beschützer vor dem gefürchteten Blitzschlag.

Zu meiner Zeit beschränkte sich die Ausbeute auf Blüten und Beeren. Und die Jungen schätzten die langen hohlen Holunderzweige mit ihrem seltsam weichen Mark. Sie bauten Flöten, Pfeifen, Blasrohre und Knallbüchsen davon, denn das weiße filzige Mark ließ sich leicht aus dem Holzzylinder herausstoßen.

Die Holunderblüte fiel mit der Zeit der allgemeinen Frühjahrsmüdigkeit zusammen, so daß man sich nicht über die alle Körper befallene Mattigkeit wunderte, sie wurde der Blütezeit des Holunders zugeschrieben. Noch heute nennt man in ländlichen Gegenden beide Phänomene im gleichen Atemzug, obwohl man heute weiß, daß die Frühjahrsmüdigkeit mit dem Vitaminmangel des Winters zusammenhängt.

Als Kinder holten wir einen Korb weißer Blütendolden nach Hause, getrocknet wurde aus ihnen ein heilender Tee, der uns bei Erkältungskrankheiten ganz schön ins Schwitzen brachte. Der sogenannte Fliedertee war die erste Ernte vom Wunderstrauch Holunder.

In Haushalten, in denen noch eine Oma am Herd fungierte, gab es sogenannte Holunderküchlein. Dazu wurden die Blütendolden in Eierkuchenteig getaucht, und in Fett gebacken, waren sie eine Delikatesse.

Im Sommer hatten die Holunderbüsche ihre Ruhe, nur die Sperlinge tummelten sich darin.

Waren dann im Herbst die Beeren tiefschwarz herangereift, wuchs das Interesse wieder an den wild wachsenden Sträuchern. Die Beeren wurden geerntet, aus ihnen kochten die Frauen Holundersuppe, Saft, Gelee oder Marmelade. Manch ein Bauer setzte auch einen Ballon Holunderwein an. Wer einmal die Kirmes mit dem süffigen Wein der Holunderbeere feierte, wird sein Leben lang davon ein Loblied singen. Noch heute stellt man aus den getrockneten Beeren einen aromatischen Schnaps her. Auch an das Pflaumenmus gibt man einige Hände voll Holunder, sie verfeinern Geschmack und Farbe.

So war der Holunderstrauch im Garten, oder am Wegrand, begehrt bei Mensch und Tier, denn auch die Vögel labten sich an der herbstlichen Pracht. Sie verbreiteten überall die Samen und sorgten so für die Vermehrung.

Auch uns Kinder verlockten die schwer hängenden reifen Dolden. Der Tag, an dem ich nicht widerstehen konnte und davon aß, blieb mir in schlechter

Erinnerung. Aber wenn die Beeren abgestielt, die unreifen aussortiert, aufgekocht und dann in ein Leinensäckchen gegossen waren, tropfte ein appetitlich riechender Saft heraus. Auf einen Liter Saft nahm meine Mutter ein Pfund Zucker, kochte alles zusammen auf, schäumte die hellrote Gischt herunter und füllte das Gebräu heiß in Flaschen. Wenn zu besonderen Anlässen der Holundersaft auf Vanillepudding gegossen wurde, leckten wir uns alle Finger danach. Mit dem Saft wurde sehr sparsam umgegangen, wenn er auf den Tisch kam, war es fast wie eine heilige Zeremonie. Aber wenn draußen der Winter tobte, holte die Hausherrin schon einmal eine Flasche hervor, denn in heißes Wasser gegossen, strömte die Wärme des Getränks in alle Glieder, und gesund war es obendrein.

Heute ist der Holunderstrauch aus den meisten Gärten verbannt, Holundersaft oder -tee wird im Reformhaus gekauft. Nur noch einige Unentwegte erinnern sich an Mutters oder Großmutters Holunderspezialitäten, die selbstgemacht allemal besser schmecken als industriell hergestellte.

Es wäre wünschenswert, daß der Holunderstrauch als eine Art Hausapotheke wiederentdeckt und als solche geehrt würde!

## Alte Begriffe und Gewohnheiten

Was nicht mehr gebraucht wird, wird abgelegt und mit der Zeit vergessen. Aber wahr ist auch, was man als Kind lernt, behält man bis ins Alter.

Wir rechneten in der Schule mit alten Maßeinheiten, die heute nicht mehr üblich sind. Aber für mich ist es immer noch ein Pfund Mehl und nicht ein halbes Kilo. Und in einem Sack ist ein Zentner Weizen und nicht eine halbe Dezitonne. Heute heißt der Doppelzentner Dezitonne, aber in meiner Vorstellung stehen da immer noch zwei gefüllte Zentnersäcke mit Kartoffeln.

Doch auch unsere Eltern kannten noch alte Maßbegriffe, die wir nicht mehr in der Schule lernten. Wenn mir meine Mutter z. B. auftrug, ein Schock Eier mit unserer Hausnummer zu zeichnen und in die Ablieferungsstelle zu bringen, so hatte ich zu wissen, daß es sich dabei um 60 Eier handelte.

Zu einem Schock gehörten vier Mandeln, jede Mandel bestand also aus 15 Stück. Wenn ich zum Gärtner geschickt wurde, hatte ich eine Mandel Kohlrabipflanzen zu kaufen. Mutter setzte voraus, daß ich wußte, wieviel das war. Genauso war es mit dem Dutzend, das bei der Aussteuer für Heiratswillige eine große Rolle spielte. Da sorgten die Eltern für mehrere Dutzend Handtücher, ein Dutzend Hemden gehörte dazu, usw., usw. Es waren immer zwölf Stück von der gleichen Art gemeint.

In den Köpfen der älteren Dorfbewohner gab es auch noch das Gros. Zwölf Dutzend oder 144 Stück zählten dazu. Kleine Wirtschaften wie die unsrige hatten aber damit weniger zu tun.

Im Haushalt wurde häufig das Nösel verwendet, viele Rezepte waren auf dieses alte Hohlmaß ausgerichtet. Ein Nösel war ein halber Liter. Ein entsprechendes Gefäß aus Aluminium oder Emaille war in jeder Küche zu finden.

Beim Backen kam das Mehlmeschen zum Einsatz. Das war ein runder, hölzerner Maßbecher, bei dem der Boden nicht an der üblichen Stelle saß, sondern mehr nach oben verschoben war. Auf der einen Seite konnte man drei Pfund Mehl abwiegen, drehte man es herum, paßten anderthalb Pfund hinein. Beim Brotbacken stand das Meschen immer parat.
So behielten die Bäuerinnen und Bauern die alten Begriffe ewig im Gedächtnis und gaben sie an ihre Kinder weiter.

Ähnlich war es auch mit der alten deutschen Schrift. Mutter hatte sie noch in der Schule gelernt, aber in unseren Deutschstunden schrieben wir lateinische Buchstaben. Dennoch begegnete uns Kindern die alte, schnörkelige Schreibweise überall. Auf alten Postkarten, im Tante-Emma-Laden oder zu Hause auf Mutters Auftragszettel für die täglichen Pflichten. Obwohl ich keinen einzigen Buchstaben zu deuten gelernt hatte, war es für Mutter selbstverständlich, daß ich ihre Mitteilungen verstehen konnte. Aus der Not heraus lernte ich diese alte Schrift tatsächlich lesen, schreiben jedoch vermochte ich keinen einzigen Buchstaben. Waren einmal nicht alle Aufträge erfüllt, weil ich die Zeit verspielt hatte, nahm mir Mutter die Ausrede, daß ich die Schrift nicht entziffern konnte, nicht ab. Sie setzte voraus, daß ich mit vielen Dingen des täglichen Lebens zurechtkam, auch wenn ich sie nicht gelernt hatte.

# Aberglaube

Der Aberglaube wurde von einer Generation auf die nächste übertragen. Allerdings verlor er bei jedem Generationswechsel immer mehr an Glaubwürdigkeit.

Als Schulkind war ich naiv genug, an einen Teil dieses überlieferten Unsinns zu glauben. Sogar heute noch werde ich immer wieder an Begebenheiten erinnert, bei denen ich ein wenig erschaudere, obwohl ich über die tatsächliche Bedeutung längst aufgeklärt bin. Da ist z. B. die Sache mit dem Käuzchen. Wenn in meiner Kindheit abends oder nachts ein Käuzchen rief, erzählte Mutter, daß in den nächsten Tagen jemand sterben würde. Der Kauz rief ihn schon und locke ihn von der Erde fort. Mich überlief jedesmal ein Schauder, und ich machte mir Gedanken, wer es wohl sein könne. Starb dann tatsächlich ein Dorfbewohner, wurde mir unheimlich, blieb aber alles beim alten, wollte Mutter nicht darüber sprechen. Heute weiß ich, daß Käuzchen nachts von hellem Licht angezogen werden und zu rufen beginnen. War im Dorf ein Schwerkranker, brannte in diesem Haus oft die ganze Nacht das Licht. Dann traf der Ruf des Käuzchens manchmal schon mit dem Tod zusammen.

Noch immer scheint mir heute der Schrei unheimlich. Sicher sitzt die Angst aus der Kindheit zu tief in mir, daß ich gemeint sein könnte.

Wenn wir Möhren im Garten ernteten oder im Herbst bei der Rübenernte waren, redete mir Mutter ebenfalls ein, daß jemand sterben müßte, wenn eine weiße Möhre oder Rübe dabei war. Ich warf sie dann in hohem Bogen davon. Es starb zwar niemand, aber die Angst ließ mich nicht los. Noch jetzt denke ich daran, wenn ich eine weiße Möhre aus der Erde ziehe.

Auch die Traumdeutung in den 12 Nächten war so ein Aberglaube. Es waren die letzten sechs Nächte im alten und die sechs ersten Nächte im neuen Jahr. Man hatte mir beizeiten beigebracht, daß alles, was ich in diesen 12 Nächten träumte, in Erfüllung gehe. War es ein schöner Traum, so hoffte ich, daß er wahr werde, war es ein schlechter, so fürchtete ich mich davor. Irgendwie hat mich das als kleines Mädchen stark beschäftigt. Mutter hängte in diesen 12 Nächten auch keine Wäsche auf, weil im Dorf seit alters her die Mär umging, daß sich dann ein Familienmitglied im kommenden Jahr erhängen würde. Früher wurde nicht so oft gewaschen, und zum Jahreswechsel schon gar nicht. Wenn ich später als junge Frau in dieser Zeit auf dem Wäscheboden die Leinen voll hängte, mußte ich jedesmal daran denken.

Sah man einen Schimmel, konnte man sich etwas wünschen. In unserer Nachbarschaft hatte ein Großbauer ein solches Pferd. Was hab' ich mir da nicht alles gewünscht, wenn ich es sah! Obwohl selten etwas davon in Erfüllung ging, verließ mich der Gedanke nicht ganz, daß ein Körnchen Wahrheit darin steckte. Hatte ich eine Dummheit ausgefressen und der Schimmel kam vorbei, war mein Wunsch eindeutig. Oft glaubte ich so fest daran, daß sich der Wunsch auch erfüllte. Es waren meist belanglose Dinge, aber den Schimmel liebte ich dafür.

Wenn im Dorf ein Todesfall eintrat, richtete man es irgendwie ein, daß die Beerdigung vor dem darauffolgenden Sonntag vorgenommen werden konnte. Ansonsten, so sagte der Aberglaube, würde der Verstorbene einen weiteren Erdenbürger aus dem Dorf mit ins Jenseits hinübernehmen.

Wenn eine Katze über die Straße rennt, von der linken Seite zur rechten hinüber, bin ich noch nicht ganz davon befreit zu glauben, daß es mir kein Glück bringen könnte.

So konnte vieles, was mit dem Aberglaube zu tun hatte, mit dem Tod in Verbindung gebracht werden. Für ein Kind war das eine furchteinflößende Angelegenheit. Vielleicht habe ich mich deshalb nie ganz davon gelöst, auch wenn ich längst nicht mehr daran glaube.

# Zuckertüten

Nun war es soweit, der Schulanfang rückte immer näher. Zwar sah ich nicht aus wie ein Schulkind, denn ich war klein und mager, aber es zählte das Alter, weniger die körperliche oder geistige Reife.

Wir wohnten in unmittelbarer Nähe der großen Dorfschule, ich hatte sie also jeden Tag vor Augen. In den Unterrichtspausen sah ich die Kinder herumtollen, das gefiel mir ganz gut an der Schule. Oft saß ich auf dem Zaun des Kriegerdenkmals, von wo ich in den unteren Klassenraum sehen konnte. Es machte mir Spaß, die Schüler mit meinen Grimassen vom Unterricht abzulenken, bis der Lehrer mit einem strengen, unmißverständlichen Blick ans Fenster trat.

Vorläufig durfte ich die Schule lediglich von außen betrachten. Nur, wer den Zuckertütenbaum ordentlich gegossen habe, bekäme auch eine Zuckertüte, hörte man von den Erwachsenen. Der Baum mit den Tüten sollte angeblich im Schulkeller stehen. Ich machte mir Gedanken, wie in einem dunklen Keller ein Baum wachsen könne. Kellerfenster fand ich auch keine, durch die ich ein wenig Wasser gießen könnte. Das alles verstand ich nicht so recht, war aber dennoch naiv genug, die Sache mit dem Zuckertütenbaum zu glauben. Ich rechnete also mit einer ganz kleinen Schultüte und war um so erstaunter, als am ersten Schultag alle Zuckertüten fast gleich groß waren. Als ich meine zu Hause aufband und den Inhalt begutachtete, waren da viele bunte Plätzchen, und in der Spitze steckte ein großer Ball. Süßigkeiten und Naschwerk gab es bei uns nicht, aber die Freude über die Zuckertüte war deshalb nicht weniger groß.

Mit uns angestammten Dorfkindern kamen auch Umsiedlerkinder in die erste Klasse. Es waren Neulinge in unserem Ort, welche der Krieg aus ihrer Heimat vertrieben hatte. Sie waren sehr arm, oft besaßen sie nur einen Koffer oder eine Holzkiste, worin sie ihre Habseligkeiten gerettet hatten. Die Mütter der Umsiedlerkinder weinten, weil sie für ihre Mädchen und Jungen keine Zuckertüten hatten. Schnell liefen einige Frauen nach Hause und kehrten mit gefüllten Tüten zurück. Da war natürlich die Freude groß, aber ich verstand die Welt nicht mehr. Meine Mutter hatte auch eine Zuckertüte geholt, wo ich doch hundertprozentig wußte, daß in unserem Keller kein Baum stand. Dieses Rätsel beschäftigte mich noch eine ganze Weile.

Ein Zuckertütenfest, wie es heute gefeiert wird, gab es bei uns nicht. Nach der Feststunde in der Schule hatte uns der Alltag wieder, der Ernst des Lebens begann für uns erst am anderen Tag. Er fing damit an, daß ich den schweren Schulranzen meines Bruders aufhocken mußte. Es war ein Jungenranzen, man konnte es schon von weitem sehen. Er unterschied sich von den eleganten Mädchenranzen meiner Mitschülerinnen durch eine breite, übergeklappte Lederlasche. Ich schämte mich mit dem Ungetüm, aber das half mir auch nichts. Mutter putzte das dicke Leder noch einmal, doch schöner ist der Ranzen dadurch nicht geworden.

Anstelle von Schulheften hatten wir eine Schiefertafel, die eine Seite mit Kästchen für die Rechenaufgaben und eine Seite mit Linien für die Buchstaben hatte. Im seitlichen Tafelrahmen war ein Loch, durch welches zwei Kordelschnüre festgemacht wurden. An die Schnüre nähte Mutter die Tafellappen an. Einer von ihnen mußte immer naß sein, um das Geschriebene auswischen zu können, der andere machte die Tafel wieder trocken. Einige

*„Zuckertüte" Schüler Roland Gewalt, Kleinfahner 1939. Foto: R. Gewalt*

*Meine Schulkameradinnen mit mir auf der Schulbank um 1950. Foto: H. Stecher*

Kinder besaßen auch einen dicken Tafelschwamm, aber ein gehäkelter Lappen erfüllte denselben Dienst, obwohl ich schon gern einen Schwamm gehabt hätte. Spitzer für die Griffel oder Schieferstifte gab es natürlich nicht zu kaufen. Hatte mein Vater gute Laune, spitzte er mir die Griffel ganz exakt. Die Mutter murkste mir eine globige, häßliche Spitze, mit der ich mich schämte. Später erzählte mir eine sogenannte Klassenkameradin, daß sie ihre Stifte an der Sandsteinmauer der Kirche spitzte bis zur Exaktheit. Noch heute sind die Schleifstellen an der Dachwiger Kirchenmauer zu sehen.

*Meine Schulfreunde am Ende der Grundschule – Abschlußfahrt in den Thüringer Wald.*

In den ersten Schuljahren trugen die Mädchen eine weiße Schulschürze, die meist bestickt war und nur in der Schule getragen werden durfte. Manchmal vergaß ich, sie zu Hause abzubinden, dann gab es ohne Vorwarnung ein paar Ohrfeigen. Die Schürze sollte auch nicht schmutzig werden, andernfalls gab es ein Donnerwetter. Ich fand nie heraus, wozu sie überhaupt nötig war, und Mutter wußte es sicher auch nicht so genau.

## Dummheiten in der Schule

Von klein auf war ich kein Kind von Traurigkeit, irgendwie saß mir, sehr zum Verdruß meiner Lehrer, immer der Schalk im Nacken. Wenn ich heute an meine Schulzeit zurückdenke, bereue ich eigentlich nur, daß ich für das Lernen nicht genügend Ehrgeiz entwickelt habe. Schuld daran waren einmal die vielen häuslichen Pflichten, die ich nach der Schule zu erfüllen hatte, zum anderen meine Veranlagung zum Albern, die ich oft nicht unter Kontrolle hatte. Deshalb stand auch alljährlich in meinem Zeugnis, daß ich bei größerer Aufmerksamkeit weit bessere Leistungen hätte erzielen können. Ob mich nun die „besseren Leistungen" im Leben weiter gebracht hätten, sei dahingestellt. Heute weiß ich aber, daß man über seinen eigenen Schatten springen muß, ehe er zu lang geworden ist.

Ich geigelte[18] gern, und das Lachen war meine Welt. Wurde in der Schule irgendeine Dummheit angestellt, war ich „Meister Matz", wie sich Mutter immer ausdrückte. Wenn ich auch ein Mädchen war, nannte man mich „Hans Dampf in allen Gassen". An einem ersten April verspürte ich keine Lust zum Lernen, vielmehr war ich darauf aus, den Lehrer ein bißchen zu ärgern, und dazu fiel mir immer etwas ein. Vor unserer Wandtafel war ein Podest, auf das jeder Schüler steigen mußte, wenn er an der Tafel etwas schreiben wollte. Unter dieses Podest legte ich mich in der Pause, meine Mitschüler rückten es danach wieder an die Wand. Die Unterrichtsstunde begann und damit auch die Gaudi. Wenn ich am Schritt des Lehrers hörte, daß er sich in der hinteren Hälfte des Klassenzimmers befand, begann ich in meinem Versteck zu miauen, zu grunzen oder zu gackern. Es machte den Lehrer so nervös, daß er fortwährend von vorn nach hinten lief, um der Sache auf den Grund zu gehen. Ich hörte die Tür des Chemieschrankes quietschen, und plötzlich stank es mordsmäßig in meinem Versteck. Der Lehrer hatte irgendetwas Chemisches in einen Spalt des Podestes geträufelt. Bald hielt ich es vor lauter Gestank nicht mehr aus. Völlig verdreckt vom öligen Fußboden kroch ich heraus wie ein Dachs aus seinem Bau, natürlich unter lautem Gelächter. Für den Rest der Stunde war es nun vorbei mit dem Lernen, das sah auch unser Lehrer ein.

An einem anderen Tag, als es zur Pause klingelte, stürmten alle Schüler wie immer auf den Schulhof. Ich hatte noch etwas im Ranzen zu kramen, und als ich zur Tür hinaus wollte, wurde sie von draußen zugehalten. Außer mir waren noch einige Jungen im Klassenraum, die sofort an die Tür drückten, um sie aufzuzwingen. Weil ich sowieso keine Kraft hatte, um mitzuhelfen, stand ich etwas abseits und gab jedesmal das Zeichen zum Aufstoßen mit einem lauten „Hauruck!" Plötzlich gab es einen mächtigen Schlag, die Türhaken flogen heraus, und die schwere Tür krachte zu Boden. Unter ihr wimmerte der Attentäter. Die Lehrer stürzten aus dem Lehrerzimmer und machten uns allesamt dingfest. Dabei fragten sie nicht, wer bei der Sache welche Funktion hatte, alle wurden wir über einen Kamm geschoren. Das ärgerte mich wahnsinnig, daß ich über Tage bockig war. Ich fühlte mich unschuldig, aber mitgefangen ist mitgehangen.

Direkt ungezogen im heutigen Sinne waren wir eigentlich nicht, die Dummheiten blieben meistens im Rahmen. So erwischte man mich oft, wenn ich gerade das schöne lange Treppengeländer in der Schule herunterrutschte, obwohl es verboten war. Aber es war so wunderbar glatt, daß ich mich immer wieder dazu hinreißen ließ, den schnelleren Weg nach unten zu wählen. Dafür mußte ich öfter nachsitzen, was ich aber nicht als Strafe empfand. Die setzte erst ein, wenn es meine Mutter bemerkte, weil ich zu spät nach Hause kam und meine Arbeiten liegen blieben. Das allein war ihr Grund.

Nachsitzen mußte ich manchmal auch, weil ich während des Unterrichts einfach den Mund nicht halten konnte. Zum Nachsitzen mußte man meist in eine andere Klasse. Dort herrschte gleich Unruhe, wenn ein paar Nachsitzer auf den hinteren Bänken saßen. Es ist zwar keineswegs empfehlenswert, aber lustig war es für mich allemal.

War ich an irgendeiner Dummheit beteiligt, sah ich die nachfolgende Bestrafung auch ein. Leider lief es aber manchmal nach dem Motto „einmal dabei, immer dabei". So waren einmal kurz nach dem Krieg am Wochenanfang noch Butterbrötchen aus der Schulspeisung aufgetaucht, die schon einige Tage in einem Karton gelegen hatten. Ich sollte die Brötchen noch anbieten und verteilen. Eigentlich ein Wahnsinn, man hätte sich die Zähne daran ausgebissen. Das hatte jeder Schüler gleich erkannt, dennoch drängten sich alle um mich. Erst pries ich Butterbrötchen an, dabei war von Butter kaum noch etwas zu sehen. Weil ich keinen Abnehmer fand, rief ich übermütig Hundefutter aus, das war mein Vergehen. Am weiteren Fortgang der Dinge war ich völlig unbeteiligt. Plötzlich stieß jemand von unten an meinen Karton. Durch die Wucht hüpften die Brötchen heraus auf den Fußboden, und einige Jungen spielten sofort damit Fußball. Die harte Butter blieb auf dem geölten Fußboden kleben, das Klassenzimmer sah unmöglich aus. Alles ging blitzschnell, der Lehrer kam herein und sah die Bescherung. Außer den fußballspielenden Jungen wurde natürlich auch ich als Verteiler bestraft. Einhundertmal hatten wir einen Satz zu schreiben, in dem sinngemäß stand, daß Brot und Butter zu unseren wichtigsten Nahrungsmitteln zählten. Nach der Erledigung meiner häuslichen Pflichten schaffte ich es nur 35 mal, dann war ich so müde, daß mir alles egal war. Der Lehrer sprach mit meiner Mutter, und die Flötentöne wurden mir auf eine andere Weise beigebracht. Doch lehrreich war die Sache schon für mich und half, ein Gefühl der Wertschätzung zu entwickeln.

Am Schlachttag besorgte ich mir immer ein Stück vom Schweineschwanz und eine Klammernadel. In einem unbeobachteten Moment steckte ich einem nicht allzu strengen Lehrer den Schwanz an den Rockschoß. Einmal war ein Lehrer das Opfer, welcher bis nach Bienstädt seinen Heimweg hatte. Durch unser Dorf und ebenso in Bienstädt schlug bei jedem Schritt sein grüner Lodenmantel auf (d. h. die Kellerfalte), und der Schweineschwanz wippte hoch und runter, bis er verschwand, um beim nächsten Schritt wieder zum Vorschein zu kommen.

Am nächsten Tag wollte der Klassenlehrer unbedingt herausbekommen, wer der Schlingel wohl gewesen sein könnte. Sicher hatte er mich in Verdacht, aber es ehrt meine Kameraden, daß es nie herauskam.

Damals durften die Schweine noch ihren Schwanz behalten, heute nimmt man den Schweinen schon im Ferkelalter das, was eigentlich zu ihnen gehört.

Der Schwanz vom Bienstädter Lehrer hätte am Ende eine ausgeprägte Borstenquaste, ein göttliches Bild! Er gehörte unserem riesigen Eber zuvor.

Nicht bloß ich als Klassenkasper machte Dummheiten, auch einige Jungens waren keine Engel. So gab es einige, die im Herbst am Heckenrosenstrauch des Bauern Weißhaupt die knallroten, reifen Hagebutten (wir sagten: Hombotten) pflückten, und die behaarten Kerne in unseren Kragen steckten. Es juckte so sehr, daß es schon fast schmerzhaft war. Wo mir doch das Stillsitzen sowieso schwer fiel. Ganz böse Buben, welche hinter einer Mädchenbank saßen, tauchten die langen Zöpfe der Schulkameradinnen in das Tintenfaß.

In Erinnerung blieb mir, daß wir am ersten schönen Frühlingsmorgen eine große Lust verspürten, hinaus in die Natur zu gehen mit dem Lehrer.

Von anderen Vorschülern kannten wir den dazu passenden Bettelspruch, schnell war er an die Tafel geschrieben:

*Der Himmel ist blau,*
*das Tal ist grün,*
*Herr Lehrer, wir wollen spazieren geh'n!*
*Wir wollen lieber schwitzen,*
*als in der Schulbank sitzen.*
*Wir wollen lieber frieren,*
*als in die Hefte schmieren!*

Und eben das letzte Wort, welches gar nicht von unserem Hirn stammte, wollte dem Herrn Lehrer absolut nicht gefallen. „Wir schmieren nicht in die Hefte, und wir bleiben im Klassenzimmer, um dies zu lernen!"
Aus war der Traum, sicher entwickelte sich nicht nur bei mir eine kleine Unlust!

# Der störrische Eber

In unserem Schweinestall gab es auch einen Schweinekoben, der einem riesigen Eber gehörte. Seine Größe und Massigkeit konnte einem Kind ganz schön Angst einflößen.
Die Bauern kamen in unseren Hof und ließen ihre Zuchtsauen von diesem Eber decken. Mit uns Kindern wurde über derartige Paarungsrituale nicht gesprochen. Das war kein Thema für uns. Nachdem ich einmal heimlich durch die Stubengardine zugesehen hatte, interessierte es mich auch eigentlich nicht mehr.
Eines Tages, ich war gerade von der Schule nach Hause gekommen, wollte unser Hund gar nicht mehr aufhören zu bellen. Als ich nachsah, was im Hof vorging, stand da ein Neubauer mit seiner Zuchtsau vor mir. Damals waren die Türen nicht verschlossen, wenn jemand im Haus war. So konnte einfach ein jeder herein spazieren. Ich erklärte, daß ich den Eber nicht aus dem Stall lassen dürfte. Der Neubauer solle am Abend wiederkommen, wenn die Eltern vom Feld zurück wären. Aber meine Argumente konnten den Neubauern nicht von seiner Absicht, ausgerechnet am besagten Nachmittag seine Sau decken zu lassen, abbringen. Weil er gar nicht locker ließ und immer wieder den langen, beschwerlichen Weg durchs ganze Dorf beschrieb, gab ich schließlich nach und öffnete die Tür zum Schweinestall. Der große Eber machte dort schon einen ziemlichen Radau. Wie er vom Besuch der Schweinedame erfahren hatte, war mir damals nicht klar. Auf jeden Fall randalierte er ziemlich an seiner Kobentüre herum und konnte gar nicht erwarten, bis ich den Riegel zurückgeschoben hatte. Doch kaum war er im Hof, interessierte er sich absolut nicht für die auserwählte Dame. Er wühlte auf dem Misthaufen herum, als wolle er damit imponieren. Der Neubauer versuchte mit einem Stock vergebens, die beiden zusammenzuführen. Mittlerweile hatte der Tunichtgut die Kartoffelmühle umgeworfen, Schaufeln, Besen und Gabeln lagen im wilden Durcheinander auf dem Hof. Überall waren Urinpfützen und kleine Misthäufchen verstreut, als hätten beide Auserwählte den gesamten Darm- und Blaseninhalt entsorgt. Ich war innerlich schon wütend, weil ich mir ausmalte, daß ich diejenige war, die den Hof wieder in Ordnung zu bringen hatte. Der Neubauer gab schließlich auf und zog mitsamt seiner Zuchtsau wieder von dannen.

Beim Zuknallen der Hoftüre konnte ich einige Schimpfworte nicht unterdrücken, dabei war mir noch nicht bewußt, was noch alles auf mich zukam. Dem Eber gefiel es ausnehmend gut im Hof und auf dem Misthaufen. Nur mit viel Mühe und einem langen Stock, damit ich dem Koloss bloß nicht zu nahe kam, konnte ich ihn in den Schweinestall zurück bugsieren. Doch kaum hatte er seinen massigen Körper in den Stall bewegt, schon spielten die anderen Schweine in ihrem Koben verrückt. Wie ich auch schimpfte und mittels meines Stockes den Schweinevater in seinen Stall zu drängen versuchte, er war stur wie ein Esel. Mit Schaum vorm Rüssel beschnüffelte er alle Verwandten, die hinter ihrem Fressgitter quietschten, grunzten und ohrenbetäubenden Lärm machten.

*Die Eber der Gemeinde hat Karl Rockstuhl II (Vatertierhalter) in der Grundstraße. Wer seine Sau decken lassen wollte, mußte mit ihr dort hin. Es war kein ungewöhnliches Bild wenn ein Bauer, hier Hermann Liehr um 1950, seine Sau durch das Dorf trieb. Foto: Dietmar Liehr*

Als ich wohl ein wenig zu stark auf den Eber einhieb, weil er sich endlich in seinen Stall scheren sollte, drehte er sich urplötzlich um und ging auf mich los. Obwohl ich ziemlich unsportlich war, gelang es mir doch mit einigen Sprüngen, über eine Schweinekrippe und das Eisengatter darüber, auf eine Zwischenwand zu gelangen.

Dort oben hockte ich nun, war erst einmal aus der Reichweite des Ungetüms. Ein Getreideschrotfaß war umgestoßen worden, und was der Eber nicht gefressen hatte, zerstampfte er mit seinem Urin und Kot und verteilte den Matsch im ganzen Gang des Schweinestalls. Einige Stunden hockte ich wohl auf dieser Mauer, weinte vor Wut, aber das beeindruckte das Schweinemonster absolut nicht. Mir schmerzten alle Glieder, und meine Kleider waren völlig verdreckt. Ich wartete sehnsüchtig auf die Eltern, denn nur sie konnten mich aus meiner Zwangslage befreien. Die Grunzer des Ebers wurden immer furchteinflößender. Ich versuchte erst gar nicht von meiner Mauer herunter zu klettern. Unvorstellbar, hätte der Eber durch sein ständiges Wetzen eine der Stalltüren geöffnet. Mittlerweile taten mir in meiner unfreiwilligen Hockstellung alle Knochen weh.

Plötzlich hörte ich, daß jemand die Hoftüre öffnete. Endlich kamen die Eltern zurück, es wurde auch höchste Zeit. Die Mutter hatte erst einige Utensilien aus dem Weg zu räumen, bevor sie die Kühe in den Stall führen konnte. Als sie in den Schweinestall kam, schlug sie wahrlich die Hände über dem Kopf zusammen. Sie klopfte dem Eber kurz auf den Rücken und schon gehorchte das Ungetüm und spazierte in seinen Koben. Nun konnte ich auch herunterklettern, dabei fühlte ich meine Gelenke schmerzen. Die Mutter war außer sich und ließ mich gar nicht zu Wort kommen. Als sie einschätzte, wie viel vom Getreideschrot gefressen sein konnte, rutsche ihr erst einmal die Hand aus, und ich wollte nicht einsehen, weshalb ich nun auch noch Ohrfeigen bekam. Dem Eber könnte das enorm viele Eiweiß ohne weiteres zum Verhängnis werden. Falls dem Schweinevater etwas passieren sollte, gab es genügend Strafandrohungen für mich.

Eigentlich war ich schon genug gestraft. Bis in den späten Abend hatte ich die liegengebliebenen Arbeiten zu erledigen. Was ich an jenem Tag in mich hineingeflucht habe, ging auf keine Schweinehaut.

Wenn heute geeignete Leute für das Pfahlsitzen gesucht werden, erinnere ich mich an jenen Tag mit den heftigen Gliederschmerzen. Weshalb sich Menschen freiwillig auf so einen Wettbewerb einlassen, kann ich nicht verstehen. Die Kinder der heutigen Zeit kennen kaum noch ein Schwein, geschweige denn einen Zuchteber und seine Marotten. Zu unserer Zeit gehörten die Haustiere zum Dorfleben, sie waren ein Teil unserer Kindheit. Unserem Eber ging ich natürlich schon immer aus dem Weg, er war zu unfreundlich und unberechenbar. Außerdem hatte ich die elterliche Anordnung nicht befolgt, aber allen Menschen recht getan, ist eine Kunst, die niemand kann.

Dem Eber hatte das viele Eiweiß des Getreideschrotes übrigens nicht geschadet, er erfreute sich bester Gesundheit. Aus seinem Stall ließ ich ihn nie wieder, die Strafe hatte gesessen.

# Die Religion

Eine besonders feste Beziehung vom christlichen Glauben hatte ich nie, wahrscheinlich war es das Ergebnis unserer Erziehung. Meine Eltern waren eher atheistisch, denn es wurde nie von Gott gesprochen, obwohl alle evangelisch getauft waren. Die Kirchensteuer wurde bezahlt, mein Vater sang im Kirchenchor mit, und damit war das Thema Kirche und Glaube erschöpft.

Aber ich kann mich erinnern, daß ich in meiner Kindheit oft zu Gott gebetet habe. Doch immer nur dann, wenn ich eine Dummheit ausgefressen hatte und die Bestrafung fürchtete. Ich flehte um Nachsicht, und wenn die Strafe nicht zu hart ausfiel, glaubte ich an die Existenz Gottes. Dann bedankte ich mich in meinem nächsten Gebet bei ihm und versprach, mich zu bessern. Doch mein Temperament ging immer wieder mit mir durch, und Gott und mein Versprechen fielen mir zu spät ein.

Zu Hause gab es strenge Regeln und Verordnungen, hielt man sie nicht ein, war mit einer Strafe zu rechnen. Austoben mußte ich mich also woanders. Die Schule war eine Möglichkeit, die wöchentliche Religionsstunde, die zuerst für meinen Bruder und dann auch für mich zur Pflicht wurde, die andere. Der Herr Pfarrer war nicht so streng wie die Lehrer, das habe ich oft ausgenutzt. Ich spielte während der Religionsstunde den Clown und war zufrieden, wenn sich alle Mitschüler vor Lachen die Bäuche hielten.

Es fielen mir auch die unmöglichsten Sachen ein, ich konnte mich gar nicht dagegen wehren. Vielleicht wollte ich es auch nicht, weil ich ja zu Hause sowieso nichts zu Lachen hatte. Trieben wir es gar zu toll, strafte uns der Herr Pfarrer mit ein paar zusätzlichen Geboten oder Liedertexten, die auswendig zu lernen waren. Da ich einen sehr langen Weg zum Pfarrhaus hatte, sah ich das nicht als Strafe an. Ich sagte die Verse ein paarmal laut vor mir her, und bis ich zur Kirche kam, konnte ich alles vor- und rückwärts.

Im Sommer, wenn die Kirschen reif waren, nahm ich einen anderen Weg zum Pfarrhaus, den über die Felder. Die Eltern meiner Schulkameradin besaßen dort einen Kirschbaum, den hatten wir Kinder im Visier. Vor dem Religionsunterricht ging es also zum Treffpunkt Kirschbaum. Bald saß ich mit Gerald, unserem anderen Spaßvogel, in den Ästen. Von unten reckten sich die Hände nach den Kirschen, die wir hinunter warfen. Es war ein Gekreische und Geschubse. Die schönsten Früchte verschwanden natürlich in meinem Mund. Unserer Schulfreundin wurde schon bang, daß ihre Eltern

*Hannalore Stecher (Gewalt)*
*als Konfirmandin,*
*Molschleben 1953.*
*Foto: H. Stecher*

etwas von dem Mundraub merkten, weil wir nicht satt zu kriegen waren. Über dem Naschen vergaßen wir Zeit und Raum, den Herrn Pfarrer und die Religionsstunde. So verging die Zeit schnell, bis wir plötzlich die Stimme des Pfarrers hörten. Wie von der Tarantel gestochen, stoben alle auseinander und jagten den Weg zum Dorf hinunter. Mich hatten sie auf dem Baum vergessen, allein traute ich mich nicht, herunterzuspringen. Der Herr Pfarrer bemerkte mich und half mir wieder auf die Erde. Den langen Weg zum Pfarrhaus mußte ich neben ihm gehen und mir seine endlosen Moralpredigten anhören. Ich war wütend, daß ich der Prellbock war, die anderen hatten die Bäuche genauso voller Kirschen wie ich. Die aber saßen längst im Religionsraum und lachten sich scheckig, als ich wie ein Opferlamm angetrottet kam. Doch schnell war alles vergessen, denn die nächste Dummheit wartete schon.

Wegen meiner Geschwätzigkeit und meines Ungehorsams war der Pfarrer ohnehin nicht gut auf mich zu sprechen. Als ich es eines Tages gar zu bunt trieb, vergaß er sich und warf mich hinaus. Dabei war ich aber auch wirklich zu weit gegangen. Es war Mai, und es gab Unmassen von Maikäfern. Jeder von uns nahm einige mit in den Religionsunterricht. Da ich in der ersten Reihe saß, war es an mir, die Käfer an die Hose des Herrn Pfarrer zu setzen, als er rücklings zu mir stand. Nun gab es für uns nur noch das Thema Maikäfer. Die dicken Brummer schwirrten im Raum herum, und es war eine Lust, ihre plumpen Landeversuche zu verfolgen. Zwei der angesetzten Käfer bewegten sich auf einem schmalen Grat zwischen Jackenkragen und Ohrläppchen. Als der Pfarrer nach seinen Haaren griff, weil ihn ein Tentakel am Hals gestreift hatte, verfehlte er die Krabbelgeister nur um Haaresbreite. Das war noch einmal gut gegangen! Doch die Käfer trieben wie auf Geheiß weiter ihr Unwesen. Ein paar von ihnen hatten bereits die Knickerbockerhosen verlassen und spazierten auf dem Zopfmuster der weißen Kniestrümpfe herum. Plötzlich passierte ihnen ein Mißgeschick, und sie hinterließen ihre Visitenkarte in Form eines langgezogenen, giftgrünen Striches. Da brannten bei mir alle Sicherungen auf einmal durch. Ich brach in schallendes Gelächter aus und konnte selbst dann nicht aufhören, als mich der Herr Pfarrer am Kragen packte und vor die Tür setzte. Meinen Mitschülern wurden anschließend die Leviten gelesen, ich saß indessen im Hof auf dem Geländer und wußte nicht so recht, was nun werden sollte. Ein paarmal ließ ich die Religionsstunde einfach ausfallen. Mutter bemerkte nichts, weil sie nie zu Hause war, bis eines Tages der Pfarrer zu ihr sagte, daß ich nur wieder kommen solle, er habe es nicht so gemeint. Ich ging also fortan wieder in die Christenlehre. Eine Weile lief es ohne unangenehme Zwischenfälle. Weil es aber gar zu langweilig zu werden schien, brachte ein Schulkamerad eines Tages einen Klumpen Fensterkitt mit. Er teilte das klebrige Zeug auf, natürlich bekam auch ich eine Portion davon ab. Während der Stunde formten wir alle möglichen lustigen Figuren davon und gaben, hinter unserem Vordermann versteckt, unseren Kommentar dazu, was sehr für Gelächter sorgte. Doch das Lachen verging uns mit einem Schlage, als wir bemerkten, daß der Kitt durch die Wärme unserer Hände überall an den Fingern klebte. Mir wurde heiß und kalt, wenn ich daran dachte, wie ich beim Verabschieden dem Herrn Pfarrer die Hand drücken sollte, wie es üblich war. Die etwas schüchterne Müllerstochter saß neben dem Kohlenkasten, in dem sich immer Knüllpapier befand. Obwohl sie sonst nicht so für Dummheiten zu haben war, war sie diesmal Kumpel und half uns aus der Patsche. Immer wenn ihr der Pfarrer den Rücken zuwandte, griff sie blitzschnell nach einem Stück Papier und warf es zu uns Taugenichtsen. Es knisterte und raschelte in allen Ecken, doch der Herr Pfarrer fand nicht heraus, was es war. Bis zum Ende der Stunde war alles wieder im Lot, und wir verabschiedeten uns wie Unschuldslämmer.

Trotz aller Dummheiten gingen wir eigentlich ganz gern in die Christenlehre. Manchmal überredeten wir den Pfarrer, und er stieg mit uns auf den Kirchturm. Das war eine Auszeichnung. Von dort oben hatten wir eine herrliche Aussicht auf das ganze Dorf. Wir sangen ein paar Lieder, und für die Zukunft versprach ich mir selbst ein wenig mehr Ernsthaftigkeit. Aber wie so oft hielt der Vorsatz nicht lange.

Auch der Tag meiner Konfirmation verlief nicht ohne Zwischenfall. Zum Empfang des Abendmahls knieten wir vor dem Altar, der Herr Pfarrer sprach mich bei der Segnung mit meinem vollen Namen an: Hannalore Hedwig, Minna... weiter konnte ich nicht denken, denn hinter mir kicherte es in der Jungenreihe. Gerald, der direkt hinter mir saß, wiederholte die beiden letzten, altmodischen Namen in verzerrter Weise hinter vorgehaltener Hand. Lachen konnte ich nicht, das wäre zuviel für den Herrn Pfarrer und meine Eltern gewesen. Aber es hätte nicht viel gefehlt, und ich hätte in den Weinkelch geprustet, den mir der Herr Pfarrer zum Abendmahl reichte. So war ich das letzte Mal gerade noch davongekommen.

# Heilkräuter

Nach dem Krieg mangelte es an den einfachsten Dingen, und jeder mußte sein Scherflein zum Wiederaufbau beitragen. Auch wir Kinder waren da angesprochen, z. B. mit dem Sammeln von Heilkräutern. Die Aktion wurde von der Schule gesteuert. Gesammelt wurden Quecken, Gänsefingerkraut, Breit- und Spitzwegerich, Gänseblümchen, Himbeer- und Brombeerblätter, Walderdbeerblätter, Taubnesselblüten, Huflattich, Lindenblüten und Schafgarbe.

Jeder konnte das sammeln, was ihm zusagte. Die Jungen hatten die beste Idee, sie schleppten Unmassen von Quecken herbei, die ganz schön was auf die Waage brachten. Denn bei der Sammelaktion ging es um Gewicht. Die Bauern hatten im zeitigen Frühjahr ihre Felder abgeeggt, und das Ackerunkraut Quecke lag haufenweise am Rande der Feldwege. Die Quecke wurde bei Regen unter der Dachrinne gewaschen und danach zum Trocknen ausgebreitet. Wer zu Hause keinen Boden hatte, konnte dafür den Schulboden benutzen.

Hatte sich jemand vorgenommen, Taubnesselblüten zu sammeln, mußte er schon sehr fleißig sein, ehe die Waage überhaupt anschlug. Nicht nur den Bienen schmeckte der süße Blütensaft der Taubnessel, so manche Blüte lutschten wir selbst aus. Es war zwar mühselig, aber dafür um so köstlicher, Brombeer-, Himbeer- oder Walderdbeerblätter fand man im Erlenhölzchen an der Nesse.

Wir trafen uns nach der Schule, jeder mit einem Korb bewaffnet, und auf ging es in die Erle! Um diesen Ort kreisten gruselige Geschichten. Es gab dort zwei Sumpflöcher, in ihrer Nähe hatte ich immer ein unheimliches Gefühl. Man erzählte sich, daß vor langer Zeit eine Kutsche bei Nebel vom Weg abgekommen sei und samt Insassen und Pferden im Moor versunken wäre. Erst später habe man die Erlen, die viel Wasser brauchten, um die Sumpflöcher gepflanzt. Bald war alles ringsherum verwildert, eine Kutsche konnte nun unmöglich durch diesen Wirrwarr von Ästen und Ranken fahren. So war die Erle entstanden. Ich ging nie so nah an die verwunschenen Stellen, nur die Jungen protzten mit ihrem Wagemut, den sie sicher mit Leichtsinn verwechselten. Wenn wir wieder mit unseren gefüllten Körben draußen auf der Wiese standen, war ich eigentlich immer froh.

Die gesammelten Blätter wurden auf Zeitungen ausgebreitet und konnten nun in Ruhe trocknen.

Am Rande der Wiese gab es auch viele Weidenbäume, die wir nach hohlen Stämmen durchstöberten, in denen das Holz zu Erde gefault war. Diese Erde verwendeten die Frauen zum Umtopfen der Zimmerpflanzen. Wir wußten dann gleich, wo wir suchen mußten, wenn sie benötigt wurde.

Im Sommer sammelten wir auch Lindenblüten, die jedoch größtenteils für den Eigenbedarf gedacht waren. Jede Familie brauchte eine ziemliche Menge für Lindenblütentee. Für die Arbeit war eigentlich mein Bruder zuständig, der sich mit den Lindenblüten obendrein ein Taschengeld verdiente. Für einen Korb voll bekam er fünfzig Pfennig.

Doch ich nahm mir auch eine kleine Leiter und pflückte die unteren Äste ab. Ein Purzelkorb wurde mit einem Haken an die Leitersprosse gehängt, dann konnte es losgehen. Die Blüten mußten geöffnet sein, durften aber noch keinen Samenknoten haben, der richtige Zeitpunkt war also schon wichtig. Auf dem großen und kleinen Lindenplatz war ein emsiges Treiben.

Überall lehnten Leitern an den riesigen Bäumen, die Sommerlinden standen in voller Blüte. Das war für die Bienen eine leckere Mahlzeit. Sie kamen in Schwärmen, überall summte und brummte es, denn es gab viel zu tun, um alle Blüten abzuernten. Wir Kinder fürchteten zwar ihre Stiche, aber die Bienen hatten keine Zeit, sich um uns zu kümmern.

Es gab Tage, da standen um einen großen Baum fünf bis sechs Leitern. Hatte jemand die Seite zur Straße hin gewählt, mußte er ab und zu von der Leiter steigen, um einem Erntewagen Platz zu machen. Es war Heu- und Kleeernte, und die Bauern kutschierten die schwer beladenen Wagen nach Hause in ihre Scheunen. Damals waren die Sommer sehr heiß. Man mußte sich sputen mit den Lindenblüten, da in ein paar Tagen alles vorbei sein konnte.

Wenn sie dann zum Trocknen auf dem Boden lagen, durchströmte ihr süßer Duft das ganze Haus.

So nahm ich als Kind viele Gerüche auf, die ich ein Leben lang gespeichert habe. Noch heute verbinde ich oft einen bestimmten Geruch mit einer Begebenheit aus meiner Kindheit.

## Eine Nase voll Landluft und noch mehr

Wohl nicht deshalb, weil ich vom Vater eine ziemlich große, und noch dazu schiefe Nase erbte, blieben in meiner Erinnerung unendlich viele Gerüche hängen. Schon in der Grundschule lernte ich, daß der Geruchssinn eines Lebewesens umso intensiver ausgeprägt ist, desto mehr Riechzellen sich in der Nase befinden. Von der Seite her hatte ich gute Voraussetzungen, all' die vielen Gerüche, denen wir im Laufe eines Jahres begegnen, zu speichern.

Die aufgenommenen und bewahrten Gerüche sind ein Teil meiner Erinnerungsbilder wie z. B. der Geruch von Bratäpfeln in der Röhre, die uns die strengen Winter erträglicher machten. Auch an den würzigen Duft, der von einem Töpfchen Glühwein ausging, erinnere ich mich sehr gut. Die total verfilzten Handschuhe, welche am Kachelofen trockneten, hatten ihren ganz typischen Geruch. Der Geruch von getrocknetem Holz wirkte sehr beruhigend und gehörte zu den Wintern meiner Kinderzeit. Die rußenden Petroleumlampen in allen Stuben hinterließen ihren bleibenden Eindruck. Die von uns Kindern gebauten Schneehütten würde ich heute noch am Geruch erkennen, besonders die in den vorgesehenen Nischen brennenden Kerzen.

Einen besonders nachhaltigen Eindruck hinterließ die Weihnachtszeit mit ihrem Gebäck und dem so geliebten Weihnachtsbaum. Ein paar angesenkte Fichtennadeln verfeinerten die Raumluft am Weihnachtsabend. Oft roch es ein wenig eigenartig in Ofennähe, wenn die nassen Utensilien von der Schlittenbahn zu eilig trocknen sollten. Im Flur unseres kleinen Häuschens überwinterte Mutter in Eimern und Kübeln unzählige Winterasterstauden, so roch es dort ewig nach Chrysanthemen und erinnerte mich an Beerdigungen. Das Frühjahr begann mit dem Geruch der ersten Veilchen, dem Flieder und den gesammelten Fichtentrieben für eine Einreibetinktur. Wir sammelten als Kinder Heilkräuter und Tees für den Eigengebrauch. Das ganze Haus war durchströmt vom süßlichen Duft der trocknenden Lindenblüten, Holunderblüten, Taubnesselblüten und Huflattich. Als sehr angenehm empfinde ich die Erinnerung an den Geruch des Aufzuchtfutters für die kleinen Küken, Gössel oder Entchen. Es hatte so etwas Appetitliches. Mit meinem Geburtstag, Anfang des Sommers, verbinde ich den Duft von Pfingstrosen, Lupinen, Wasserlilien und Narzissen. Auch eine Wickelrolle, mit Marmelade gefüllt, zählt zu diesen einschneidenden Erlebnissen. Die Waldmeisterbowlen, mit selbstgemachtem Wein und selbstgepflücktem Waldmeister, blieben vom Duft und Geschmack unübertroffen. Überhaupt sind die Früchte des Sommers unvergessen geblieben. Angefangen von den winzigen Monatserdbeeren, dessen Aroma sehr an die Walderdbeeren erinnerte. Reife Kornäpfel, die im Grase lagen, Petersbirnen oder die kleinfrüchtige Gute Graue, allesamt unvergessene Wohltaten für meine Nase, wie auch der saftige Gravensteiner. Wie könnte ich die Pfingststräuße vergessen, Sträuße aus frischem Birkengrün und Lärchenzweigen, die das ganze Haus für Tage mit ihrem Flair beherrschten? Unzählige Male öffnete ich die schwere Türe zu meinem Klassenzimmer. Dort heraus strömte ein derber Geruch eincs geölten Fußbodens, es roch nach Kreide und meist nach einem nicht ganz intakten Ofen. Die Tintenfässer, die Tintenkleckse an meinen Fingern, die Medizinbälle für die Pausen, alles hatte seinen arttypischen Geruch.

Schon im frühen Kindesalter mußte ich in Haus, Hof, Garten und Feld mithelfen. Ich bekam noch eine Schwester, da erinnere ich mich an den sauren Geruch der von ihr erbrochenen Milch. Auch an ihren Windelinhalt erinnere ich mich viel intensiver, als später bei den eigenen Kindern oder Enkeln.

Im Kindergarten war die Toilette desinfiziert, einen Geruch, den ich erstmalig wahrnahm. Nie vergessen werde ich den Lebertran, den ersten Kontakt mit Fischgeruch. Immer, wenn ich später einem dieser früheren Gerüche wieder begegnete, denke ich an meine Kindertage, immer und immer wieder.

Die Begegnung mit Tieren im Stall der Eltern, die Erfahrung, daß ein jedes Tier seinen eigenen Geruch hat und daß es in jedem Stall anders roch. Sogar die Milch, die Mutter damals in einen Filter schüttete, um sie zu säubern. Ein leinener Seihlappen fing den Schmutz auf, bevor das Filterpapier erfunden wurde. Obwohl der Seihlappen ständig gründlich ausgewaschen wurde, behielt er einen eigenartigen Geruch.

Die bauchigen Kaffeeflaschen für den Malzkaffee bei der Feldarbeit waren nicht gut zu reinigen. Eigenartig war auch dieser Geruch, den der Malzkaffee hinterließ und vielleicht auch die nicht ganz penible Sauberkeit. Auf dem

Futterboden und in der Scheune roch es stark nach Heu, Klee und Stroh, aber auch ein etwas staubähnlicher Geruch haftete den Dingen an.

Besonders intensiv roch es an einem Schlachttag. Schon das frische Fleisch, Blut, Gewürze, dann die verschiedenen Würste, ein Festtag für alle Nasen. Pfeffer, Majoran, Muskat, Zwiebeln, Knoblauch, Fett und vielleicht noch der Duft eines frischen Zwiebelkuchens, da juckte es schon einmal in meiner Nase. Dann gab es noch frisch geriebenen Meerrettich zum Well- oder Schnitzfleisch. Nach dem Schlachttag trocknete die Knackwurst in der Stube auf Stangen zwischen zwei Stühlen. Ein eigenartiger Geruch war das, aber Schimmel durfte nicht dabei sein! In manchen Bauernhöfen trocknete man die Knochen, das war eher nichts für meine empfindliche Nase. Dann schon eher der Räucherduft, der von frisch geräucherten Würsten oder später vom Speck ausging, das war schon angenehmer.

Das Scheunendreschen war nicht geeignet für empfindsame Nasen. Der Dreck und Staub strapazierte die Schleimhäute enorm, der Geruch fraß sich regelrecht ein. Beim Dreschen dachte ich nicht an eine duftende Ährenkrone, da wurde die Nase negativ strapaziert. Auch unangenehm behielt ich die gesammelten Maikäfer samt Ausscheidungen in einem Karton in Erinnerung. Genauso die gesammelten Kartoffelkäfer samt allem. Angenehmer dagegen war der Besuch im Backhaus, obwohl wir Kinder damals noch nicht verwöhnt waren. Aus dem Backhaus strömte stets ein Wahnsinnsduft heraus. Es roch nach frischem Brot, welches dampfend heiß mit Wasser bestrichen wurde, nach Solfkuchen oder frischem Rhabarber-, Pflaumen- oder Apfelkuchen, je nach Jahreszeit. Um Weihnachten herum, war es der reine Wahnsinn in einem Dorfbackhaus. Obwohl es sehr wenig Extras gab und schon gar keine tollen Gewürze, aber dennoch war es ein Hocherlebnis für die Nasen.

Bei den Handwerksmeistern in ihren Werkstätten fühlte ich mich wie zu Hause. In der Schmiede roch es streng nach Rost, Eisen, Feuer, Schmiere und beschlagenen Pferden. Beim Sattler roch es nach Leder, Polsterware, schweißigen Geschirrteilen und Pech für die Nähfäden. Beim Schuster roch es nach Leder, altem Schuhwerk und Leim. Beim Schrainer, Zimmermann und Böttcher gab es den herrlichen Geruch nach Holz und Sägespäne.

In der Mühle dominierte das Mehl, das Schrot und auch der Gries mit dem typischen Geruch nach Korn. Unvergessen blieb ein Uhrmacher für mich, welcher auch Fahrräder reparierte. Ganz stark roch es dort nach Gummilösung und Fahrradflicken.

So roch es überall anders, ob in den Waschküchen der Bäuerinnen wenn Pflaumenmus oder Rübensirup gekocht wurde, oder wenn die Zeit für den Holundersaft gekommen war.

Bei der großen Wäsche war die Kernseife zu riechen. Wenn ich in der kleinen Bücherei ein Buch auslieh, dann roch es stets nach alten, staubigen Büchern.

Im Hof eines Bauern kamen aus der Futterküche Schwaden von dampfenden Kartoffeln gezogen. Auch Grudegase waren sofort wahrnehmbar, wenn man dort die Futterkartoffeln in einer Grude garte.

Fast zu stark und zuviel für meine Nase war der Besuch in einem Pferdestall. Ammoniak aus dem Pferdemist ließ mir fast die Luft wegbleiben.

Am allermeisten denke ich bei Gerüchen an meine Nenntannte Hildegard. Sie hatte auf ihrem Bauernhof ein großes, nagelneues Toilettenhäuschen stehen, über dessen Tür ein echtes Ölgemälde hing. Drinnen lagen in einem Holzkästchen zurechtgeschnittene Zettel von Schulheften und Schulbüchern als Ersatz für das später eingeführte Toilettenpapier. Stundenlang saß ich dort und las in diesen Zetteln, sicher nicht zu meinem Schaden. Das Papier hatte einen ganz eigenartigen Geruch, den ich bis heute nie vergaß. So etwas nach Mottenkugeln, Staub, alter Tinte und weiß ich nicht, was noch alles. So könnte ich noch unendlich weiter aufzählen vom Zahnarztbesuch, bei dem ich stets ausriß, von der ersten Bekanntschaft mit dem Äther oder Rizinusölgeruch und so weiter. Mich prägte ein jeder einzelne der Gerüche, es prägte sich ein und ich vergaß seine Intensität oder die Zusammensetzun-gen und andere Umstände nicht. Eine überempfindliche Nase kann auch nervig sein, vor allem bei unangenehmen Gerüchen. Ein derber, bäuerlicher Ausspruch war, daß man den Furz im Dunkeln riechen kann, d. h. jemand ist mit einer sehr guten Nase ausgestattet. Ich glaube, daß ich zu dieser Art Mensch gehöre. Auf jeden Fall nimmt man so die Umwelt sehr intensiv wahr.

## Kartoffelkäfer

Eine üble Sache des sogenannten kalten Krieges war der Kartoffelkäfer. In der Schule hatte man uns beigebracht, daß der Amerikaner den Massenschädling aus Flugzeugen auf unsere Felder werfen ließ, weil er unserer Wirtschaft schaden wollte. Ich persönlich glaubte das, und die Käfer sicher auch, denn sie machten sich gleich an die Arbeit, legten Unmassen von Eiern und vermehrten sich rapide. Chemische Bekämpfungsmittel gab es damals nicht, aber auch keine Umweltschäden. Um also den Käfern einigermaßen das Handwerk zu legen, mußte man sich schnell etwas einfallen lassen. Eigentlich gab es nur die Möglichkeit des manuellen Einsatzes. Jeden Dienstag Nachmittag war deshalb in unserem Dorf eine Kartoffelkäferaktion angesagt. Zuvor ging der Gemeindediener, genannt der Dorfschütz, mit einer großen Glocke im Dorf herum und verkündete, daß sich aus jedem Haushalt eine Person an den Sammelstellen einzufinden habe.

Bei uns traf es diskussionslos wieder einmal mich.

Die Arbeit war durchaus keine angenehme Sache, denn es war schon ziemlich warm, und das vertrug ich nicht besonders gut. Erst der weite

Anmarschweg, dann stundenlang durch das hohe Kartoffelkraut staksen und die stinkenden Käfer und Larven einsammeln, es gab wirklich angenehmere Dinge. Aber was half es, Pflicht war eben Pflicht! Auf eine Diskussion hätte ich es sowieso nicht anzulegen brauchen, ich hätte höchstens noch ein paar Ohrfeigen bekommen.

Vierzehn Uhr war Abmarsch, die Trüppchen bewegten sich trotz der Mittagshitze recht schnell auf die Kartoffelfelder zu. Beim ersten Schlag angekommen, trat jeder wie automatisch in die Reihe, und auf ging es. Die Käfer und Larven wurden abgelesen und in ein Glas gesammelt. In den Kartoffelreihen ließ es sich schlecht laufen, denn dort wuchsen pieksende Disteln und Ackerwinden, die wie Fußangeln am Boden krochen. Jeder einzelne Kartoffelschlag hatte ein hölzernes Namensschild, und so war genau zu sehen, welcher Bauer es mit der Feldarbeit genau nahm, und bei welchem man vor lauter Unkraut kaum einen Kartoffelstock sah. Ob diese Einsätze einen großen Erfolg hatten, weiß ich nicht, auf jeden Fall haben wir alle unser Bestes getan und waren stolz ein volles Glas zur Vernichtung abgegeben zu haben. Für einen Käfer bekamen wir anfangs 1 Pfennig. Die Käfer wurden geschätzt oder gewogen, nicht etwa abgezählt.

Sicher war aber auch, daß am nächsten Sammeltag wieder ebenso viele Käfer auf uns warteten.

*Ausstellungsstand auf der ersten Mühlhäuser Bauernmesse 1949 im Puschkinhaus mit Anschauungsmaterial über die Schädlichkeit des Kartoffelkäfers. Foto: Foto-Hupe, Mühlhausen, aus „Chronik der Stadt Mühlhausen 1946–1975", Verlag Rockstuhl 2006*

# Häusliche Pflichten

War endlich die Schule aus, erwartete mich zu Hause nicht etwa eine fürsorgliche Mutter oder Oma am gedeckten Mittagstisch. Nein, statt dessen fand ich auf dem Küchentisch den täglichen Auftragszettel meiner häuslichen Pflichten vor. Dort stand z. B.: Betten machen, kleine Schweine füttern, Wasser holen, Kartoffeln abkeimen, aufwaschen, Küche und Hausflur reinemachen, Schuhe putzen, Brennesseln suchen, Gänse hüten, Obst für die Konservierung vorbereiten.

Der verfluchte Zettel ließ wenig Raum für ein Spiel oder für gewissenhafte Erledigung der Schulaufgaben. Dieses Thema wurde sowieso ausgeklammert, Schulaufgaben mußten nebenbei erledigt werden, oft mehr schlecht als recht. Ich machte nur die dringendsten schriftlichen Aufgaben, zu allem anderen fehlte mir die Zeit und nach der Erledigung der häuslichen Pflichten auch die Lust.

Waren am Abend nicht alle Arbeiten zur vollsten Zufriedenheit ausgeführt, weil ich die Zeit verspielt hatte, dann gab es Schläge und ein nicht endendes Donnerwetter. Oft nahm ich Spielkameradinnen mit nach Hause, obwohl es mir streng verboten war. Sie halfen mir bei der Hausarbeit, und so blieb am Ende ein wenig Zeit zum Spielen. So auch an einem Sommertag, als ich meine Freundin Monika mit ins Haus nahm. Mein Vater kam unverhofft vom Feld zurück, ein Mädchen, mit dem wir nicht spielen wollten, hatte es ihm gepetzt. Aus Angst vor der Strafe leugnete ich zunächst alles, denn Monika war inzwischen im Schrank versteckt. Doch das war Wasser auf Vaters Mühlen; erst ungehorsam sein und dann auch noch lügen! Die nächste Woche sah düster für mich aus; noch mehr Arbeit und noch weniger Freizeit, es gab fast keine Steigerung mehr. Ich war wütend auf meinen Vater. Meine eigenen Wünsche und Bedürfnisse interessierten ihn nicht, für ihn war ich nur eine billige Arbeitskraft. Er dachte wohl nie daran, daß zum Kindsein auch das Spielen gehört.

# Futterschneiden

Am Anfang stand nur eine Ziege in unserem Stall. Nach dem Umbau eine Kuh, und im Laufe der Jahre kam eine zweite dazu. Aber spätestens zu dieser Zeit wurde es im Stall, im Hof und auf dem Futterboden ganz schön eng. Der Umzug in ein Bauerngehöft war geplant, wo viel Platz für weitere Tiere war. Dort gab es auch eine elektrisch betriebene Futtermaschine. Bis dahin schnitten wir das Stroh, das Heu oder den Klee mit einer Maschine, die zwar rein äußerlich ihrer elektrischen Schwester ähnlich sah, deren großes, eisernes Schwungrad sich aber ohne zwei kräftige Hände nicht drehte. Oft kletterte ich mit Mutter die Leiter zum Futterboden hinauf. Das Trockenfutter für die Kühe war aufgebraucht. Wir hatten für einen Vorrat zu sorgen, welcher die nächsten Tage ausreichen würde. Obwohl das Drehen der Riesenkurbel ziemlich schwer war und ich meine ganze Körperkraft hineinlegen mußte, drehte ich lieber, anstatt das pieksende Grobfutter einzulegen. Außerdem mußte ich mich auf die Zehenspitzen stellen, wenn ich an den Einlegekasten kommen wollte. Mutter stopfte also den langen Holzkasten voller Stroh oder Klee. Mit Schwung brachte ich Knirps das große Eisenrad in Gang. Wenn man erst den richtigen Schwung hatte, war es gar nicht mehr so schwer. Zwei scharfe Messer schnitten im Wechsel das Futter klein, dabei schnurpste es hörbar im Rhythmus. Das geschnittene Häckselfutter fiel geradewegs vor meine Füße. Ab und zu schob es Mutter mit dem Rechen in eine Ecke unter einer Dachschräge. Erst wenn die Ecke völlig mit Häcksel ausgefüllt war, reichte es für die nächsten Tage aus, und wir konnten die Leiter wieder hinunterklettern. Drehte mein Bruder das Rad, sauste es natürlich zackiger, er hatte mehr Kraft als ich.

Manchmal hatte unsere Katze ein Nest mit Jungen zwischen dem Stroh. Dann ging ich gern zum Futterschneiden. Vor dem Geräusch der Futtermaschine verkrochen sich die Kleinen zuerst ängstlich, doch anschließend wagten sie sich wieder hervor und ließen sich streicheln. Sie hakelten nach jedem Strohhalm, der sich bewegte. Die alte Katze lag gelangweilt daneben und kniff die Augen zu. Sicher war sie froh, daß sie einmal Ruhe vor der Rasselbande hatte. Mutter schimpfte nicht, wenn ich noch ein Weilchen mit ihnen spielte, sie war froh, daß ich ihr beim Futterschneiden geholfen hatte.

## Schneidernte[21]

*Edgar Bärwolf, Moschleben. Grasmäher bei der Ernte. Vorgänger vom Mähdrescher. Foto: E. Bärwolf*

*Pause bei der Schneidernte 1941, Familie Edgar Bärwolf, Molschleben*

Schon lange bevor die Ähren reif waren und die Sense ihr blechernes Lied in den Feldern sang, wurden in den Scheunen und Tennen die Strohseile gedreht. Hanfstricke und Rollen mit Papierstrick gab es nicht ausreichend, und so halfen sich die Bauern mit der überlieferten Methode des Seilwindens. Dazu war Kornstroh, also Roggenstroh, nötig. Es hatte einen längeren Halm als andere Getreidearten und war ziemlich stabil. Wegen dieser guten Eigenschaften verwendete man es auch seit alters her zum Füllen von Strohsäcken, welche die Matratzen ersetzten.

Um Stroh für Seile oder einen Strohsack zu bekommen, wurden die Korngarben nicht durch die Dreschmaschine ausgedroschen, das hätte den

*Edgar Bärwolf, Molschleben. Foto: E. Bärwolf*

*Großvater mit Fuhre. Foto: C. Starke, Molschleben*

*Auf dem Dorfplatz mit Grasmäher. Foto von W. Topf, Molschleben*

*Meta Burgdorf, Arbeit mit der Sichel, Molschleben ca. 1964. Foto: R. Stecher*

*Hilda und Rosemarie Braun beim Fruchtbinden. Foto von Hilmar Topf, Molschleben*

*Fuhren laden in Döllstädt. Foto: L. Schierschmidt, Kleinfahner*

127

Strohhalmen geschadet. Vielmehr schlugen die Bauern die Ähren mit den Dreschflegeln aus. Dazu legten sie die Garben im Scheuntennen breit auf den Boden, meist auf eine große Plane. Im Takt schwangen sie nun den Dreschflegel, immer wenn der eine das Schlagholz in die Luft schwang, sauste das andere zu Boden. Diese Arbeit verlangte von den Männern schon einige Übung.

Um ein Strohseil zu winden, nahmen wir in jede Hand einige Halme, überkreuzten die Strohwische miteinander und knickten die Teile zurück. So waren die beiden ineinander verschlungen, ähnlich wie beim Fingerhakeln. Nun wurde ein Teil des Seiles unter den Arm geklemmt, während das andere Ende einige Male gedreht wurde. Dasselbe erfolgte noch einmal im Wechsel, bis ein festes Seil entstanden war. Ein großes Bündel dieser Seile, es war immer ein Schock, banden wir zu einem Packen zusammen und stellten ihn zur Seite. Nun lag der Scheuntennen bald voller Seilbündel. Diese begossen wir einige Tage, bevor sie auf dem Feld gebraucht wurden, mit Wasser. Das angefeuchtete Kornstroh brach nicht so leicht. War dann ein Getreideschlag reif genug für das Mähen, zogen die Bauern schon am frühen Morgen mit einem Wagen voller Seilpacken hinaus aufs Feld. War ich für diese Arbeit mit eingeplant, wußte ich schon im voraus, was mich erwartete. Ich konnte die Hitze nicht vertragen, der Arzt hatte Sonne verboten, da ich an einer Tbc litt. Aber das interessierte meinen Vater nicht, denn in der Schneidernte wurde jede Hand gebraucht, auch wenn sie noch so klein war.

Auf dem Feld angekommen, spannten wir die Kühe aus, der Frühstückskorb[22] wurde in den Schatten gestellt, jeder nahm sein Werkzeug, und ich holte noch einmal tief Luft. Vater hatte das Wetzfaß umgebunden und die Ärmel hochgekrempelt. Ein Wetzfaß sah einem Köcher ähnlich, früher war es aus Holz gefertigt, später dann aus Metall. Darin befanden sich etwas Wasser und der Wetzstein, denn die gedengelte Sense mußte immer wieder nachgeschärft werden. Nun pfiff der scharfe Strahl ganz gleichmäßig durch die Halme, so daß das abgemähte Getreide ordentlich dalag. Es war an die noch stehenden Halme angelehnt. Mutter rappte[23] das abgeschnittene Korn ab, sie harkte dabei mit der Sichel so viel Getreidehalme zusammen, daß es für eine Garbe ausreichte. Der Schnitter und der Abrapper mußten im gleichen Rhythmus arbeiten, der Schnitter konnte nur weitermähen, wenn das abgeschnittene Getreide abgerappt war. Auf jede Garbe legte ich ein Seil, und wenn ich genug ausgeteilt hatte, begann ich, die Garben zu binden. Dazu knickte ich das Seil wieder zu seiner vollen Länge auf, hob mit einer Hand das Bündel an und schob mit der anderen das Strohseil darunter. Nun lag die Garbe voll auf dem Seil, ich nahm beide Enden, verdrehte sie miteinander und steckte den Schwanz unter das Stroh. So war das Ganze fest verschnürt. Wenn es zu locker aus-

*Familie W. Braun beim Fruchtbinden ca. 1960. Foto von Hilmar Topf, Molschleben*

gefallen war, wurde Vater böse, denn das Stroh verlor bei der Trocknung an Masse, und die Arbeit wäre umsonst gewesen. Es dauerte nicht lange, und das Kreuz tat mir weh, bei jedem Bücken verstärkte sich der Schmerz. Die Sonne schien immer erbarmungsloser, mir wurde schwindlig und übel. Im Inneren verfluchte ich Gott und die Welt, Vater und Mutter, und mich auch selbst, weil ich so ein Schwächling war. Vater sprach kein Wort, auch ihm sah man die Anstrengung an, denn immer öfter wischte er sich den Schweiß vom Gesicht. Mutter verrichtete ihre Arbeit ebenfalls wortlos. Sie hatte ihr geblümtes, von der Sonne ausgeblichenes Kopftuch, tief in die Stirn gezogen, um vor der sengenden Sonne ein wenig Schutz zu haben. Manche Bauersfrauen besaßen noch aus Großmutters Zeiten einen Schetter, der die Sonnenstrahlen vom Gesicht fernhielt. Das war ein Zwischending zwischen Sonnenhut und Kopftuch aus gestärktem weißem Leinenstoff. Dazu trugen die älteren Bäuerinnen wie zum Trotz schwarze selbstgestrickte Strümpfe, in deren Maschen sich die Haimen[24] verfingen und nervenaufreibend auf der Haut kratzten. Die Wolle nahm angeblich den Schweiß gut auf. Ausprobieren wollte ich es nicht, denn ich bekam schon eine Gänsehaut, wenn ich die dicken Strümpfe nur ansah.

Die andauernde Hitze machte mir zu schaffen. Wenn ich mit dem Binden nicht nachkam, half mir Mutter manchmal, aber das sah Vater nicht so gern.

Hatten wir genug Stricke, wurden die Garben mit einem Säbel gebunden. Das war ein etwas gebogenes Metallrohr, deshalb wohl auch der Name. (Früher konnte er auch aus Holz sein.) Vorn war er spitz, hinten befand sich eine Öffnung mit einer Kerbe. Die Stricke waren vorher schon auf eine bestimmte Länge geschnitten, an der einen Seite mit einem Knoten und auf der anderen mit einer Schlaufe versehen. Nun hängte ich den Knoten in die Kerbe, kniete mich auf das Bündel, nachdem ich zuvor den Säbel darunter geschoben hatte, und hakte den Knoten in die Öse ein. Nahm ich das Bein wieder hoch, füllte sich die Garbe, der Strick straffte sich und hielt alles fest zusammen. Die ganze Arbeit mit der Sense, das Abrappen, und das Binden mit der Hand war die Vorarbeit für den Einsatz des Mähbinders. Dazu mußte die Vorart²⁵ oder das Gewände freigemacht werden, damit der Mähbinder ungehindert und ohne das Getreide zusammenzufahren, eingesetzt werden konnte. Oft waren auch ein Unwetter oder zuviel Düngemittel der Grund dafür, daß alle Halme auf den Boden gedrückt und kreuz und quer lagen. Dann mußte der Bauer den ganzen Schlag mit der Sense hauen. Das war ein hartes Stück Arbeit für alle Beteiligten, und gute Laune war an diesem Tag nicht zu erwarten. Es wurde kein einziges Wort gesprochen, und jeder ergab sich in sein Schicksal. Als ob wir nicht schon genug zu ertragen hätten, meinte es die Sonne an solchen Tagen immer besonders gut. Von der Hitze bekam ich oft Nasenbluten oder mußte mich erbrechen, doch es gab stets nur ein kurzes Ausruhen. Einmal durfte ich zum Bach laufen und mich erholen, aber kaum saß ich im Gras, rief man schon wieder nach mir. Wie froh war ich, als gegen Abend endlich auch die Sonne ihre Kraft verlor, wir die Kühe anspannten und dem Dorf zufuhren. Mir kam es so vor, als wären die Kühe heimwärts immer besonders schnell gelaufen. Sicher stach schon die Milch in ihren Eutern. Für die Tiere war so ein Tag auch kein Zuckerschlecken, denn die Hornissen und Bremsen ließen ihnen keine Ruhe. Manchmal waren sie so zerstochen, daß man in ihrem Fell kleine Blutströpfchen sehen konnte. Es war für Mensch und Tier eine arge Plage.

Wenn wir zu Hause angelangt waren, ging die Arbeit weiter. Da wurden die Milchkannen vom Sammelbock geholt und abgewaschen, das Kleinvieh wartete schon sehnsüchtig auf sein Futter, die Schweine quietschten, wenn sie uns kommen hörten. Vor allem Mutter hatte alle Hände voll zu tun, sie war die Geplagteste von uns allen. Da war Schweinefutter zu machen, die Kühe mußten gemolken und gefüttert werden, und auch wir wollten schließlich essen. Im Haus blieb so manches liegen an den Erntetagen, da waren nicht jeden Tag die Betten aufgeschüttelt. Das Wichtigste waren das Vieh und die Ernte. Bei dieser Hektik konnte schon ein unbedachtes Wort das Faß zum Überlaufen bringen. Vater ging abends oft fort, zu seinem Dämmerschoppen, wie er es nannte, und ließ die Arbeit Arbeit sein.

Wenn dann spät der Tragkorb ausgeräumt, das Eßgeschirr abgewaschen und gleich für den nächsten Tag wieder eingeräumt war, konnten wir schlafen gehen. Ein Tag verlief so hart wie der andere, das ging so lange, bis die Ernte unter Dach und Fach war.

# Getreidepuppen

Während der Schneidernte wurde nicht nur das Getreide geschnitten und zu Garben gebunden, die Garben mußten auch aufgestellt werden, damit Sonne und Wind das Trocknen übernehmen konnten.

Stand ich mit Mutter oder meinem Bruder vor einem gemähten Getreideschlag, schien mir der Acker so riesig, daß ich am liebsten davongelaufen wäre. Aber es gab kein Pardon, und Jammern half auch nichts. Bis die letzte Garbe stand, gab es nur Hitze und Kreuzschmerzen vom ständigen Auf und Nieder.

Der Mähbinder hatte die Bündel in gleichmäßige Reihen geworfen, jeder Aufsteller hatte also sein Pensum vor sich. Das Aufstellen erfolgte im gegenseitigen Rhythmus. Einen aufgestellten Garbenhaufen nannten wir Puppe, sie bestand aus neun Garben. Mutter griff die erste Garbe und stauchte sie auf die Erde. Von links und rechts wurde eine weitere dagegengestülpt, dann noch von oben und unten ein Bündel, und schon stand ein festes Kreuz. In alle vier Ecken lehnten wir noch eine weitere Garbe, und fertig war die Puppe. Die einzelnen Getreidearten stellten sich verschieden

*Ernte 1951, Hugo Werner, Molschleben. Foto: Chr. Stark.*

131

*„Die Schnitter". Gemälde, Sammlung E. Ritter, Dachwig*

*Frei hauen, Fam. Bärwolf, Molschleben. Foto: E. Bärwolf*

gut auf. Weizen z. B. hatte zwar schwere Garben, aber das Stroh war sehr stabil, und die Puppen standen ziemlich fest. Bei Gerste dagegen waren zwar die Bündel leicht, weil die Gerste einen kürzeren Halm hat, dafür sahen die Garben oft einem Federwisch ähnlich und hatten wenig Stabilität. Es war wichtig, die Garben fest in die Stoppeln aufzustauchen, damit ihnen ein Sturm nichts anhaben konnte.

Alle Puppen standen in einer geraden Flucht, damit der Erntewagen später beim Aufladen nicht im Zickzack fahren mußte. Manchmal fielen trotz aller Mühen, bei starkem Sturm, die Puppen reihenweise um. Dann war der Bauernstolz verletzt, und es mußte ein Sündenbock gefunden werden, der die Garben nicht fest genug aufgestaucht hatte. Bei uns war das stets ich.

Das Schnittende des Getreidebündels war nicht ganz gerade, es gab eine etwas längere und eine kürzere Seite. Die längere nannten die Bauern den „Arsch", der immer zum Aufsteller zeigen mußte. Hatte ich es einmal falsch herum gemacht, brüllte mich Mutter so an, daß ich vor Schreck gar nicht mehr wußte, was vorn und hinten war.

Vom Stroh waren Arme und Beine völlig zerstochen, bei Gerste pieksten noch zusätzlich die Grannen an den Ähren. Wenn beim Waschen Wasser oder gar Seife an die entzündeten Stellen kam, brannte es wie Feuer.

Zwar war die Trocknung des Getreides stark vom Wetter abhängig, aber in der Regel waren nach gut einer Woche das Korn und Stroh so weit getrocknet, daß es entweder gleich gedroschen oder aber in die Scheune gebanst[26] wurde bis zum großen Scheunendrusch.

*Aufstellen der Puppen. Foto von Fam. Lorenz, Molschleben*

Haferbündel trockneten sehr langsam.

Zum Einfahren wurde der große Erntewagen hervorgeholt. Er war so schwer, daß unsere Kühe schon ohne Beladung genug zu zerren hatten. Ein breites Ladegerüst wurde aufgesetzt, das an allen vier Ecken einen langen Spieß aus Stahl oder Holz hatte.

Auf diesen Dorn wurden die Garben der unteren Ladeschicht aufgedrückt, wodurch der ganze Aufbau eine gewisse Stabilität bekam. Das Laden besorgten meist die Frauen, es war keine leichte Arbeit, zu der schon einige Erfahrung gehörte. Vater nahm die lange Reichgabel, die nur zwei Zinken hatte und mit der man die Garben leicht anstechen konnte. Ihr Stiel war ungefähr zweieinhalb Meter lang. Eine Fuhre konnte bis zu vier Metern hoch geladen werden, da mußten die letzten Bündel sowieso mit Schwung hinaufgeschleudert werden. Mutter stand auf der Fuhre und nahm die Garben in Empfang. Sie wurden dicht nebeneinander gelegt, immer mit dem Strohende nach außen. An den Ecken griff Mutter stets eine Handvoll Stroh aus der letzten Garbe, auf diesen Strohwisch legte sie dann das nächste Bündel. So entstand ein Verband, in dem ein Bündel das andere hielt. Dennoch kam es vor, daß auf den holprigen Feldwegen eine Fuhre ins Rutschen kam und einfiel. Solch ein Mißgeschick machte schnell die Runde und sorgte für Abwechslung beim Dorfklatsch. Oft sah ich auch, daß ein Bauer neben seiner Luntemannsfuhre[27] herlief und mit der Gabel die Strohmassen zu halten versuchte. Wenn er Glück hatte, erreichte er noch einigermaßen seinen Hof. Immer traf in so einem Fall die Schuld die Frauen. Jeder Bauer, der dagegen mit einer schnurgeraden Fuhre durchs Dorf kutschierte, warf sich in die Brust. Die Frauen, denen eigentlich die Ehre gebührte, lagen indes auf der Fuhre und waren vor Erschöpfung eingeschlafen.

Meine Aufgabe beim Einfahren war es, den Garbenstreifen nach dem Aufladen nachzurechen, keine Ähre durfte umkommen. Dazu bekam ich den großen Handrechen, der für meine Körpergröße ein wahres Ungetüm war, und dazu noch schwer und unhandlich. Er wurde auch Schlepprechen oder Hungerrechen genannt, letzteres wohl wegen seiner eng stehenden Zinken, die fast keinen Halm ausließen. Hungrig hieß auch geizig, somit erklärt sich das penible Nachrechen von selbst. Er hatte etwa 40 Zentimeter lange gebogene Eisenzinken, und es gehörte schon Kraft und Geschicklichkeit dazu, ihn durch die Stoppeln zu ziehen. Einmal blieb das Monster mit den Zinken in der Erde hängen. Ich zerrte und zog, und mit einem Ruck sausten die Zinken auf mich los und trafen mich am Fußknöchel. Die Verletzung brannte wie Feuer, der Knöchel schwoll an, und ich jammerte und weinte. Doch anstatt mich zu trösten, tobte Vater nur herum, während ich mit dem dicken Fuß zwischen den Stoppeln herumhumpelte.

War alles aufgeladen, wurde ich mit einem gefährlichen Balanceakt auf die hohe Fuhre gehievt. Ich fuhr gern auf dem Erntewagen, weil es da so schön weich schaukelte. Lag der Getreideschlag weit draußen, war eine Wegstunde eingeplant, Zeit zum Ausruhen. Wenn aber die Fuhre gar so hoch geraten war, schob Mutter ein langes Sitzbrett auf den Wagenboden, dessen Ende dann hinten aus dem Stroh herausragte, darauf konnte ich sitzen und mitfahren. Ich lief aber auch gern im Schatten des Wagens. Die Feldwege waren mit einer fünf Zentimeter dicken Staubschicht bedeckt, ich lief barfuß hindurch, wobei der Staub bei jedem Schritt durch die Zehen quoll. Das war ein herrliches Gefühl. Dabei bedachte ich nicht, daß wir nur eine kleine Waschschüssel hatten, und der ganze Dreck auch wieder herunter mußte.

# Mohnbrechen

Die Gemeinde verpachtete an landlose Dorfbewohner und kleine Bauern sogenannte Krautfleckchen und Abfindungen, damit sie einen Teil ihrer Versorgung mit Lebensmitteln selbst übernehmen konnten. Die Abfindung maß ein paar hundert Quadratmeter mehr als das Krautfleckchen. Auf der unsrigen baute Vater Mohn an, der bei den Kleinbauern zu den arbeitsintensiveren Anbaukulturen wie Lein und Hülsenfrüchte gehörte. Baute ein Bauer eine dieser Kulturen an, so bekam er vom eigentlichen Ablieferungssoll einiges erlassen. Abgeliefert werden mußten Kartoffeln, Zuckerrüben, Getreide, Ölfrucht, Fleisch, Milch, Eier, Schlachtvieh, Hülsenfrüchte und Schafwolle.

Wir hatten also einen Miniacker Mohn zu ernten. Wurden die Mohnkapseln reif, verblaßte ihre grünliche Farbe. Weil der Mohn nur im reifen Zustand gebrochen werden durfte, durchliefen wir einige Male das Mohnfeld und brachen die reifen, hellen Köpfe heraus. Jeder von uns hatte eine „Halbwollene" umgebunden, das war eine gestreifte Arbeitsschürze aus Baumwolle. Die unteren Enden der Schürze knoteten wir zusammen, so daß ein sackähnlicher Beutel entstand. War der Beutel voll, entleerten wir ihn in Säcke. Ich kann noch heute die Ermahnungen meiner Mutter hören, daß mein Bruder und ich nur die reifen Köpfe zu brechen hatten. Danach kam die angenehmere Arbeit. Wir setzten uns alle in den Schatten, auf dem Schoß eine Schüssel, und schnitten mit einem scharfen Schnitzer[28] die Deckel der Mohnkapseln ab. Mohnklöppern nannten wir die Arbeit, denn die Mohnkapsel wurde am Schüsselrand ausgeklopft. Es kam vor, daß ein Mohnkopf nicht ganz ausgereift war. Dann ermahnte uns Mutter zur Vorsicht. Der nasse Mohn wäre verstockt und die Qualität gleich Null gewesen. Beim Ausklöppern kaute ich ständig, Mutter sagte dann immer, daß Mohn dumm mache, sicher hatte sie recht!

Zur Kirmes oder zu Weihnachten buken wir einen herrlichen Mohnkuchen[29]. Damals wie heute ist er eine Köstlichkeit.

# Flachsernte

Der Flachs, Hanf oder Lein gehörte zum Anbauplan eines jeden Bauern. Auch Vater hatte einige Ar anzubauen und ein entsprechendes Ablieferungssoll.

Lein war eine niedrig wachsende Ölpflanze. Wenn es blühte, war das ganze Feld eine einzige blaue Woge. Der Samen war in einer kleinen braunen Kugel eingelagert. Wenn der Lein ausgereift war, hieß es für uns Kinder „Flachsraufen". Die Arbeit war relativ leicht, die kurzen Stengel ließen sich gut aus der Erde ziehen. Zum Trocknen stellten wir den Lein nicht in Puppen auf, er wurde einfach gegeneinandergestülpt. War er dann eingefahren, kam er nicht in die Dreschmaschine, sondern wurde gerauft. Auf dem dicken Schurzwandbalken (zwischen Bansen und Scheuntennen) war die Flachs-raufe angebracht. Sie sah einem Rechen ähnlich, mehrere lange spitze Zinken standen wie die gespreizten Finger einer Hand nebeneinander. Um die runden Samenkapseln vom Leinstroh zu bekommen, wurden die Stengel durch die Raufe gezogen. Die in der Raufe hängengebliebenen Kugeln purzelten auf eine Plane. Anschließend zog Vater über die abgezogenen Kapseln ein Ende der großen Plane und drosch sie mit dem Dreschflegel aus. Aber die braunen glatten Leinsamen sprangen auch aus ihrer Hülle, wenn man einfach auf ihnen herumtrat. Um die Spreu von der Ölsaat zu trennen, kam alles in ein großes Sieb oder wurde durch die Windfege[30] geblasen. Erst mußte das Ablieferungssoll geschafft sein, den übrigen Lein brachte Mutter in eine Ölmühle und tauschte dagegen eine Kanne Öl[31].

Wertvoll war nicht nur der Leinsamen, auch das Leinstroh war ein wichtiges Produkt. Unter einer festen Hülle verbarg sich der Hanf, eine Faser, die erst versponnen, und danach zu Leinen gewebt wurde. Bevor man jedoch an die Faser gelangte, waren noch viele Arbeitsgänge nötig.
Die meisten Bauern lieferten das ausgeraufte Stroh an die Flachsröstereien, dort wurde es maschinell bearbeitet, bis die reine Flachsfaser gewonnen war. Vater wollte einen höheren Preis erzielen, dafür lieferte er die reine Faser ab. In der Hanfspinnerei Ohrdruf konnte man die gewonnene Rohfaser gegen fertige Hanfstricke für die Schneidernte eintauschen. Bevor die Faser gewonnen werden konnte, lag das ausgedroschene Leinstroh in großen Holzbottichen und faulte vor sich hin. Erst, wenn die äußere Hülle regelrecht abgefault war, wurden die kleinen Bündel zum Trocknen aufgehängt.
Im Winter, wenn der Kachelofen brannte, stapelte Vater hinter ihm die Flachsbündel bis zur Decke. Von der Wärme waren sie nach ein paar Tagen rasseldürr. Schon als kleines Mädchen ärgerte ich mich über den damit verbundenen Dreck, aber wer fragte schon nach meiner Meinung?

Großes Bild „In der Flachsröste" und kleines Bild
„Die Flachskirmse – Reffen des Flachses" in
Oesterbehringen 1929. Fotos: Adolf Giese

Wir hatten schon nur eine bescheidene Wohnstube, die Vater tatsächlich in einen Scheuntennen verwandelte. Mitten im Zimmer stand die Flachsbreche, ein hölzernes Gestell mit zwei Stahlschienen als Auflage für das Stroh und einem derben Druckhebel darüber. Jedes einzelne Bündel zog Vater zentimeterweise über die Schienen, wobei er immer im Rhythmus den hölzernen Schwengel auf die Stengel schlug. Es war eine laute Klapperei, und obendrein eine ziemliche Schweinerei. Die letzte Umhüllung rieselte wie Spreu auf die Dielen. War alles gedörrte Stroh gebrochen, hatte ich die Stube zu kehren, und am nächsten Tag ging es wieder von vorne los.

Unsere Urgroßmütter und Großmütter praktizierten das Flachsbrechen auf dieselbe Weise. Anschließend bleichten sie die Faser, hechelten die Fasern durch einen eisernen Kamm, dann spannen sie die Fasern zu einem Faden und verwebten ihn auf ihrem Webstuhl entweder zu feinem Linnen, derberem Leinen oder auch zu gröberen Sackleinen.

Für die Heiratsaussteuer hatten die Bäuerinnen früher viel zu weben, meist bestand die Mitgift aus einer großen Truhe voller Wäsche. Tisch- und Bettwäsche, Handtücher, Unterwäsche und auch Hemden für die Männer gehörten dazu. Auch Säcke für den Bauernhof wurden selbst gewebt, noch heute sind davon einige Exemplare vorhanden.

Der Hanfstrick, der bei der Schneidernte verwendet wurde, war ebenfalls ein Produkt der Hanfspinnerei. Der Bindfaden war zottelig und ruppig, dazu von unterschiedlicher Fadenstärke. Einzelne Reste der Basthülle hingen noch an ihm. Er ließ sich nicht besonders gut binden, hielt aber besser als Papierstrick.

# Dreschfest

Das Getreide wurde in der Scheune bis zum großen Dreschfest eingelagert. Nur einige Fuhren Wintergerste und -weizen haben wir sofort gedroschen, weil nötig Körner gebraucht wurden.

In einer großen Scheune stand die Dreschmaschine für das Fuhrendreschen, dort konnte jeder Bauer seine Fuhren anmelden. Aber da hieß es erst einmal warten, die ganze Gasse stand voller Erntewagen. Ich war froh darüber, daß wir nicht gleich an die Reihe kamen, so hatte ich Zeit, mich gründlich umzuschauen und auszuruhen. Die Dreschmaschine war ein richtiges Monster, sie wurde von einem alten Lanzbulldog durch einen dicken Riemen angetrieben. Erst später wurde der Bulldog durch einen stromgetriebenen Motor in einem kleinen fahrbaren Motorhäuschen ersetzt. Oft warteten wir stundenlang, obwohl angeblich jede Fuhre geplant war, denn meist ging etwas kaputt an dem alten Klapperkasten. Dann kamen die völlig verdreckten Maschinisten hinter dem Vehikel hervorgekrochen und

*Dreschmaschine auf dem Grundstück Müllerstieg. Foto: G. Hopf, Molschleben*

begannen zu reparieren. Es waren robuste Kerle, ihre Hände waren voll Schmiere. Auf jeder einzelnen Schraube lag zentimeterdick der Dreck. Ich wunderte mich jedesmal, wie die Maschine dennoch funktionierte. Viele Räder aller Größen befanden sich an der Maschine, eine Rad übertrug die Kraft auf ein anderes. Die Maschinisten brauchten täglich mehrere Stunden, bevor sie jeden Nippel mit der Staucherfettspritze abgeschmiert hatten.

War es dann endlich so weit, und der Erntewagen wurde neben die Maschine gerückt, gab es Arbeit für mich. Mutter postierte mich oben auf die Maschine, ich mußte die Bündel abnehmen, die Vater vom Wagen heruntergabelte. Ich legte sie auf den Tisch, dort schnitt der nächste Helfer den Strick durch, die bequemste und einfachste Arbeit beim Dreschen. Mutter war der Einleger, sie rüttelte mit viel Geschick das Getreide langsam in den Schlund der Höllenmaschine. Wurde zu dick eingelegt, brüllte der Maschinist von unten, denn allzu leicht verstopfte die Maschine. Passierte es doch einmal, rumpelte der ganze Koloß, und ein Riemen wurde von der Führung geschleudert. Der Einleger hatte also das rechte Maß zu finden. Im Bauch dieses Monsters muß ein Riesensortierer gewirkt haben, denn vorn kamen die Körner aus den Trichtern heraus und rieselten mehr oder weniger stark in die an den Halterungen befestigten Säcke. Hinten wurde das ausgedroschene Stroh ausgeworfen, lief über eine Presse und wurde zu Strohbündeln gebunden. Diese wurden im Bansen eingelagert.

139

*Machinerücken von H. Röth, Molschleben. Foto: Elfriede Schönemann*

An der Presse war die Hauptschwachstelle der Maschine, dort riß laufend der Preßfaden, der nach dem Krieg von schlechter Qualität war. Es war Papierstrick, Sisalstrick war haltbarer, aber nur in Westdeutschland erhältlich. Er war sehr teuer für uns, aber manch ein Bauer hat einiges geopfert, um an den festen Sisal zu kommen. Es gab sogar einen Landwirt, der mit dem Motorrad nach Westberlin fuhr, dort einen Sack voller Sisalrollen tauschte, ihn auf den Gepäckträger band und die Heimreise antrat. Dabei hatte er gut und gern 650 Kilometer hinter sich gebracht, eine schöne Strapaze, aber dafür riß bei ihm so leicht kein Faden mehr.

Für die Helfer war allerdings so ein Fadenriß eine kleine Pause und war manchmal ganz willkommen. Ließ der Maschinist dann die Maschine wieder laufen, vibrierte das Ungetüm, die Schüttelbewegung übertrug sich auf die Drescher. Mit der Zeit gewöhnte man sich an den Dreck, die Wärme, das Schütteln, den Krach und die Schwere der Arbeit.

An der Seite rüttelte die Dreschmaschine die Oberkarr[32] heraus. Auch die Spreu war ein Dreschabfall, sie wurde entweder durch dicke Rohre gleich in die Spreukammer geblasen oder, wenn die Spreukammer zu abgelegen war, mußten Frauen ständig die Körbe wegtragen. Da gab es auch noch den sogenannten Schweinedreck. Er lag unter der Maschine und wurde mit einem Rechen hervorgeholt. Beim Einschaufeln in die Körbe staubte es wahnsinnig. Der Schweinedreck war Ballastfutter für die Schweine, eingeweicht mengten ihn die Bauersfrauen unter das Futter. Es war der minderwertigste Dreschabfall, zusammengesetzt aus Unkrautsamen, Strohstückchen und allerlei Dreck.

Unter den großen Kopftüchern, den Riesenschürzen und dem vielen Staub, der sich in Nasenlöcher, Augenwimpern und Augenbrauen festgesetzt hatte, erkannte man die Frauen auf den ersten Blick gar nicht.

Manchmal banden sie ein Tuch vor Mund und Nase. Die Schleimhäute waren so vom Staub verklebt, daß man es noch nach Tagen in den Taschentüchern sehen konnte. Wie muß es da in den Lungen der Maschinisten ausgesehen haben, die wochenlang im Dreck lebten? Es ging immer noch einigermaßen, wenn die Maschine in eine geräumige Scheune gerückt wurde, wo auch Abzugsluken für den Staub eingebaut waren. Meldete aber ein Kleinbauer das Dreschen an, verging den Helfern schon vorher die Lust, weil sie noch den Nachgeschmack vom Vorjahr in Erinnerung hatten. Wenn hinten bei der Strohpresse der Dreck gar zu groß wurde, half es manchmal, ein paar Dachziegel herunterzunehmen, damit ein kleiner Abzug geschaffen wurde.

Beim Fuhrendreschen war der Wagen schnell leer, und alle konnten wieder aufatmen. Kam aber im Frühherbst der Scheunendrusch, der bei größeren Bauern Tage dauerte, wurde allen Helfern viel abverlangt. Es gab Männer und Frauen in unserem Dorf – meist Umsiedler, welche keine eigene

*Dampfmühle der Familie Saul, Molschleben. Foto: Johanna Sattler*

*Auf dem Bauernhof, dreschen mit der Dampfmaschine.*
*Foto: Lore Bernecker, Molschleben*

Wirtschaft hatten, – die mit der Dreschmaschine von einem Hof zum anderen zogen, eine Wahnsinnsleistung! Jeder Bauer war froh, wenn die
Dreschkolonne seinen Hof wieder verließ, sein Boden voller Körner war
und die Ernte so gut eingeschlagen hatte, daß das staatliche Ablieferungssoll geschafft und für ihn noch genug übrig blieb.

War das große Dreschfest angesagt, ging der Bauer noch einmal zu allen
Helfern, um die letzten Absprachen zu treffen. Einen Tag vorher wurde die
Maschine gerückt, wie wir es nannten. Bei engen Zufahrten und kleinen
Scheunen konnte es Stunden dauern, bevor der Koloß endlich an die richti-
ge Stelle gebracht war. Dann wurde alles verkeilt und verklemmt, um das
Vehikel einigermaßen standfest zu machen. Dann mußte noch der große
Treibriemen ausgelegt und am Lanzbulldog oder am Motorenhäuschen
festgemacht werden. Wir Kinder durften nicht in die Nähe des großen
Treibriemens kommen, man erzählte sich von mehreren tödlichen Unfällen.
Von weitem beobachtete ich immer die dicke Nahtstelle, an welcher der
Riemen zusammengenäht war. Ich traute dem Frieden nicht. Ob sie auch
wirklich halten würde? Dieses ganze „Rückmanöver" ging selten ohne
Donnerwetter ab. Die schwere Maschine mit ihren großen Eisenrädern hol-
perte auf den unebenen Straßen und Höfen umher. Es war ein schwieriges
Stück Arbeit, die Männer hatten alle Hände voll zu tun. Die Kinder durften

nicht in die Quere kommen, wir machten uns aus dem Staub und sahen von weitem zu. Die Bäuerinnen hatten viele Vorbereitungen zu treffen. Weil das Dreschen eine ebenso schmutzige wie schwere Arbeit war, wurde durch gutes Essen ein kleiner Ausgleich geschaffen. Da wurde gekocht, gebacken und gebraten, Tische und Stühle herbeigekarrt. Bei schönem Wetter stand im Hof eine lange Tafel, an der alle Arbeiter Platz hatten. Gleich nach dem Krieg war das Essen noch etwas bescheidener. Die Bäuerin schlachtete einige Hühner, es gab Hühnersuppe mit selbstgemachten Nudeln[33] und Frikassee. In späteren Jahren tat sich ein Bauer besonders hervor, er ließ Thüringer Klöße und Braten auftafeln. Nun wollte keiner nachstehen, es gab Dutzende selbstgemachter Klöße, dazu schlachtete man ein Schwein oder einen Hammel. Auch köstlichen Kuchen[34] gab es. Der Dorfklatsch sorgte dafür, daß genau bekannt wurde, wo man es sich etwas kosten ließ und wo vieles zu wünschen übrigblieb.

Doch bevor sich alle den Magen vollschlagen konnten, mußte erst einmal jeder zeigen, was in ihm steckte. Die Sackträger z. B. hatten eine schwere Last auf sich genommen, denn das Getreide lagerte zumeist auf den Hausböden, und bis dahin war es ein weiter Weg. Ein aufgehockter Sack wog etwa einen Zentner; war er voll, nahm ihn der Träger aus der Halterung und machte einen Strich auf einem aufgehängten Zettel. So kam der Bauer später nach, wieviel Körner er gedroschen hatte. Die Säcke für das Ablieferungssoll wurden gewogen und auf große Wagen verladen. Sie

*Hof von Otto Sattler mit Dreschmaschine. Foto von J. Sattler*

*Bei A. Offhaus zum Dreschen 1938. Foto: E. Bärwolf, Moschleben*

wurden nach dem Dreschen gleich in die Kreisstadt gefahren. Die Körner
für den Eigenbedarf, für Mehl, Grieß und Viehfutter kamen auf den Boden.
Eine ziemliche Anstrengung für jemanden, der einen Zentner und mehr tragen mußte. Der Sack lag fest auf der Schulter, die Männer gingen leicht
gebückt, mit einer Hand hielten sie das Sackende zu, während die andere
das untere Sackecke hielt. So liefen sie durch den Hof, durchs Haus und
dann noch die vielen Stufen hinauf. Oben angekommen, bückte sich der
Träger leicht nach vorn, ließ die Sacköffnung los, und das Getreide rutsch-
te heraus. Am liebsten trugen die Männer Säcke, die noch aus Urzeiten
stammten. Sie waren selbstgewebt, glatt, hatten eine lange, schmale Form,
und ihr Gewebe scheuerte nicht am Hals. Beim Namen der Vorfahren war
auch die Jahreszahl aufgedruckt. Da waren Säcke aus dem 18. und 19.
Jahrhundert dabei. Manche Träger legten sich ein weiches Tuch an den
Hals, zumal wenn sie die Tätigkeit mehrere Wochen ausüben wollten.
Auf dem Hausboden waren für die einzelnen Getreidearten Bretterver-
schläge vorbereitet. Nun war auch wieder für die Hausmäuse Fettlebe angesagt, aber die Mausefallen wurden beizeiten aufgestellt.

War endlich die letzte Garbe durch die Maschine gejagt, atmeten alle auf. Wenn der Motor abgestellt wurde und langsam auslief, zogen alle Drescher ihre Jacken aus, die Frauen nahmen die Kopftücher ab und klopften damit den gröbsten Staub ab, so daß sie inmitten einer Staubwolke standen. Dann wusch man sich am Brunnen wenigstens Gesicht und Hände. Zum Essen nahm man sich nun mehr Zeit. Es gab noch einen kleinen Umtrunk, der Bauer bedankte sich bei allen Helfern und bezahlte die Umsiedler, alle anderen halfen sich gegenseitig.

Die Maschine rückte weiter in den nächsten Hof, hinterließ aber Berge von Dreschabfall und Dreck, die wegzuräumen waren. Für uns Kinder war das Dreschen eine Gaudi, weil niemand Zeit hatte, auf uns aufzupassen und wir überall herumtollen konnten. Gehörten unsere Eltern mit zu den Helfern, wurde auch uns beim Essen aufgetischt, und wir konnten tüchtig zulangen.

*Dreschmaschine von Fam. Lorenz, Molschleben.*

Viel später, als Vater unsere Wirtschaft durch Hinzupachtung von Ackerflächen vergrößert hatte, war ich auch zum Scheunendreschen eingesetzt.
Ich war achtzehn und hatte gerade meine Lehre hinter mir. Zum ersten Mal
im Leben wollte ich in die Ferien fahren, doch Vater tobte, als er davon erfuhr.
Das würde fehlen, in der dicksten Arbeit in der Weltgeschichte herumkut-
schieren! Ich gab also den Urlaubsplatz zurück und stand statt an der Ostsee
auf der Dreschmaschine.

Das Dreschen dauerte bis spät abends. Die ungewohnte Arbeit hatte mich
so geschafft, daß ich keinen Appetit auf Thüringer Klöße hatte. Ich wusch
mich nicht einmal gründlich, so müde war ich. Ich dachte nur noch an Ruhe
und Schlaf. Damals habe ich geweint und geflucht, aber heute kann ich einschätzen, was den Bauern alles an Kraft und Ausdauer abverlangt wurde.
Ein „Dreschfest" war es wirklich nur für die Kinder!

Wenn ich heute manche steile Bodentreppe in den alten Bauernhöfen sehe
und den weiten Weg durch den Hof mit meinen Augen messe, dann mag ich
mir gar nicht vorstellen, wie die Rücken der Sackträger geschmerzt haben
mußten. Die Säcke wogen nicht selten 130–150 Pfund, und dann durch
Hof, Flur und die Treppe hinauf. Viele Leiden im Alter hängen mit diesen
schweren Arbeiten zusammen, die oft seit Jugendzeiten geleistet werden
mußten. Oft prahlten junge Männer damit, wenn sie den schwersten Sack
ohne weiteres auf die Schultern heben konnten. Das dicke Ende folgt
immer nach, erst im Alter wird für manche Leichtsinnigkeit oder auch für
die Überinanspruchnahme der Kräfte gezahlt.


# Kartoffel- und Rübenernte

Der Monat Oktober war die Haupterntezeit für Kartoffeln und Rüben oder
Runkeln. Die Herbstsonne brachte noch eine wohltuende Wärme. Ihre Strah-
len waren den Bauern und ihren Helfern auf den Feldern sehr willkommen.
Doch allmählich machte sich die Sonne rar, und wie es immer so ist im Leben,
sehnten sich auch damals die Menschen nach der Sonne, die sie Wochen vorher oft genug verflucht hatten. Vor allem schmerzten im Herbst schon die
Rücken der Frauen von den harten Arbeiten in der Landwirtschaft, die das
ganze vergangene Wirtschaftsjahr über zu bewältigen waren.
Die Schönheiten der Natur, den „goldenen Oktober", die malerische Romantik
mit dem Farbenspiel, das sich überall an den Feldwegen, an Büschen und
Bäumen entlang eines kleinen Baches oder am Waldrand abzeichnete, all das
konnte der Bauer nicht in seiner vollen Pracht genießen.
Seine Augen und Gedanken waren auf den Acker und gelegentlich auf den
Himmel gerichtet, um die Wetterlage für die Einbringung der restlichen

Ernte einschätzen zu können. Nach der Hackfruchternte waren ja dann noch alle Flächen, auf denen nicht schon Winterfrucht eingesät lag, zu ackern. Da zählte das Wetter schon zu den wichtigsten „Angelegenheiten", und nicht selten standen den Bauern die Haare zu Berge, obwohl das an einer miesen Wetterlage auch nichts änderte. Dazu kam, daß die Bauern der damaligen Zeit keine wärmende Regenbekleidung oder Gummistiefel, geschweige denn Gummihandschuhe kannten. Über Nacht lagen die Grudedeckel voll dicker Ulster, Gamaschen und derbem Schuhwerk, das bis zum Morgen zu trocknen hatte.

War die Erde aber nicht zu nass, konnten die Kartoffeln relativ sauber geerntet und in die Keller oder Gruben geschüttet werden. Kleinere Bauern besaßen meist keine Kartoffelschleuder, dort wurden die Kartoffeln mit dem Pflug ausgeackert.

Das war eine Zumutung für die Hände der Aufleser, denn die Erdfrüchte mußten regelrecht aus dem Dreck gewühlt werden, bei nassem Wetter ist es vorgekommen, daß eine jede einzelne Kartoffel aus der Erde gedreht werden mußte.

Durch die ständige Nässe verzögerte sich nicht nur die Ernte, auch die Hände der Kartoffelleser hatten schmerzlich darunter zu leiden. An den Fingergelenken bildeten sich tiefe Risse. Sie waren durch die ständige

*Kartoffel legen, Frühjahr 1957, Arno und Minda Möller, Molschleben.*
*Foto: Fam. Bärwolf*

Verschmutzung oft gefährlich entzündet. Diese Leiden rechtfertigten aber noch lange keinen Arztbesuch.

Die Kimmen, wie wir sie nannten, wurden abends in einem Blechtöpfchen mit warmem Kernseifenwasser gebadet und danach dick mit Bockfett eingerieben. Wer könnte jemals die Qualen vergessen haben? Am besten hatten es die Aufleser, wenn eine Schleuder zum Ernteeinsatz kam. Da lagen die Kartoffeln wie die Eier auf der ausgeschleuderten Fläche, und das Auflesen machte richtig Spaß. Für die geplagten Rücken machten die verschiedenen Erntemethoden keinen Unterschied.

Die Hackfruchternte war nicht so anstrengend wie die Schneidernte, weil die Sonne schon einen Teil ihrer Kraft verloren hatte. Bei uns kleinen Bauern wurden die Kartoffeln[35] meist ausgeackert, es war dann kein schönes Auflesen, denn viele der Kartoffeln steckten in der ausgeackerten Erde. War der Herbst nicht zu naß, ließ sich der Ackerdreck ganz gut durchwühlen, hatte es aber viel geregnet, mußten wir von jeder einzelnen Kartoffel den Dreck abdrehen.

Immer fünf Purzelkörbe kamen in einen Sack. Mutter zeigte mir beizeiten, wie man einen Korb ausschüttete, ohne daß eine Kartoffel daneben fiel. Die Säcke standen in einer Reihe über den Acker verteilt, und wenn der Abend kam, waren es genügend, daß der Ackerwagen voll wurde. Vater rüttelte noch einmal jeden Sack und band ihn zu. Aufladen konnte er nicht allein,

*Kartoffellesen Herbst 1943, Familie E. Bärwolf und Sever. Foto: E. Bärwolf*

da mußte Mutter mit helfen. Beide hielten einen dicken Sackknüppel etwa in die Mitte des Sackes, dieser wurde nach hinten gekippt und hochgehoben. Dabei blieb die eine Hand am Knüppel, während die andere das obere Sackende faßte. Ich hatte die Kühe zu führen, sie mußten so stehenbleiben, daß die Last nicht zu weit getragen werden mußte. Mit Schwung und Hauruck landete dann jeder Sack auf dem Wagen.

Hatten wir einmal einen Großeinsatz mit mehreren Helfern, nahm Vater den großen Wagen, und die Kartoffelsackfuhre wurde entsprechend hoch.

Manchmal borgten wir auch von einem größeren Bauern die Kartoffelschleuder, da lagen dann die Knollen wie auf einem Präsentierteller, und wir brauchten sie nur aufzuheben. Waren alle Säcke aufgeladen, hievte Mutter zuletzt noch den Tragkorb auf den Wagen, der zwischen den Säcken verstaut wurde. Wir saßen oben auf der Fuhre, wenn es heimwärts holperte.

Das Beste an der Kartoffelernte war die Kaffeepause. Mutter hatte einen Zwetschgen- oder Apfelkuchen mit Öl und Zucker gebacken. Er war so saftig, daß manchmal der Saft vom Kinn tropfte. Große dreieckige Stücke lagen in einer flachen Blechschüssel. Weil die Wespen auch Appetit auf den Obstkuchen hatten, war er mit einem Tuch abgedeckt. Dazu gab es aus einer dickbauchigen Tonflasche aus Großmutters Zeiten Malzkaffee. Jeder Helfer trank ihn aus einem Blechtopf, Porzellan hätte die Holperfahrt nicht überstanden.

*Wagen mit Kartoffelsäcken, Herbst 1943. Foto: Fam. Edgar Bärwolf, Molschleben*

*Herbst 1961. Foto von Gisela Büchbäumer, Molschleben*

Da im Herbst die Tage kürzer wurden, war es dunkel, bis die Kühe mit ihrem gemächlichen Trott den Hof erreicht hatten. Sie zogen den Wagen bis vor das Kellerloch. Über eine Rutsche aus Holz purzelten die Kartoffeln in den Keller. Da die Rutsche an der unteren Seite einen Lattenrost hatte, fiel der gröbste Dreck ab und gelangte nicht mit hinunter. Zwischen dem abgefallenen Dreck waren aber auch kleine Kartoffeln, die ich noch am selben Abend aus dem Dreckhaufen wühlen mußte. Ich haßte diese Arbeit spätabends, als ob es nicht Zeit bis zum nächsten Tag gehabt hätte! Eine Stallaterne wurde geholt, und so ging es bis zum bitteren Ende. Wenn sich dann der Keller allmählich füllte, mußte jemand von uns mit einem Rechen die Kartoffeln etwas an die Seite ziehen, damit von oben immer neue nachrutschen konnten.

So wurden aber nur die Kartoffeln auf den großen Schlägen geerntet und eingelagert. Frühkartoffeln hatten wir auf dem Krautfleckchen, das wir von der Gemeinde gepachtet hatten. Mutter baute dort auch Bohnen, Gurken, Zwiebeln, Knoblauch, Mangold (eine Art Spinat für das Vieh) und ein paar Runkeln an.

Das Krautfleckchen lag gleich hinter dem Dorf an der Erle. Alle paar Tage warf Mutter einen Purzelkorb und einige Säcke auf den Handwagen, hockte die Mistgabel auf, und ich zog mit dem Handwagen hinterher. Viel lieber hätte ich gespielt, und oft verfluchte ich das Krautfleckchen. Mutter stach eine Ecke Kartoffeln aus, die ich auflesen mußte. Die zwei bis drei Sack

Frühkartoffeln waren schnell verfüttert, dann ging es wieder in die Erle. Auch ein paar Bündel Runkelblätter kamen auf den Wagen. Die unteren, die sowieso auf der Erde hingen, drehte ich ab. Das Vieh freute sich auf die Blätter.

Im Spätherbst, wenn die Kartoffelschläge abgeerntet waren, wurde das Kartoffelkraut verbrannt, eine lustige Sache für uns Kinder. Wenn wir dabei außer Acht ließen, daß unsere Kleider tagelang nach Rauch stanken. Hans steckte eine Schachtel Streichhölzer in die Tasche und los ging es. Vater hatte große Haufen zusammengeschlauft[36]. Mit einem brennenden Strohwisch rannte Hans von einem zum anderen, und im Nu stand alles in Flammen. Hatte erst einmal ein Bauer mit dem Verbrennen begonnen, taten es ihm viele gleich. Weit sah man die qualmenden Feuer, man roch es bis ins Dorf. Hatte ein Häufchen schöne Glut, warfen wir ein paar Kartoffeln hinein. Sie schmeckten herrlich, es war eine Besonderheit. Mein Bruder schob immer wieder die Stengel zusammen, bis alles verbrannt war, dann war der Spaß vorbei, allesamt Erinnerungen, die wir nie vergaßen. Die Kartoffelacker wurde abgeeggt, dabei kamen noch einige Knollen zum Vorschein. Sie hießen Eggkartoffeln und waren von geringer Güte, weil sie vom Licht oft grün, vom Pflug angeschnitten, oder von den Engerlingen angefressen waren. Den Schweinen war das egal, Hauptsache, es waren Kartoffeln in ihrem Trog.

*Familie beim Kartoffellesen. Foto: Traudi Vogt, Molschleben*

*Kartoffelernte, Fam. Edgar Bärwolf, Molschleben 1942. Foto: E. Bärwolf*

*Pause bei der Rübenernte, Fam. Saul/Bernecker. Foto: Traudi Vogt, Molschleben*

*Auf dem Kartoffelacker bei Frau Alma Schneider 1944. Foto: Otto John, Dachwig*

Die Futterrübenernte ging relativ schnell vorbei. Zu dieser Zeit war für Hans und mich nach der Schule Rübenacker angesagt. Ich nahm mir immer einige Reihen vor, rupfte die Runkeln aus und warf sie auf lange Haufen zusammen. Sie hatten ordentlich dazuliegen, Runkel auf Runkel. Mutter kniete auf einem leeren Sack, hatte eine große Schürze umgebunden und schnitt mit einem Riesenmesser die Gräsen[37] ab. Sie durften nicht zu tief abgeschnitten sein, ein kleiner Teller verblieb am Ende. Einmal wollte ich es meiner Mutter gleichtun, weil mir das Kreuz vom Ausrupfen wehtat. Ich nahm eine kleine Runkel, schlug mit dem großen Hackmesser derart zu, daß ich die Runkel verfehlte, nicht aber meinen Zeigefinger. Ein großes Stück Haut, und wohl noch etwas mehr, baumelte herunter. Mutter zerrte es mit einem Ruck ab, es blutete so schlimm, daß ich nach Hause gehen mußte. Doch Vater meinte, es sei ja die linke Hand, also durfte ich am nächsten Tag weiter Runkeln ausrupfen. Die Narbe von meiner Selbstverstümmelung ist noch heute zu sehen.

Die abgeschnittenen Runkeln lagen dann auf mehr oder weniger großen Haufen. Sie mußten mit Blättern abgedeckt werden, daß ihnen die Sonne oder gar verfrühte Fröste nichts anhaben konnten. Eine Weile blieben sie

*Kartoffelernte. Foto: E. Ritter, Dachwig*

noch auf dem Feld liegen, bis Vater sie nach Hause holte. Wurden sie aufgeladen, erwischten wir so manche Feldmaus, die sich schon an den Runkeln zu schaffen gemacht hatte. Die Runkeln kamen in den Keller zu den Kartoffeln, wo es oft ganz schön eng zuging. War ich zum Freilesen des Kellerloches eingeteilt, hatte ich nicht die beste Laune. Obwohl ich klein war, konnte ich kaum stehen. Oben war die Decke im Weg, unten mußte ich auf den Runkeln herumbalancieren. Der Ablader warf die Rüben derb auf die Rutsche, damit sie nicht gleich hinter dem Kellerloch liegenblieben. Dabei traf er aber auch mit ziemlicher Wucht meine Arme, Hände und Beine, und ich hatte Mühe, die Rüben nach hinten zu werfen. Manchmal sehnte ich mich nach dem Winter, wenn die ganze Arbeit überstanden wäre, aber bis dahin mußten für Mensch und Tier genügend Vorräte eingelagert sein.

Der Keller lag voller Feldfrüchte, der dabei entstehende Dunst zog durch die Kellerlöcher ab. Bevor der erste Frost befürchtet wurde, stopfte der Bauer einen Sack voll Stroh in die glaslosen Kellerluken.

*Pause auf dem Kartoffelacker nach dem Krieg. Foto: E. Ritter, Dachwig*

*Die Reihen werden immer länger. Foto von Lore Bernecker, Molschleben*

# Betteln, Ährenlese und Kartoffelnstoppeln

Bei den Stadtbewohnern hatte der Krieg weit mehr Unheil hinterlassen als bei uns Dörflern. Wir lebten zwar auch nicht im Überfluß, aber hungern mußten wir nie. Es gab viele Entbehrungen, doch das Nötigste war immer

*Heim vom Feld, nach der Kartoffelernte 1953.*
*Foto: H. Stecher, Molschleben*

156

*Kartoffelernte. Edgar Bärwolf aus Molschleben 1958 mit einer leichten Fuhre Kartoffeln. Foto: E. Bärwolf*

*Kartoffelernte, Vater, Bruder Hans und ich, Tante Marianne und Inge Kettenbeil, Molschleben. Foto: H. Stecher*

da. Wie schlimm sah es dagegen in der Stadt aus! Die Wohnungen waren zerbombt, die Menschen hatten nichts zu essen. Täglich kamen viele Hungernde aus der Kreisstadt, um sich ein Stück Brot oder ein paar Kartoffeln zu erbetteln. Manche Bauern hatten ein gutes Herz und gaben von ihrem Wenigen etwas ab, aber es gab auch einige, die den Hund auf die Bettler hetzten. Mutter hatte immer Mitleid mit den armen Leuten, sie gab oft etwas, was Vater nicht unbedingt wissen mußte. Ich weiß von einem Bettler mit einem Holzbein. Ein armseliges Kindchen hatte er im Wagen, den er die acht Kilometer von der Stadt und wieder zurück vor sich herschob. Mutter gab ihm eine Flasche Milch, aus Dankbarkeit weinte er. Es war ein Bild zum Jammern.

Manch ein Städter opferte oft sein letztes Hab und Gut für ein bißchen Eßbares. Es gab Bauern in unserem Dorf, die hamsterten Wäsche,

Teppiche, Schmuck, Porzellan und alles Mögliche gegen ein Butterbrot. Das Gewissen hat sie dabei sicher nicht geplagt, doch Glück brachte es ihnen auch nicht. Es war schon schlimm, wie sich einige an der Not anderer bereicherten.

Wer nicht betteln konnte oder wollte, kam auf die abgeernteten Felder, um Ähren für etwas Mehl zu lesen. Wir rechten zwar den Streifen, auf dem die Garben zum Trocknen standen, nach, aber es blieb für die Ährenleser immer noch genug liegen. Sicher hätte man auch dem einen oder anderen ein Ährenbündel überlassen können, aber Hunger kann immer nur der nachfühlen, der ihn am eigenen Leibe verspürt hat, und das hatte noch kein Bauer erlebt. Es kam auch vor, daß ein Bauer die Ährenleser vom Feld jagte. Dabei hatten sie es schwer genug. Erst bis zu 18 Kilometer Wegstrecke und dann noch den ganzen Tag über die Felder laufen. Am Ende war ein kleiner Beutel Ähren die ganze Ausbeute eines Tages.

Bei den späteren Buchlesungen erzählte eine ehemalige Umsiedlerin, daß sie und ihre Schwestern auf dem Feld ausgefallene grüne Erbsen einzeln aufgelesen haben, davon wurde Suppe gekocht und auch in der Kaffeemühle gemahlen um damit zu backen. Andere erzählten davon, daß sie von den Bündeln die Ähren abgeschnitten und sozusagen gestohlen haben. Die Not der Menschen war wirklich unbeschreiblich.

*Gemälde: „Die Ährenleserinnen". Sammlung H. Gewalt, Kleinfahner*

Im Herbst, wenn die Kartoffelschläge abgeerntet waren, kamen die Städter mit kleinen Wagen und Harken, um noch ein paar Knollen zu stoppeln. Alle möglichen Vehikel hatten sie zu einem Wägelchen umgebaut. Manchmal ist ein Acker wieder und wieder umgewühlt worden, so groß war der Hunger, für uns unvorstellbar. Es war eine schlimme Zeit. Manch einer half, während andere nur an sich dachten. Das aber ist bis heute so geblieben.

Anläßlich einer Lesung in einem kleinen Ort bei Gotha hatte ich ein sehr aufregendes Erlebnis. Weil ich vom Betteln, Ährenlesen und Kartoffelstoppeln erzählte und einigen ehemaligen Bauern einen Spiegel vorhielt, verließen mehrere Zuhörer den Saal. Der Dorfpfarrer bestätigte mir, daß es diejenigen Bauern waren, die nach dem Krieg nur an ihr eigenes Wohlergehen dachten. Als der Pfarrer einmal über dasselbe Thema predigte, verließen sie sogar die Kirche. Es hatte damals ein Nachspiel, das in vielen Gesprächen Thema war. Aber geändert hatten sich diese bewußten Bauern nicht. Ich persönlich ließ später das Thema Ährenlesen, Betteln und Kartoffelstoppeln weg, weil mir die ewig Gestrigen schlaflose Nächte bereiteten.

## Der Schäfer

Schafwolle gehörte zum Ablieferungssoll, deshalb besaß jeder Bauer mehrere Schafe. Den Winter über blieben sie in den Ställen ihrer Besitzer, bis das Gras ein wenig gewachsen war und der Austrieb sich lohnte. Wir hatten etwa sechs oder sieben Schafe. Im Frühjahr waren es weniger, denn so mancher Hammel mußte im Herbst oder Winter dran glauben. Ich erinnere mich noch an die vielen Hammelgerichte, die Mutter kochte und die ich nur widerwillig aß, weil sie nicht nach meinem Geschmack waren. Mutter machte mir dann nicht etwa eine Extrawurst, es ging ohne Essen ins Bett.

Ich sah die Schafe lieber im Stall, oder auf der Weide, als im Kochtopf. Im Frühjahr zeichnete Vater mit einem großen Pinsel unsere Schafe, jedes von ihnen bekam ein großes „S" auf den Rücken. Dann war es soweit. Allmorgendlich sammelte der Schäfer seine Schäfchen ein, von Bauernhof zu Bauernhof wurde seine Herde größer. Die Hirtenhunde sausten hin und her und hielten alles beisammen. Ab und zu kniffen sie schon einmal eines ihrer Schützlinge in die Wade.

Der Schäfer war ziemlich grobschlächtig, er ging nicht besonders zimperlich mit Hunden und Schafen um. Mit seinem langen Hirtenstab schlug er öfter auf einen sturen Hammel ein, wenn der gar nicht aus der Herde herausgehen wollte. Ich fürchtete mich vor dem Schäfer, weil er ständig schlecht gelaunt war. Es kam vor, daß in einem Bauerngehöft alle auf dem Feld arbeiteten. Der Schäfer wußte, wo der Hoftürschlüssel hing und holte die Schafe selbst aus dem Stall. Wehe, wenn da nicht alles glatt ging! Dann setzte es Hiebe. Waren alle Tiere in der Herde beisammen, trieb sie der Hirte hinaus

*Schafe im Pferch. Foto von Erna Ritter, Dachwig*

*Pferch umsetzen am 18. Oktober 1934. Foto von Familie Edgar Bärwolf, Molschleben*

*Schäfer H. Breithaupt, Kleinfahner.*

aufs Feld und hütete Gräben und Wegränder ab. Auf der Dorfstraße hinterließen die Schafe kleine und größere stinkende Haufen, jeden Tag aufs Neue. Abends lief die ganz Prozedur rückwärts, dabei wurde die Herde von den Hunden in Schach gehalten. Anfangs mußte noch jedes einzelne Tier vom Schäfer gesucht werden, bis sie sich daran gewöhnt hatten.

Am Hirtenstab war eine kleine Schaufel festgemacht, daran befand sich ein Haken. War das Schaf gefunden, zog der Schäfer mit dem Haken den Hinterlauf hoch, faßte es und beförderte es aus der Herde hinaus, meist unter lautem Geschimpfe. Schnell gewöhnten sich die Hammel und Mutterschafe daran und fanden ihren Heimweg selbst. Stand die Herde vor unserem Haus, so liefen die Tiere gleich zum Hof. Von weitem war das Geblöke zu hören, die Tür wurde geöffnet und die Schafe in den Stall getrieben.

Sobald die ersten Rapsfelder abgeerntet waren, schlug der Schäfer seinen Pferch[38] auf dem Acker auf. Aus Zaunfeldern entstand ein Verschlag für die Tiere. Die Hundehütte kam davor und auch der Schäferwagen, in dem der Schäfer schlief. Darin waren ein Schlafplatz, ein kleiner Tisch und ein Stuhl, mehr brauchte er nicht. Jeden Tag rückte er mit dem Pferch ein Stück weiter, bis der Acker vollkommen mit Schafmist gedüngt war. Dadurch wurde dem Boden viel Kraft gegeben, die folgende Saat zeigte es.

*Schäfer Egon Kaps aus Wiegleben mit seiner Herde – beim überqueren einer Straße – um 1986. Foto Harald Rockstuhl*

Waren die Schafe im Pferch, ging es zu Hause daran, den Schafmist von fast einem halben Jahr aus dem Stall zu bugsieren. Da war ganz schön was zusammengekommen. Bis zu einem Meter hoch konnte er liegen. Im Winter hatte er die Tiere schön gewärmt, nun war es eine Schinderei, den festgetrampelten Stalldung herauszugabeln.

Wenn die Schafzeckenplage zu groß wurde, kam die Schafwäsche. Die Herde wurde in einen blechernen Kasten getrieben, in dem jedes Tier ein Desinfektionsbad durchlief. Nach der Wäsche sprang es hinten völlig durchnäßt wieder heraus, es war wie eine Entlausung.

Im Winter brauchten die Schafe ihr warmes Fell, war dann im späten Frühjahr die Wolle dick genug, wurden die Schafscherer bestellt. In der Schenksscheune saßen sie nebeneinander mit ihren Schafscheren und langen Schürzen. Sie klemmten die Tieren zwischen die Beine, um sie zu scheren. Die Wolle kam in große Säcke, wobei der größte Teil zur Ablieferung bestimmt war. Aber für die Bäuerinnen blieb auch noch etwas übrig. Die Rohwolle wurde gründlich gewaschen und getrocknet, danach mit einem breitzinkigen Kamm gekämmt. Im Dorf gab es einige ältere Frauen, die noch Spinnen konnten. So waren zu Weihnachten aus der Wolle eine Jacke, ein Pullover oder einige Paar Stümpfe entstanden.

# Der Stellmacher

In unserem Dorf nannten wir ihn den Wainer, was von Wagner oder Wagenbauer abgeleitet war. Er reparierte Erntewagen, Ackerwagen, Handwagen, Schiebekarren, Kasten- und Blockschlitten für die Zugtiere, Hand- und Rodelschlitten für die Kinder, sowie Sackschlitten für den Transportweg zur Mühle. Überhaupt verstand er sich auf alle Wagen und fahrbaren Untersätze, er reparierte sie nicht nur, er stellte sie auch neu her, wenn er das nötige Material dazu bekam. Aus dem glatten Holz des Feldahorn (Maßholder) fertigte der Wainer Stiele für Hacken, Schaufeln, Gabeln, Rechen und alle möglichen handwerklichen Geräte. Die Stiele aus „Mäßeller", wie wir sie nannten, waren gängig und lagen gut in der Hand, Blasen gab es da selten. Die glatten Stiele wußten alle zu schätzen, die damit umgingen, denn bei der Feldarbeit wurden Hacken oder Rechen wochenlang in den Händen bewegt.

Früher wurden die Getreide- und Hackfruchtschläge nicht mit der Giftspritze gegen Unkraut bearbeitet. Da war noch die Handarbeit gefragt. Mit der Hacke in der Hand bekämpften die Bauern und ihre Gehilfen Disteln, Vogelmiere, Hedrich, Windhafer, Franzosenkraut, Quecken und sonstiges hartnäckiges Unkraut. Eine ordentlich geschärfte Hacke und ein gängiger Stiel darin, das war bei diesen Arbeiten schon wichtig.

*Holzlager, kaputter Wagen und Nachwuchs vom Wagner E. Degenhardt, Molschleben. Foto: Degenhardt, Gotha*

Die Hauptaufträge des Wainers bestanden während des Krieges und auch in den Jahren danach, hauptsächlich aus Reparaturarbeiten. Die Stellfläche seines Hofes reichte nicht aus für die Räder, Wagen, Holzvorräte und all die ausgedienten, arbeitsmüden fahrbaren Untersätze, so daß noch einige Wagen vorm Tor, am Nachbarhaus stehen mußten. Für uns Kinder waren das Verstecke, Turnstangen und Schaukeln zugleich. Auf mancher Wagenstange wippten wir so toll, daß manchmal ein leichtes Knacken zu hören war oder aber das Fluchen des Wainers und seiner Frau.

Vorwiegend im Frühjahr pressierten[2] in der Stellmacherei die eiligen Aufträge, denn es brach schnell eine Wagenstange, wenn die Pferde, Ochsen und Kühe die vom Stallstehen angestaute Kraft heraustobten. Auch manches überstrapazierte, schon altersschwache Wagenrad brach bei erneuter Belastung zusammen, und die Holzwürmer taten ein Übriges. Bei allen Holzarbeiten war stets von Wichtigkeit, ob Meister Grünholz oder Meister Dürrholz beim Bau das Sagen hatte.

Für einen neuen Wagen gab es beim Wainer meist nur während des Winters die nötige Zeit. Auch manche größere Reparatur hatte während der Feldsaison zurückzustehen.

Ich behielt den Wainer auch wegen einer abgebrochenen Handwagenstange in besonderer Erinnerung.

*Hof des Wagners. Foto von E. Degenhardt, Molschleben.*

Zu einem ausgelassenen Spaß der Dorfkinder gehörte, eine abschüssige Dorfstraße mit dem Handwagen herunterzufahren. Oft genug hatte ich die Jungen beneidet, wenn sie mit lautem Hallo und immer rasanter werdendem Tempo, zu viert oder gar zu fünft auf einem Wagen hockend, die Straße hinabsausten. Ich stellte es mir gar nicht so schwer vor, im Wagen sitzend, mit den Beinen die Stange zu lenken. Am Anfang ging die Fahrt auch noch geradeaus, als sie jedoch immer schneller wurde, verloren meine schwachen Beine die Gewalt über die Lenkung. Eine Unebenheit, über die ich mit einem Affenzahn weggesaust war, brachte den Wagen in eine scharfe Linkskurve, in die Kreck, wie es bei uns hieß. Alles ging blitzschnell. Der Wagen blockierte, kippte leicht um, und ein ratschendes Geräusch von brechendem Holz ließ mich ganz schnell aufstehen.

Da stand ich nun mit der Stange in der Hand, meine Blessuren fielen mir im ersten Moment gar nicht auf.
Ich schob den Handwagen gleich zum Wainer und ließ ihn im Glauben, daß mich meine Mutter damit geschickt habe.
„Die kaputte Stange kannst du wieder mit heim nehmen und damit Kaffee kochen, ich muß sowieso eine neue machen," rief der Stellmacher hinter mir her. Aus gutem Grund befolgte ich seinen Rat nicht, sondern versteckte den verräterischen Zeugen heimlich auf einem der umherstehenden, alten Wagen. Für mich blieb diese kurze Fahrt ein einmaliges Vergnügen, welches nicht nur eine abgebrochene Wagenstange zur Folge hatte.

# Der Büttner[39]

Der Büttner hatte seine Werkstatt am Dorfbrunnen, wo ich oft Wasser holen mußte. Meist hatte er die Tür zur Büttnerei weit offen stehen, so daß ich ihm oft bei der Arbeit zuschaute, bevor ich mit meinen schweren Wassereimern heim ging.

Der Büttner fertigte Bottiche, Jauchenfässer, Gurken- und Weinfässer, Holztröge, Holzeimer und Pökelfässer mit einer dicken Holzschraube auf dem Deckel. Die einzelnen Brettchen für die Fässer heißen Faßdauben, sie waren wegen der langen Haltbarkeit meist aus Eichenholz. Die Faßdauben machte der Büttner in kochendem Wasser gefügig, und Eisenreifen zogen sie zusammen zu einem Faß oder Trog.

In der Nachkriegszeit, wo kaum ein Schneeschuh (Ski) zu haben war, half der Büttner oft aus. Aus alten Faßdauben zauberte er die herrlichsten Schneeschuhe. Auf den gebogenen Brettern befestigte er einen Lederriemen für die Schuhe, und ab ging die Post. Allerdings gehörte schon

*Büttnermeister Karl Strobel, Molschleben, vor der Werkstatt. Foto: K. Strobel*

eine gehörige Portion Geschick dazu, damit die Faßdauben nicht immer vom Fuß rutschten und sich bergab selbständig machten.

Da es nicht in jedem Dorf einen Büttner gab, brachten die Leute von überall her Arbeit für ihn. Neben Neuanfertigungen mußte er meist neue Reifen bei auslaufenden Holzeimern und Holzzubern aufziehen. Am besten standen alle Holzgefäße im feuchten Keller, wo sie das Wasser gut hielten. Das Holz mußte in einer Art Quellzustand sein, ansonsten trocknete es aus und wurde durchlässig. War der Keller aber zu feucht, rosteten die Reifen durch, und wenn beide zur gleichen Zeit sprangen, fiel das ganze Faß oder der Eimer in sich zusammen wie ein Kartenhaus. Dann war guter Rat teuer, und wenn eine große Wäsche bevorstand, bestellte man am besten einen neuen Trog, das war billiger und machte dem Büttner weniger Arbeit.

Der Hauptauftraggeber aus unserem Ort war ein alter Bauer, der sich auf das Gurkeneinlegen verstand wie kein zweiter. Seine Gurken schmeckten so gut, daß noch heute davon geschwärmt wird, obwohl er schon vor Jahrzehnten gestorben ist. Der Büttner stellte für den Gurkenbauern Fässer von jeder Größe her. Das dickste faßte neun Zentner. Vor dem Einlegen wurden die Fässer gründlich gesäubert und danach ausgeschwefelt, damit auch alle Faulkeime abgetötet waren.

Die Gurken lagen über Nacht im Wasser, angeblich zog das Wasser die Bitterstoffe heraus. In aller Frühe dann schrubbten die Frauen mit einer Bürste

*Böttcher, Meister mit Familie – Hilfe beim Bretter abladen. Foto von K. Strobel Moslchleben*

*Familie Hellmund vor der Böttcherei. Foto vor ca. 100 Jahren. Später betrieb der Böttcher K. Strobel in Molschleben den Betrieb.*

jede einzelne Gurke ab und wuschen sie nochmals, bevor sie in die Fässer geschichtet wurden. Immer mit einer Schicht grünem Dill abwechselnd. Mit einer Lake aus einem Eimer Wasser und einem Pfund Salz übergoß der Bauer das Ganze und schlug die Fässer zu. Im Holzdeckel war ein kleines Loch, bis dahin mußte das Salzwasser reichen. Wenn dann die Gärung einsetzte, schäumte es aus diesem Loch heraus. Immer wieder wurde frisches Salzwasser nachgegossen, bis es im Faß aufhörte zu gären und kein Schaum mehr austrat. Dann war die Zeit gekommen, daß der Gurkenbauer das verbliebene Loch mit einem Stöpsel aus Holz verschloß. Danach lagen die dickbauchigen Fässer im Garten auf dem Rasen, es können so sechzig bis siebzig Stück gewesen sein.

Ging ich als kleines Kind zu meiner Tante Hildegard, führte mein Weg am Gartenzaun vorbei. Dort sah ich oft den Gurkenbauer, wie er die dicken Fässer auf der Rasenfläche herumrollte. Sicher hatte diese Prozedur mit der Ausreifung der Gurken zu tun. Auf jeden Fall ging es wie ein Lauffeuer durch das ganze Dorf, wenn die Fässer geöffnet und die Gurken verkauft wurden. Ein paar Groschen für ein kleines Eimerchen Gurken, das hatte jeder übrig. Wenn ich welche holte, gab mir der Bauer gleich eine große Gurke für den Weg mit, ihr Geschmack war wirklich einmalig. Noch heute bedauern es viele Dorfbewohner, daß kein hundertprozentiges Rezept überliefert ist, denn niemand brachte es fertig, genauso schmackhafte Gurken herzustellen. Das Rezept hat der Bauer wohl mit ins Grab genommen. Heute gibt es keinen Büttner mehr im Dorf. Er und der Gurkenbauer leben nur in meinen Kindheitserinnerungen. Ebenso das Sauerkrautfaß, das in jedem Bauernkeller stand. Es war auch vom Büttner hergestellt, und die Bäuerin hatte darauf zu achten, daß die Reifen nicht durchrosteten. War im Spätsommer das Kraut zu dicken Köpfen[40] gewachsen, holte die Bäuerin das Faß aus dem Keller, säuberte es, und dann begann die Arbeit. Die Außenblätter wurden vom Kraut gelöst, danach der Kopf geviertelt und die Stücke auf einem Krauthobel in eine große Schüssel gehobelt. Immer wenn die Schüssel halb voll war, kam eine Handvoll Salz, gemischt mit getrocknetem Dillsamen, dazu. Kräftig geknitscht (gemengt) hat es die Bauersfrau, bis sich der erste Krautsaft bildete. Danach kam es in das vorbereitete Faß, und jede eingefüllte Schicht wurde mit einem walzenförmigen Holzstampfer festgestampft, bis der Saft hochspritzte. So folgten die Arbeitsgänge, bis das Faß voll war. Der Faßinhalt war so fest eingestampft, daß darüber das Krautwasser stand. Ein sauberes Leinentuch und ein passender Holzdeckel schlossen das Ganze ab. Obenauf legte die Bäuerin einen großen Stein, der mit seinem Eigengewicht dafür sorgte, daß immer etwas Flüssigkeit über dem Kraut war. Nun bugsierte der Bauer das Faß in den Keller. Nach einigen Wochen war die Gärung abgeschlossen und das Sauerkraut fertig. Wenn die Bäuerin Kraut heraus nahm, wurde das Leinentuch gewaschen und eine dünne Schicht vom Faßinhalt abgenommen, die war meist grau oder ein wenig schmierig. Im Winter gab es dann oft Sauerkraut und Schnitzfleisch (Wellfleisch) oder Dickbein. Im ganzen Haus roch es appetitlich nach Sauerkraut[41].

Auch das Pökelfaß stellte unser Büttner her und reparierte es, wenn es nötig wurde. Es wurde nach dem Schlachten gebraucht, wenn Knochen und Fleisch haltbar gemacht werden sollten. Das Fleisch kam mit einer Salzlake in das Faß, bis es durch und durch gepökelt und somit haltbar war. Ein dichtschließender Deckel kam obenauf, und die in der Mitte angebrachte große Holzschraube mit Gewinde wurde angezogen. Der Deckel senkte sich und drückte das Fleisch fest in die Pökellake. Nun war alles dicht, bis nach einigen Wochen das Fleisch herausgenommen und verbraucht wurde. So war die Arbeit des Büttners äußerst wichtig für unser Dorf, er fertigte aus dem Rohstoff Holz viele Behälter für Haus und Hof.

# Die Dorfschmiede

Ohne die Schmiede wäre ein Leben im Dorf unvorstellbar gewesen. Schon deshalb, weil dort alle Pferde beschlagen wurden und im Ort fast jeder von der Landwirtschaft lebte. Außerdem war an landwirtschaftlichen Geräten wie Drillmaschinen, Hackpflügen, Eggen, Grasmähern, Ackerpflügen, Walzen, Schlaufen oder Mähbindern immer etwas zu reparieren. Auch ich war auf die Schmiede angewiesen, wenn ich durch meine Schusseligkeit den Hoftorschlüssel verloren hatte. Der Meister schickte einen Gesellen mit, der so ewig im Schloß herumfuhrwerkte, daß ich befürchten mußte, Mutter käme heim, bevor der Schlüssel paßte. Meist wurde ein alter Schlüssel verwendet und nur sein Bart verändert, so daß es nicht so auffiel, daß er neu war. Über den Preis gab es keine Diskussion. Entweder wurde er auf die Jahresrechnung geschrieben und bis dahin war das Schlimmste verraucht, oder der Schmiedemeister vergaß es absichtlich, weil er wußte, daß die Strafe die Sache nicht wert war. Das größte Problem dabei war, daß ich mit meinen häuslichen Arbeiten in Verzug geriet. Da hieß es, die Beine in die Hand nehmen, damit niemand etwas bemerkte. Der Schmied war mein Freund, und wenn ich etwas in der Schmiede zu besorgen hatte, sah ich ihm gern bei der Arbeit zu. Am liebsten beim Pferdebeschlagen. Dazu waren die Pferde in einem extra Raum angebunden. Zuerst wurden die abgelaufenen

*Schmiedemeister Sülzbrück und Gesellen in Molschleben, ca. 1953.*
*Foto: Walter Sülzbrück, Molschleben*

*Schmiedearbeiten am Müllerstieg, Molschleben.* Foto von Johanna Sattler

Eisen losgemacht. Wenn die langen Hufnägel mit einem Nageleisen heraus-
gezogen wurden, mußte ich immer an den Zahnarzt denken. Die Pferde
taten mir leid, der Schmiedemeister beteuerte jedoch, daß die Prozedur völlig schmerzfrei verlaufe. Waren alle Eisen gelöst, wurde der gesamte Huf
beschnitten, denn seit dem letzten Beschlagen war das Horn gewachsen.
Beim Beschneiden flogen große Hornstücke durch den Raum, der Meister
setzte das Messer mit Kraft an. Für diese Arbeit hatte der Meister eine derbe
Lederschürze umgebunden. Das Pferd stand indes auf drei Beinen, das vier-
te wurde hochgezogen, und der schwere Huf lag im Schoß des Schmiedes.
Die Gesellen machten sich am Schmiedefeuer zu schaffen, in der Glut lag
schon das neue Hufeisen zum Erhitzen. Eine gewaltige Hitze war nötig, bis
das Eisen rotglühend wurde. Den notwendigen Sauerstoff lieferte ein
Blasebalg. Er spie die Luft in die Glut, und dabei stoben die aufwirbelnden
Funken in den Abzug über der Feuerstelle. Das Eisen wurde immer wieder
gewendet, bis es eine rötliche Farbe hatte. Inzwischen war der Meister mit
dem Beschneiden des Hufes fertig. Die Gesellen nahmen mit einer großen
Zange das Hufeisen aus der Glut. Es war sehr heiß, wenn es auf den Fuß
aufgepaßt wurde, es zischte und stank stark nach verbranntem Horn. Nahm
der Schmied das Eisen wieder ab, sah er an der Färbung, wo noch nachge-
feilt werden mußte. War alles ausgeglichen, wurde das Eisen aufgesetzt und

die Hufnägel in die vorgesehenen Löcher geschlagen. Dabei ging es mir durch und durch, weil es auch vorkam, daß ein Pferd arg zusammenzuckte. „Da bin ich ein bißchen an den Nerv geraten", winkte der Schmiedemeister ab. So ganz ohne Schmerzen wird das Beschlagen wohl nicht abgegangen sein.

Auch Zugochsen und Kühe wurden beschlagen, allerdings bekamen sie ein kleineres Eisen. Manchmal war dabei ganz schön was los in der Schmiede, denn so ruhig stand nicht jeder Vierbeiner. Dann wurden sie erst einmal zur Räson gebracht, dabei konnte es schon hoch hergehen. Aber alles Sträuben half nichts, die Eisen mußten fest sitzen, denn die Tiere hatten ziemlich viel zu leisten mit ihren Beinen. War ein Nagel herausgefallen und das Eisen klapperte, mußte der Schmied versuchen, in dem alten Nagelloch wieder einen Halt zu finden.

Bei der Schmiede stromerten auch immer einige Dorfköter herum. Es kam vor, daß sie sich ein Stück abgeschnittenen Huf schnappten und damit das Weite suchten. In sicherer Entfernung kauten sie auf dem Beutestück herum wie auf einem Kaugummi. Es hatte eben schon damals jeder seinen eigenen Geschmack.

Ich sah auch gern zu, wenn der Schmied eine Sense dengelte. Eine Sense wurde mit der Schneide flach auf den Dengelbock gelegt. Mit einem Spezialhammer schlug der Schmied so gezielt auf die Schneide, daß das Blech hauchdünn wurde und dadurch sehr scharf. Der Dengelbock hatte bloß eine kleine, amboßähnliche Auflage, so daß die Schneide der Sense nur zentimeterweise bearbeitet werden konnte. Bis also die gesamte Sense geschärft war, dauerte es schon eine Weile.

Die Schläge mit dem Dengelhammer erfolgten nach einem bestimmten Rhythmus, und es lag fast eine Melodie darin. Meist war es früh am Morgen, wenn die Vögel in den Linden- und Kastanienbäumen ihre Gesangsstunde gaben. Die Melodie war eine Einstimmung auf den Sommer, Klänge, die einem nicht wieder aus dem Ohr gehen.

Es gab also vielerlei Gründe, die Schmiede aufzusuchen. Wenn am großen Erntewagen die Ladekette gerissen war, wenn die Hacken geschärft werden mußten, wenn die Kuh oder die Ziege eine neue Kette brauchten oder wenn für die Gartentür ein neuer Riegel nötig war. Dadurch hatten der Schmiedemeister und seine Gesellen so viel Arbeit, daß nicht alles prompt erledigt werden konnte. Man mußte öfter nachfragen und zur Eile drängen. Das kam mir sehr gelegen, denn je länger es für die Erledigung eines Auftrages brauchte, desto öfter wurde ich zwecks Nachfrage in die Schmiede geschickt. So konnte ich jedesmal dem Schmied bei der Arbeit zuschauen.

# Die Sattlerwerkstatt

In einem großen Dorf war natürlich auch eine Sattlerei nötig. Dort arbeitete der Sattlermeister mit seinen Gesellen an Zuggeschirren für Pferde, Ochsen und Kühe, manchmal auch für eine Ziege. In der Werkstatt hingen einige prachtvolle Pferdekumte aus schwarzem Leder mit Silber- oder Messingbeschlägen an der Wand, sicher waren es Gesellenstücke.

Aufträge für neues Zuggeschirr gab es nach dem Krieg wenige, dafür fehlte wohl das nötige Geld und das Material. Dafür war um so mehr zu reparieren. Mit der Zeit wird Leder brüchig, und ein Geschirr mit Stricken selbst zu flicken, war bei den Bauern verpönt. Da mußte schon alles seine Ordnung haben. Der Sattler hatte also alle Hände voll zu tun, denn auch aus den Nachbardörfern brachte man alles mögliche Riemenzeug zur Reparatur.

In der Sattlerei roch es immer etwas eigenartig, nicht nur nach Leder und Seegras. Wohl waren die vielen Riemen und Zuggeschirre vom Schweiß der Tiere durchtränkt, das alles vermischte sich zu einem ganz typischen Geruch, den es nur in der Sattlerwerkstatt gab. Die Gesellen saßen mit speckig glänzenden Lederschürzen zwischen all dem Riemenzeug und nähten mit Ahlen an einem Kumt[42], Joch[43] oder einem Sielengeschirr[44]. Auf dem Tisch lagen Pechklumpen. Bevor der Faden vernäht wurde, zog ihn der Geselle durch das Pech, indem er ihn mit einem Finger fest an den Klumpen preßte und mit der anderen Hand den Faden durchzog. Das wurde einige Male wiederholt, bis der derbe Faden imprägniert war. Schnell durch die vorgestochenen Löcher gezogen, erhitzte sich das Pech und verschloß somit die Nahtstelle, die dadurch fast wasserdicht wurde.

Manchmal mußte ich auch die Werkstatt aufsuchen, wenn am Joch einer Kuh der Riemen gerissen war oder wenn wir einen neuen Bauchgurt brauchten. Das hatte alles immer ziemliche Eile, und ich durfte mir das Gezeter des Sattlers anhören. Jeder brauchte sein Zuggeschirr nötig bei der Feldarbeit, entsprechend hektisch ging es bei dem etwas schwerhörigen Sattler zu. Im Laufe der Jahre hatte er wahre Schmuckstücke von Kutschgeschirren gearbeitet, in jedem größeren Bauernhof existierten einige davon. Sie wurden gehütet und gepflegt, und nur bei besonderen Anlässen kamen sie zum Einsatz. Etwa bei einer Hochzeit oder einer sonntäglichen Schlittenfahrt. Zuvor hatte der Kutscher das Lederzeug mit Schuhcreme einzureiben und zu polieren, das Schellengeläute und alle Silber- und Messingbeschläge hatten zu glänzen. Wer wollte da nicht in einem offenen Landauer oder einem Rennschlitten sitzen? Solche kostbaren Kutschgeschirre hielten bei guter Pflege über Generationen und gehörten zum Stolz eines Pferdehalters. Heute wurde manch ein Kumt zweckent-

*Kuhgespann mit Jochgeschirr, Familie Max Hildebrandt, Witterda ca. 1946.*

fremdet und hängt als Spiegelrahmen, Garderobenständer oder ähnliches in einer Wohnung.

Da Maschinen unsere Zugtiere abgelöst haben, gehören auch die verschiedenen Zuggeschirre der Vergangenheit an.

Kaum jemand von den Jüngeren kennt noch den Unterschied zwischen einem Kumt, einem Joch oder einem Sielengeschirr: Das Sielengeschirr bestand aus einem derben, breiten Brustriemen und diversen anderen Verbindungsriemen. Das Pferd trug es bei leichteren Arbeiten.

Bei schweren Zugarbeiten legte der Bauer das Kumt auf, auch Kühe arbeiteten zum Teil mit einem Kumt in abgewandelter Form. Ein Kumt bestand aus einem ovalen, nach oben spitz auslaufendem Holzgestell. Es wurde in verschiedenen Größen oder Halsweiten gefertigt. Der Sattler polsterte dieses Gestell gut mit Seegras ab und verkleidete es mit Leder. War es ein Arbeitskumt, gab es eine einfache Ausführung, ein Kumt für ein Kutschgeschirr war entsprechend aufwendiger. Es saß am Hals der Tiere, seitlich waren die Zugstränge befestigt. Diese wiederum hingen am Zug- oder Ortscheit (Zälscht), ein an der Anspannwaage befestigtes, bewegliches Querholz.

Viel einfacher in seiner Herstellung war ein Joch, wie es Ochsen und Kühe trugen. Es war ein etwas gebogenes, der Stirnpartie des Tieres angepaßtes Holzgestell, ebenfalls gepolstert und mit Leder eingefaßt. Es saß auf der Stirn zwischen den Hörnern des Zugtieres, links und rechts hielten Metallösen die Zugstränge.

*Ackerwagen mit Kuhgespann. Kummetgeschirr der Familie Saul, Molschleben.*
*Foto: R. Lorenz*

Alle diese Zuggeschirre brauchen Tiere, um mit ihrer Körperkraft etwas ziehen oder bewegen zu können. Damit der Kutscher die Pferde, Ochsen oder Kühe in die richtige Richtung lenken konnte, brauchten sie einen Zaum mit Zügeln. Bei Kühen war es einfacher Kettenzaum, der am Kopf festgemacht wurde. Durch einen leichten Zug am entsprechenden Zügel reagierten die Tiere durch Einlenken. Bei den Pferden wurde das Zaumzeug durch eine Gebißstange ergänzt. Das war entweder die Trense mit einem einfachen Mundstück (zusammengesetzt und etwas variabel) oder eine durchgehende Gebißstange, die sogenannte Kandare. Zog der Kutscher am Zügel, drückte die Kandare in die Mundwinkel, und durch den Schmerz parierte das Pferd. Bei sehr störrischen Pferden waren an der Gebißstange noch ein paar Klappen angebracht, die beim straffen Anziehen der Zügelleine auf die Zunge des Pferdes drückten. Dieser Schmerz bremste ihr durchgängerisches Temperament ein wenig. Die Bauern wandten den sogenannten Kappzaum nur beim Eingewöhnen sehr widerspenstiger Tiere an. Im Stall war das Gebißteil nicht nötig, da genügte ein einfacher Zaum.
Um mit den Zugtieren immer ordentlich arbeiten zu können, hatte der Bauer oder der Kutscher ein Auge auf intaktes Geschirr zu haben, ebenso darauf, daß bei den Tieren keine Scheuerstellen durch Ketten, Riemen oder Ösen entstanden. Gegebenenfalls wurden solche Stellen vom Sattler abgepolstert.
Aber bei unserem Sattler wurde nicht nur ein Joch oder Kumt mit Seegras abgepolstert, auch einem alten Kanapee half man dort wieder auf die Beine.

Es ergab sich, daß unser altes Plüschsofa mit seinen Kordeln und Quasten altersschwach wurde. Seine Sitzfläche war durchgesessen, weil einige Federn gesprungen waren. Der Plüsch war durch die vielen Jahre abgewetzt, und das Seegras rieselte aus ihm heraus. Mutter hievte es mit mir auf den Handwagen, damit ich es zum Sattler bringen konnte. Der schlug die Hände über dem Kopf zusammen, weil er ohnehin vor lauter Arbeit nicht aus noch ein wußte. Da stand es nun zwischen anderen erneuerungsbedürftigen Polsterwaren vor der Werkstatt unter einem Dach, und als ich nach einer Woche nachfragte, hatte sich noch nichts getan. Aber eines Tages konnte ich es doch abholen und war ziemlich enttäuscht. Der vertraute Plüschbezug war einem häßlich karierten Stoff gewichen, es gab keine Quasten und Kordelschnüre mehr. Das moderne Zeug wollte nicht so recht zu der altmodischen Form des Sofas mit seinen gedrechselten Beinen passen. Aber der Sattler hatte sein Bestes gegeben, was wollte man mehr?
So war der Sattler mit seiner Werkstatt aus dem Leben eines Dorfes nicht wegzudenken.

# Die Mühle

Aus der Dorfmühle holten die Bauern Mehl, Grieß, Schrot und Kleie. Der Müller hatte also nicht nur das Getreide zu Mehl zu mahlen, auch Schrot für die Tiere wurde gebraucht. Zu bestimmten Zeiten war die Mühle für die Bauern geöffnet, denn der Wassermüller betrieb nebenbei auch noch eine eigene Landwirtschaft.
An so einem Öffnungstag mußte man zeitig in der Mühle sein, sonst konnte man stundenlang warten. Aus allen Gassen holperten die Handwagen und Schubkarren mit Säcken beladen. Große Bauern besaßen wenigstens eine eigene Schrotmühle, aber die kleinen Bauern waren auf den Müller angewiesen. War zu Hause das Mehl alle, kam ein Sack Weizen in den Handwagen, einen leeren Sack für das Mehl und ein kleines Säckchen für die Kleie (Schale des Weizens oder Roggens) legte Mutter dazu. Als kleines Mädchen ging ich mit Mutter zum Müller, später schaffte ich es allein. Ich hatte sowieso nichts anderes zu tun, als am Ende das Schrot- oder Mehlmahlen zu bezahlen. Der Vormittag ging meistens dabei hin, denn wenn ich ankam, lehnten schon einige Bauern oder auch Kinder an ihren Säcken und warteten, daß sie an die Reihe kamen. Dann rollte der Müller einen Sackkarren herbei und fuhr das Getreide in die Mühle. Ich war besonders neugierig und mußte sehen, was dort alles gemacht wurde. Nachdem der Getreidesack auf eine Art Paternoster, das war ein kleiner offener Fahrstuhl, gefahren worden war, entschwand er meinen Blicken. Gar zu gern hätte ich gewußt, was der Müller da oben trieb. Er schüttete das

*Herbsleben vor der Obermühle. Foto Sammlung E. Ritter, Dachwig*

Getreide in einen Trichter, was sollte sonst wohl schon passieren? Aber mitfahren ließ er mich nicht, der Müller kannte meine Quirligkeit, und die war ihm sicher zu gefährlich auf dem Paternoster.

Im großen Mühlenraum trieb das riesige Wasserrad mit dröhnendem Lärm alle Maschinen an. Je nachdem, ob Schrot oder Mehl verlangt wurde, klemmte der Müller den mitgebrachten leeren Sack an die entsprechende Mühle. Durch ein längliches Fensterchen konnte man das heruntergefallene Mehl oder Schrot sehen. Nun dauerte es nicht mehr lange, und alles lag fix und fertig im Handwagen.

In der Mühle war ein unvergeßlicher Geruch, so nach Mehl und Körnern, ich roch es gern. Der Müller hatte eine schöne Waage, mit der er mich manchmal wog. Und jedesmal sagte er, daß ich mehr essen müßte, weil ich so ein Fliegengewicht sei.

# Das Gemeindebackhaus

Sonnabends war das ganze Dorf auf den Beinen, es wurden die Kuchen für die kommende Woche gebacken. Damals waren die Eßgewohnheiten anders als heute, jeden Früh und jeden Nachmittag stand Kuchen auf dem Tisch, und wenn es auch nur ein einfacher Hefekuchen war.

Die Frauen trugen das Backwerk auf großen, runden Blechen ins Backhaus. Ganz geschickte Bauersfrauen jonglierten gleich drei dieser Wagenräder durch die Gegend. Da durfte aber kein plötzlicher Sturm aufkommen, auch Stolpern war gefährlich. Einmal geschah es, daß eine Hausfrau unter jedem Arm einen Kuchen trug. Da sie durch eine Krankheit ihre Haare verloren hatte, trug sie eine Perücke. Als sie nun beim Brunnen um die Ecke bog, fegte ihr eine heftige Windböe die Perücke vom Kopf. Wollte sie nicht die Kuchen opfern, mußte sie es geschehen lassen, und was war ein bißchen Scham gegen einen leckeren Kuchen? Das Malheur machte gleich die Runde, denn das Backhaus ersetzte so manche Informationsquelle. Dort erfuhr man alles Wichtige, aber auch über alles Unwichtige wurde gern geredet. Schon beim Öffnen der Tür schlug einem das Stimmengewirr entgegen. Jeder wollte seine neuesten Nachrichten loswerden, alle redeten durcheinander. Meist waren Mutter und ich zu früh da. So fanden wir aber immer noch ein Plätzchen auf der Holzbank.

Im großen gekachelten Ofen wurde mit Reisig Feuer angebrannt, dann Holz und Kohle nachgelegt, so daß eine schöne Glut entstand. Diese Glut war je nach Hitzebedarf entsprechend lange im Ofen. Zeigte das angebrachte Thermometer die nötige Gradzahl an, rüttelte der Geselle das glühende Feuerungsmaterial mit einem eisernen Schieber in einen Aschekasten am Ofeneingang. Um den gröbsten Schmutz zu beseitigen, fuhrwerkte nun der Bäcker mit einem vom ständigen Gebrauch geschwärzten und zerfetzten Scheuerlappen einige Male im Ofen hin und her. Der Lappen, an einer langen Stange befestigt und vorher in Wasser getaucht, zischte und dampfte, wenn die zwei Elemente aufeinander trafen. Inzwischen standen die Frauen und Kinder rechts und links neben dem Bäckermeister, ein jeder mit einem Kuchenblech auf dem Kopf, unter dem der Name des Besitzers mit Kreide angeschrieben war, damit die Bleche nicht verwechselt werden konnten. Vor dem Ofen lagen verschieden lange Holzschieber, mit denen die Kuchen, das Brot und die Brötchen in den Ofen geschoben wurden. War der Ofen vollgestellt, schloß der Bäcker die eiserne Ofenklappe, und das Warten begann. Ab und zu mußte er nach dem Backwerk sehen, dabei jonglierte er die Bleche hin und her und schimpfte, wenn ein Kuchen zu schnell bräunte oder gar schwarz wurde. Dann waren natürlich die Hausfrauen schuld, die zuviel Zucker in den Kuchen gerührt hatten. Gab es dann Ärger mit den Frauen, wegen des verbrannten Kuchens, redete sich der Bäcker immer heraus und behauptete, daß der Kuchen gar nicht schwarz, sondern nur dunkelbraun wäre.

Ich erinnere mich, daß der Bäcker am Himmelfahrtstag den Ofen trotz des arbeitsfreien Feiertages in Gang brachte, damit die Hausfrauen die traditionellen Tischel[45] backen konnten. Aus allen Häusern trugen die Frauen am Morgen die Pfannen ins Backhaus, gegen Mittag war das Eiergericht fertig.

In meinem Heimatdorf buken die Frauen entweder nassen, dreischnassen, trockenen oder furztrockenen Kuchen. Dabei gehörten Apfel- oder Zwetschgenkuchen mit Öl und Zucker zu den nassen, Solfkuchen[46] zu den dreischnassen, Streuselkuchen zu den trockenen und Streifen oder einfacher flacher Hefekuchen zu den furztrockenen. An den meisten Tagen gab es furztrockenen Kuchen, bei dem man die Maulsperre bekommen konnte, weil er so dick geraten war, oder es blieb einem jeder Bissen im Halse stecken, wenn man nicht genügend Malzkaffee dazu trank.

Zu besonderen Festtagen buken die Bauersfrauen nassen oder dreischnassen Kuchen, also Obst-, Mohn- oder Quarkkuchen[47] mit einer Schmant- oder Solfdecke. Die Decke wurde meist erst im Backhaus auf den nassen Kuchen gestrichen, um beim Transport ein Herunterlaufen zu verhindern. Dann gab es einen Topf auszulecken, das war für uns Kinder eine Besonderheit, zumal, wenn im Topf noch ein Rest des süßen Solfes verblieben war. So war das Wochenende im Backhaus immer eine willkommene Abwechslung.

Auch das Bauernbrot wurde im Gemeindebackhaus gebacken. Die größeren Bauernfamilien buken ihre Brote selbst, das heißt, sie mengten den Teig ein und brachten ihn in Brotkörbchen zum Backen.

Zum Backen von Bauernbrot benötigte man Roggenmehl, Sauerteig[48], Wasser und ein wenig Salz. Den Sauerteig konnte man vom Bäcker holen oder vom Nachbarn ausleihen. Mehrere Familien besaßen einen sogenannten Sauerteigtopf. Das war ein irdenes Gefäß, das im Keller des Besitzers stand. Hatte sich eine Backfrau den Topf ausgeliehen, bereitete sie mit dessen Inhalt, warmem Wasser und Mehl, in einer Mehlmulde die Sauerteiggärung vor. Nach einer Weile war die Gärung in vollem Gange. Nachdem die benötigte Menge Sauerteig für die Brote abgeteilt worden war, wurde der ausgeborgte Topf wieder mit der restlichen, aufgetriebenen Masse gefüllt, abgedeckt und am nächsten Tag dem Besitzer zurückgegeben. Dort stand der Sauerteig wieder im Keller, bis ihn eine andere Bäuerin brauchte. So war der Sauerteigtopf ständig unterwegs, und wenn ihn dann die Besitzerin nach Ablauf einer Woche selbst brauchte, war wieder frischer Sauerteig im Topf.

Nachdem der angerührte Brotteig nun gut gegangen war, wurde das restliche Mehl unter Hinzufügen von warmem Wasser und etwas Salz vermengt.

Tüchtig kneten mußte man den Teig, bis er fertig war und die Teigreste von den Händen fielen. Jetzt waren einige Stunden Zeit für ein Nickerchen, dann rasselte in aller Frühe, so gegen 3.00 Uhr, der Wecker. Die Mehlmolle hatte sich gefüllt, die Brotmasse war gut gegangen. Fachmännisch schätzten die Backfrauen die einzelnen Teile ein, die ausreichten, ein Brotkörbchen zu füllen. Der Teig wurde noch kurz hin- und hergewerkt und dann in die mit Mehl bestäubten Brotwännchen gelegt. War der Teig jetzt nicht richtig gegangen, dann war es zu spät. Die Zeit drängte, der Bäcker hatte den Ofen angeheizt, schnell noch das Familienzeichen in den weichen Teig gedrückt, bevor die Wännchen in den Tragkorb oder Handwagen verstaut wurden zum Abtransport ins Backhaus. Jede Bauernfamilie hatte ihr besonderes Brotzeichen wie z. B. Striche, Kreuze oder Karos, auch den Abdruck einer Kaffeetasse oder eine tief eingedrückte Eierschale, konnte man später auf der Unterseite der Brotlaibe sehen.

Der Bäcker erwartete bereits die Bauersfrauen oder Mägde. Der Brotschieber lag bereit, die Brotwännchen wurden umgekippt, so daß die weichen Brotlaibe herausfielen. Der Geselle formte mit ein paar eiligen Griffen noch einmal die typische Form, bestrich das Brot mit Wasser, ritz-te es mit einem Messer ein und ab ging es in den heißen Ofen. Nach etwa einer Stunde zog der Bäcker schon mal ein Brot heraus, drehte es herum, befühlte und beklopfte es, denn am Klang erkannte der Fachmann, ob das Brotinnere durchgebacken war. Das ganze Backhaus duftete herrlich nach frischem Brot, und man bekam gleich Appetit auf ein Stück frisches Bauernbrot mit Schweineschmalz. Nun zog der Bäcker nacheinander alle Brotlaibe aus dem Ofen, der Geselle tauchte einen großen Pinsel in einen Eimer mit Wasser und bestrich damit die heißen Brote. Da stieg ein Duft auf, eine unvergeßliche Erinnerung für mich. Durch das Wasser bekamen die Brote einen herrlichen Glanz.

Couragierte Frauen nahmen die heißen Brote vom Schieber und legten sie in die Regale. Waren sie ausgekühlt, kamen sie bei den Bauern in die Keller auf eigens dafür an der Kellerdecke angebrachte Brotbretter. Sie hingen so hoch, daß keine Maus sie erreichen konnte. Dort lagen sie frisch und waren eine Woche und länger zu genießen. Wer solches Brot nie aß, wird meine Schwärmerei nicht verstehen können. Es war ein unvergeßlicher Genuß für mich, der Belag war eigentlich nebensächlich, man konnte auch auf ihn ver-zichten.

Auch erinnere ich mich daran, daß ich sehr oft Ärger bekam, wenn Mutter bemerkte, daß ich entweder am Brot herumgeknuppert hatte, oder ein Teil der Hefe verschwunden war. Bei dem Hefeverlust reichte ja die restliche Hefe nicht für das Backwerk aus. Bei so vielen Dummheiten, die ich ein-fach zu meinem Leben zähle, frage ich mich heute oft, was damals eigent-lich in meinem Kopf vorging? Ich wußte doch genau, daß ich Ärger und

Schläge bekam, aber ich konnte nicht anders. Hatte ich die Hefestreifen angeknabbert, war auch der Teufel los, aber meine Finger mußten sich oft ein Stück weit in die Streifen bohren, es schmeckte herrlich, aber dann ...!

# Butter- und Käsezubereitung

Eines Tages brachte Vater eine Zentrifuge mit. Da mittlerweile zwei Kühe im Stall standen, konnten wir auch unsere Butter selbst machen. Die frischgemolkene Milch schüttete Mutter in das große Milchbecken der Zentrifuge. Langsam drehte ich die Kurbel, und genauso langsam kam die Maschinerie in Gang. Auf der einen Seite stand ein Topf für den Rahm, während gegenüber aus einem Rohr die entrahmte Milch in eine Kanne lief. Nach dem Zentrifugen mußte ich meistens das Schleudergerät aufwaschen. Dabei hatte jede Ritze peinlich sauber zu sein, weil allzu schnell Säure entstand, dann hätte es gleich Ohrfeigen gesetzt. Viele kleine Förmchen aus Blech gehörten zu dem Sammelsurium der Milchschleuder, die ich in der Aufwaschschüssel manchmal verfluchte.

Der durch die Zentrifuge gewonnene Rahm[49] stand erst ein paar Tage in der Speisekammer, täglich stellte Mutter einen neuen Topf dazu. War dann genügend Sahne da und war diese etwas angesäuert, wurde die Butterleier in die Küche geholt. Das war ein einfacher Holzkasten mit Deckel, in dem sich in der Mitte ein Flügelrad befand, das von außen durch eine Kurbel bewegt werden konnte. Nun war es ein Kunststück, die richtige Temperatur des Rahms zu treffen, er durfte nicht zu kalt und nicht zu warm sein. Die Leier wurde halbvoll geschüttet, der Deckel kam darauf, und ich durfte drehen. Anfangs schwappte die dünne Sahne gegen den Deckel, den ich deshalb fest zudrücken mußte. Allmählich war am Geräusch zu hören, daß der Zeitpunkt der Schlagsahne gekommen war. Hatte Mutter gute Laune, erlaubte sie mir, ein bißchen Sahne auf eine Untertasse zu löffeln und zu naschen. Aber meistens erlaubte sie es nicht, sondern schimpfte, wenn ich fortwährend in die Leier schaute, ob aus der Sahne nicht schon Butter geworden war. Dabei hätte ich nötig ein paar Löffel Sahne gebrauchen können, ich war spindeldürr. Nach einer Weile drehte sich die Kurbel etwas schwerfälliger, da waren aus der Sahne Butterklümpchen entstanden. Nun dauerte es nicht mehr lange, und die fertige Butter klebte am Flügelrad, im Kasten war keine Sahne mehr, sondern Buttermilch. Mutter nahm das Flügelrad heraus, streifte die Butterklumpen ab, wusch sie einige Male in kaltem Wasser und wirkte in einer Schüssel etwas Salz unter die Butter. Dann formte sie längliche Rollen und wog sie mit einem halben Pfund. In reicheren Bauernfamilien existierten handgeschnitzte Butterförmchen mit einer eingravierten Blume oder dem Namen des Bauern. In die Formen paßte ein halbes Pfund.

*Lenchen Schneegass aus Hausen,
bei der Auslieferung von Butter
bei der Stadtkundschaft in Gotha.
Foto: A. Angreck*

Vor dem Krieg verkauften die Bauern die Butter aus den Förmchen auf dem Markt, oder die Bäuerinnen hatten feste Kunden in der Stadt. Meist waren das reichere Familien, die dann wöchentlich mit frischer Butter, Eiern, Obst, Gemüse und Kartoffeln beliefert wurden. Doch nach dem Krieg drehten sich die Zentrifuge oder die Kurbel der Butterleier ausschließlich für den Eigenbedarf der Familien.

Auch Käse machten wir selbst. Die dicksaure Milch rückte Mutter auf einen nicht zu warmen Platz auf dem Küchenherd. Durch die Wärme entstand Matten (Quark), die in einen Preßsack geschüttet wurde und abtropfen mußte, wobei ich durch Drücken ein wenig nachhalf. Wenn die Matten schön krümelig war, schüttete ich sie in eine Schüssel, knetete Salz, Kümmel und eine Messerspitze Natron darunter, denn die Zubereitung von Kochkäse war meine Aufgabe. Meist sonnabends, wenn alle Arbeit so einigermaßen getan war, rückte ich den Wassertopf auf dem Herd zurecht. Begann das Wasser zu kochen, setzte ich die Emailleschüssel auf den Wassertopf und begann zu rühren. Allmählich löste sich die Matten auf, wenn alles zerlaufen war, hatte ich den Kochkäse fertig. War er richtig gelungen, konnte man nach dem Erkalten eine Scheibe aus der Schüssel schneiden, und nur ganz langsam lief der Käse wieder zusammen. Das Gelingen war von der Feuchtigkeit der Matten abhängig, sie durfte nicht zu trocken, aber auch nicht zu naß sein.

In größeren Familien wurde auch der Mager- oder Stangenkäse hergestellt. Entrahmte Milch mußte dicksauer sein, dann kam sie an die Seite der Herdplatte wie beim Kochkäse. Die abgetropfte Matten kneteten die Bäuerinnen mit Salz und Kümmel, bis eine gute Bindung entstanden war. Dann wurden auf dem Tisch die einzelnen langen Stangen gerollt. An der Wand hing das Käsebrett. Ganz früher war es ein Lattenrost, auf dem quer darüber Haferstroh lag. Die gedrehten Rollen wurden auf das Brett gelegt, täglich mit Malzkaffee abgerieben und umgedreht. Nach vierzehn Tagen war der Käse fertig. Manche Bäuerinnen bewahrten ihn in einer Holzkiste auf, wobei zwischen jeder Lage Käse ein feuchtes Leinentuch lag. Aber auch ein irdener Topf mit einem Deckel wurde verwendet. Bewahrte man sie zu lange auf, lief der ganze Käse ineinander, und alles Stangendrehen war umsonst.

# Hausschlachten

Wie reich ein Schwein eine Familie früher machen konnte, das war selbst für mich schon unvorstellbar. In den kinderreichen Familien, mit fünf, oder mehr Kindern, da war einmal im Jahr ein Schwein zu schlachten, ein unbegreifliches Glück. Manche Fleischer erzählten noch davon. Damals wurde die Schweineblase mit einem Strohhalm zu einem Ball aufgeblasen. So hatten die Kinder mindestens für ein paar Minuten einen Fußball, dann machte es „peng" und es gab erst im nächsten Jahr zum Schlachtfest wieder einen Fußball. Das waren die Kinderfreuden von früher.

Ab November konnte beim Metzger das Schlachten angemeldet werden. Es gab zwar einige davon im Dorf, aber bei jedem war der Kalender voller Eintragungen, so daß die Bauern rechtzeitig an einen Termin denken mußten. Voraussetzung für das Schlachten nach dem Krieg war der Schlachtschein vom Bürgermeister. Er wurde beantragt, aber nur dann genehmigt, wenn das Ablieferungssoll erfüllt war. Schwarzschlachtungen waren verboten, dennoch ging mancher Bauer das Risiko der Bestrafung ein. Auch Vater schlachtete einmal schwarz. Ich war damals ein kleines Mädchen. Bei aller Heimlichkeit hatte Tante Rosi etwas bemerkt, was bei dem Geruch des Kesselinhalts kein Kunststück war. Das trug nicht gerade zur Verbesserung unseres ohnehin gespannten Verhältnisses bei. Aber das Schwarzschlachten blieb bei uns eine Einmaligkeit, fortan ging alles reell zu. Ein Schlachtschein lag vor, damit war das Schlachten offiziell.
Am Schlachttag war es meist grimmig kalt. Schon am Vorabend hatte ein anderer Bauer das Schlachtzeug gebracht. Da Vater und Mutter das Vieh füttern und die Kühe melken mußten, bevor die Schlachterei begann, waren sie schon seit 5.00 Uhr auf den Beinen. Der Kessel war am Tag zuvor aus-

*Eber vor dem Schlachten. A. Stecher und Sohn Hans. Molschleben ca. 1954/55. Foto: H. Stecher*

*Schlachtschwein mit Bauersfamilie. Foto von Lore Bernecker, Molschleben*

gewaschen und voll Wasser getragen worden, so daß Mutter nur ein Streichholz ins Feuerloch zu halten brauchte. Alles war vorbereitet: Holz und Kohlen standen neben dem Kessel, Zwiebeln waren geschält, Knoblauch zu Brei verrieben, alle Kuchschüsseln[50], Bleche und Fleischbretter abgewaschen, ebenfalls Gläser zum Einkochen.

Unser Großvater war als Schlachtgast eingeladen. Er besuchte uns nicht oft, aber beim Schlachten gehörte er einfach dazu. Seine einzige Arbeit an diesem Tag bestand im Rebbeln des Majorans und im Putzen der Schweinepfötchen. Den Majoran hatten wir im Garten angebaut, geerntet und in kleinen Bündeln getrocknet. Am Vorabend des Schlachtfestes breitete Mutter die kleinen Bündel auf einer Zeitung aus und legte diese auf den warmen Kachelofen. Dort wurden die Gewürzbündel rasseldürr, so daß Großvater wenig Mühe hatte, die kleinen Blättchen von den Stengeln zu rebbeln. Großvater war sehr musikalisch, und während der Arbeit pfiff er auf eine ganz dezente Art eine Melodie nach der anderen vor sich hin. Wenn ich später für das Schlachten Majoran im Geschäft kaufte, erinnerte ich mich jedesmal an Großvaters Melodien.

Bevor der Metzger kam, wurde der Kaffeetisch gedeckt, es gab nassen Kuchen oder auch ganz frischen Zwiebelkuchen[51]. Nach dem Kaffee holte Vater das Schwein aus dem Stall. Der Metzger half, am Hinterbein einen

*Schlachten. Edgar Bärwolf aus Molschleben 1954. Foto: E. Bärwolf*

Strick zu befestigen. Meist kreischte das Schwein wie am Spieß, daß es mir durch und durch ging. Außen an der Stallwand war ein runder Eisenring eingelassen, daran band Vater das Schwein fest, und danach gab es kein Entrinnen mehr. Mutter stand mit einer blechernen Blutschüssel bereit, Hans hatte einen Riesenquirl und den Bluteimer. Der Betäubungsschuß des Metzgers saß immer, sofort fiel das Schwein um, es merkte den Stich in den Hals nicht mehr, aus dem das Blut geschossen kam. Mutter hielt die Schüssel darunter, war sie vollgelaufen, wurde sie in den Bluteimer entleert. Nun war Hans an der Reihe, denn das Blut mußte kräftig gerührt werden, damit es nicht gerann. Danach kam ein Deckel darauf, und der Eimer wurde an einen nicht zu warmen Ort gestellt. Die Männer hievten das Schwein in den großen Brühtrog. Spätestens jetzt mußte das Wasser im Kessel kochen, sonst hätte es ein Donnerwetter gegeben. Mutter trug viele Eimer kochendes Wasser herbei, die der Metzger auf das leblose Schwein goß. Die harten Borsten brühten ab und lösten sich anschließend leicht aus der Schwarte, wenn der Koloß auf dem Schlachtbock lag. Nur kurz nach dem Krieg gab es noch das Brühen im Trog. Nachdem man herausgefunden hatte, daß sich aus Schweineleder Schuhe und Stiefel für die Armee herstellen ließen, mußte der Metzger die Rückenpartie des Schweines beim Begießen mit kochendem Wasser auslassen. Damit die Abgrenzung deutlicher wurde, verwendete er dazu einen Schnepfentopf. Waren die Borsten

*Schießen des Ebers, ca. 1954/55 bei Fam. A. Stecher, Molschleben. Foto: H. Stecher*

gebrüht, kamen die Schlachtgehilfen zum Zug, sie putzten mit Schellen[52] aus Blech die Schwarte sauber. Die Beine mit den Zehen steckte der Metzger in einen Eimer mit kochendem Wasser. Danach zog er mit einem Haken die Hornzehe ab. War alles einigermaßen kahl, wurde das Schwein auf die Seite gerollt. Der Schlachter ritzte die Schwarte dort ein, wo das Fell abgezogen werden sollte. Dann kam die andere Seite dran. Ein Felleisen aus Stahl drehte die Schwarte mit den Borsten vom Körper. Das so gewonnene Schweinefell mußte abgeliefert werden. Vater bekam ein paar Mark dafür. Der Preis richtete sich nach der Größe, die Qualität nach der Zahl der Abrutscher des Metzgers mit dem Messer.

Endlich hing das Schwein in seiner vollen Länge am Hängeholz auf der stabilen Schlachtleiter. Mit einem scharfen Messer schnitt der Fleischer den Bauch des Tieres auf und nahm die Innereien heraus. Die Leber kam in eine Schüssel, die beiseite gestellt wurde, bis sie für die Leberwurst, für Buntwurst[53] und für die Streifchen zum Mittagessen gebraucht wurde.

Die Därme warf der Metzger in eine Holzmolle. Die Lunge, das Herz, die Nieren, und überhaupt alles mußte erst vom Fleischbeschauer begutachtet werden. Er untersuchte, ob das Schwein gesund war und keine Trichinen hatte. Zuletzt trennte der Metzger das Schmerfett aus dem Bauch des Tieres. Das warme Fett legte er flach auf ein Kuchenblech, und Mutter stellte es kalt. Nun war es Brauch, daß der erste Schnaps eingeschenkt wurde. Bei der Hundeskälte wärmte er sicher auch ein wenig von innen. Bis der Fleischbeschauer eintraf, reinigte der Metzger die Därme, die zum Wurststopfen gebraucht wurden. Erst drückte er den Darminhalt in eine

*Eber tot! Bei Familie A. Strecher in Molschleben 1954/55. Foto: H. Stecher*

Schubkarre heraus. Danach stülpte er den Darmschlauch über einen Trichter, füllte warmes Wasser hinein, und so wendete sich der Schlauch. Mit einem Schleimholz entfernte er den Schleim von dem viele Meter langen Darm. Anschließend wurde er mit Salz gereinigt und in einen Eimer mit kaltem Wasser und Zwiebeln gelegt. Die Zwiebeln sollten den eigenartigen Geruch nehmen.

War der Fleischbeschauer fertig und alles war in Ordnung, nahm der Fleischer das Schwein auseinander[54]. Im Kessel kochte bereits wieder Wasser für das Fleisch, das für Kochwurst wie Sülze, Buntwurst und Leberwurst gebraucht wurde. Mutter tat ein paar Hände Salz und zwölf oder fünfzehn Zwiebeln in den Kessel, das verbesserte den Geschmack des Fleisches und der Fleischbrühe. Der Metzger guckte jedesmal ein bißchen komisch, weil jemand versuchte, ihm ins Handwerk zu pfuschen, aber Mutter ließ sich nicht stören. Solange wie das Fleisch brauchte, um weich zu werden, schnitt der Metzger das Knackwurstfleisch und verteilte es gleichmäßig dünn auf Kuchschüsseln. Die Knochen schnitten die Männer in Längen, die den Einweckbüchsen angepaßt waren. Mutter bestimmte, wie das Fleisch aufgeteilt wurde. Wollte sie z. B. die Lenden mit Gehacktem füllen, wurde es so gemacht. Beim Auseinandernehmen mußte auch entschieden werden, wieviel Speck, Schnitzel und Schweinebraten geschnitten

*Prosit! Schwein auf dem Schlachtbock. Fam. Hugo Werner, Molschleben ca. 1955.
Foto: Chr. Stark*

werden sollte und wie groß das Kammstück für Brätl werden sollte. Allerdings legte man in meiner Kindheit weniger Wert auf Kurzgebratenes, ein saftiger Schweinebraten war vorteilhafter.

Hatten sich alle bei der Zerteilung beeilt, war Zeit für ein Frühstück, bevor das Fleisch im Kessel gar war. Zum Frühstück holte Mutter einen alten Feldläufer von der Stange, das war eine dicke Knackwurst in einem Fettdarm. Durch die relativ dicke, fetthaltige Hülle war eine gute Haltbarkeit möglich geworden. Immer gehörte auch ein Schnäpschen dazu. Aber so fröhlich es sich auch beim Frühstück schwatzen ließ, inzwischen war das Fleisch gar und Eile geboten. Auf die Schlachtmolle kamen zwei Schnitzbretter, links und rechts nahm ein Helfer Platz. Der Fleischer nahm die großen Fleischstücke mit einer Schaumkelle aus der kochenden Brühe, löste die Schwarte ab und legte das Fleisch in die Molle. Dann wurde es in Scheiben geschnitten und diese in möglichst kleine Würfel. Mutter kam mit einem Topf für das Schnitzfleisch, das waren Wellfleischscheiben, die sie zum Mittagessen und für ein paar gute Nachbarn brauchte.

Die Schwarte und das Fett wurden durch den großen Fleischwolf gedreht. Aus diesem Gemisch rührte der Metzger unter Hinzunahme von roher durchgedrehter Leber und Gewürzen die Leberwurst. Sie kam in warmem Zustand, ehe alles gerann, in die Einmachbüchsen. Mit dem Einkochen

190

waren die Frauen betraut. Aber der Fleischer füllte ihnen die Gläser, dabei lobte er sich jedesmal neu, wie gut er das mache, ohne daß ein Tropfen danebenfiel.

Die Sülze war ebenfalls ein Gemisch aus Fett, Schwarte, Gewürzen und magerem Fleisch. In eine Blechschüssel kam ein wenig Essig, dann füllte der Schlachter die Sülze hinein. Mutter stellte sie in die Herdröhre, dort kochte die Schüsselsülze auf und wurde dann kaltgestellt bis zum Abendbrot. Die übrige Sülze füllte man in Einmachgläser wie die Leberwurst.

Mutter rief zum Mittagbrot, sie hatte Kartoffelsalat gemacht. Beim Schlachten schmeckte er, mit Fleischbrühe angemacht, besonders gut. Dazu gab es Schnitzfleisch, Kopffleisch, Leber und für uns Kinder ein Stückchen Niere, das war nicht so fett.

Während die Männer aßen, gab es in der Waschküche viel aufzuwaschen. Die fettigen und klebrigen Wannen, Gefäße, Bleche, Kellen und Mollen ließen sich nur mit sehr heißem Wasser sauberbekommen. Überhaupt hatte eine Frau ständig Schlachtzeug aufzuwaschen.

Nach dem Mittagessen nahm der Metzger den Bluteimer und goß das Blut auf das gewürfelte Schnitzfleisch in der Molle. Dabei ließ er es durch die Finger gleiten, um geronnene Stücke zurückzuhalten. Dann kamen Gewürze dazu, alles wurde gut vermengt, und das Buntwurststopfen konnte beginnen. Zuerst wurde der Magen gestopft, einige Streifchen gebrühte Leber kamen mit hinein. Beim Stopfen hatte der Metzger die vorher in warmem Wasser eingeweichten Blasen über einen Trichter gezogen. Mit der Hand stopfte er die Blase etwa halb voll, drückte die Luft heraus, und Vater band mit einem Wurstband zu.

Es wurden auch kleine Schlenkerchen[55] gestopft. Das waren zu einer Schleife gedrehte dünne Därme, mancherorts nannte man sie auch Leberschleifen. Sie schmeckten gut zu Kartoffelsuppe und waren für uns Kinder etwas Feines.

Das Wurstanmessen war beim Schlachtfest Brauch. Immer wenn ich in die Nähe der Molle kam, versuchten die Männer, mir mit ihren blutbefleckten Fingern das Gesicht zu beschmieren. Ich ekelte mich schrecklich vor diesem warmen Blutgeruch, aber es gelang immer wieder, daß einer eine rote Wange hatte.

Schwammen alle Buntwürste im Kessel, sah der Metzger auf die Uhr. Er hatte seine genaue Zeit für die Würste. Wieder mußte alles aufgewaschen werden, denn die Knackwurst durfte nicht mit dem Blutzeug zusammenkommen. Das Knackwurstfleisch wurde in die große Molle geschüttet und mit Kümmel, Knoblauch, Pfeffer, Salz und einem Löffel Zucker tüchtig durchgemengt. Anschließend drehten es die Männer erst durch die große Scheibe des Fleischwolfes, dann durch die feine. Damals hatte der Wolf

*Das große Schlachtfest Obermühle, Herbsleben. Sammlung E. Ritter*

noch keinen Motor, so daß die Gehilfen ganz schön ins Schwitzen kamen beim Drehen. War alles wieder in der Molle, streifte der Metzger die Ärmel hoch und mengte Stück für Stück das Gehackte durch. Dabei würzte er noch nach.

Das gründliche Durchkneten war wichtig, damit die Masse die richtige Bindung bekam und später im Darm keine Hohlräume entstehen konnten und die Wurst verdorben wäre.

Zwischendurch machte sich Mutter immer mal wieder am Kessel zu schaffen. Das Wurstfett mußte abgeschöpft werden. Genau wie das Fleischfett schöpfte sie es erst in einen Eimer und ließ es erkalten, bis sich das Fett an der Oberfläche absetzte. War es erstarrt, löffelte es Mutter in einen großen Topf zum Auslassen. Im Schmerfett gebräunte Zwiebeln schmeckten köstlich.

Während der Fleischer mit dem Kneten beschäftigt war, hatten die Männer schon den Stopfapparat auf den Tisch gehoben. Aus einigen Kilogramm Gehacktem formte der Metzger eine lange Wurst und knallte sie mit Wucht in den Stopfapparat. Dadurch entwich die Luft aus der Stopfröhre. War die Trommel voll, kam der Deckel darauf, und die Kurbel mußte gedreht werden. Aber recht langsam, denn jetzt kam es darauf an, ob die Knackwurst

*Wenn das Schwein auf der Leiter hängt wird der „erste" eingeschenkt.*
*Foto von Erna Ritter, Dachwig*

*Das Blech für das Schmerfett ist bereit, der Schnaps von der Schwiegermutter auch,*
*ca. 1963. Foto von Fam. Otto Ihling, Molschleben*

gut gelang oder ob verschimmelte Hohlräume entstehen würden. Die Bindung des Gehackten und das richtige Stopfen waren neben der Trocknung ausschlaggebend für das Gelingen. Der Kurbeldreher hatte genau auf Zuruf des Metzgers zu reagieren.

Mutter hatte einen Bund Runddärme eingeweicht, aber auch die Schmerhaut sollte gestopft werden. Dafür trennte der Fleischer vom erkalteten Schmerfett die obere Haut ab, sie sah aus wie Pergament, war aber sehr stabil. Mutter, später auch ich, hatten sie zu nähen. Der Fleischer schnitt aus der Haut zwei Stücke, das ergab zwei Schmerhäute. Es nähte sich erbärmlich, weil das anhaftende Fett durch die warmen Finger glitschig wurde. Aber es mußte mit sehr feinen Stichen ganz dicht genäht werden. Wehe, wenn die Wurst geplatzt wäre beim Stopfen, dann taugte die Nähkunst der Hausfrau nichts. Die Schmerhaut war lange haltbar und schmeckte sehr gut. Zu besonderen Anlässen wurde sie angeschnitten.

Die Würste wurden gebunden, gestochert und auf die Stange gehängt. Anschließend verschwanden sie in der Speisekammer und mußten ein paar Wochen trocknen, bevor sie in den Räucherschlot kamen. Waren die Speisekammern nicht zum Trocknen der Wurst geeignet, geschah es in einem anderen Raum, manchmal sogar in der Stube.

Mitten im Knackwurststopfen tat der Metzger plötzlich ganz erschrocken, er hatte angeblich den Kümmelspalter vergessen. Er schickte mich zum Böttcher, ich sollte ihn mit dem Tragkorb holen, mich dabei beeilen und den Böttcher schön grüßen. Ich lief also zur Böttcherwerkstatt und bat den Meister um den vergessenen Kümmelspalter. Der war ganz freundlich, nahm mir den Korb ab und ging in den Hof damit. Ich dachte mir noch, hoffentlich ist das Ding nicht zu schwer. Und richtig, leicht war der Korb nicht, als ihn mir der Böttcher wieder aufhockte. Ich schleppte ihn heim, dort tat man so, als ob alles vom Inhalt meines Tragkorbes abhinge. Als der Metzger das Tuch, das obenauf lag, lüftete, kamen anstatt des Kümmelspalters ein paar Steine zum Vorschein. Alle wollten sich ausschütten vor Lachen, ich war die Blamierte und hatte eine tüchtige Wut auf den Metzger und den Böttcher. Aber den Scherz konnten sie immer nur

*Fleischer „Osser" Oskar Fischer aus Molschleben. Foto von Lene Bärwolf*

einmal mit einem machen, doch beim nächsten Schlachten fand sich wieder ein Dummer.

Unserem Metzger gelang es dennoch ein paar Jahre später noch einmal, mich zum Narren zu halten. Er stellte es etwas geschickter an und schickte mich zu dem Bauern, der am Vortag geschlachtet hatte und angeblich den Speckhobel vergessen hatte abzugeben. Diesmal brachte ich ein hundertmal eingewickeltes Päckchen heim. Unter einem Riesengelächter kam eine Runkelrübe zum Vorschein. Für den Rest des Tages habe ich mich, so gut es ging, unsichtbar gemacht. Das war aber das letzte Mal, daß ich dem Metzger auf den Leim ging. Auch das Wurstmaß zu holen, dazu brauchte man naive ahnungslose Neulinge, die man losschickte.

Zwischendurch wurde immer nach dem Kessel geschaut. Die Kesselbrühe mußte gleichmäßig kochen. Ab und zu stocherte der Fleischer die Würste. Es kam auch vor, daß einige Würste platzten, was Vater nicht so gern hatte, dafür schmeckte aber die Kesselsuppe besser.

Zum Schluß kam eine kleine Molle auf den Tisch, darauf wurde das Schweinefell verkehrtherum gelegt. Der Fleischer trennte noch die übrigen Fettstreifen ab und schnitt dabei möglichst wenig in die Schwarte. Damit war das Schlachten eigentlich vorbei. Nur die Würste nahm der Metzger nach einer bestimmten Zeit selbst aus dem Kessel. Die letzten Gefäße wurden abgewaschen, Vater fuhr mit dem Handwagen das Schlachtzeug zum nächsten Bauern.

Danach gab es Abendbrot, dabei vergaßen alle den schweren Tag. Frisches Gehacktes[56], Schüsselsülze und frische Buntwurst waren der erste Lohn für die harte Arbeit. Der restliche Schnaps wurde ausgetrunken, noch ein paar alte Geschichten erzählt, und meist fanden sich noch ein paar Freunde ein, denn frische Wurst war bei allen beliebt. Manchmal kamen auch Verkappte, die sich eine Wurst erbettelten. Das war ein alter Brauch, der mit viel Spaß verbunden war, bis man herausgefunden hatte, wer sich unter der Maske verbarg. Die verkappten Freunde klopften mit einem überlieferten Bettelspruch an die Tür und baten um Einlaß:

*„Ich hab' gehört, ihr habt geschlacht'*
*und habt so viele Worscht gemacht.*
*Ach, gebt mir doch nur eine,*
*aber nicht so eine kleine!*
*Ach, gebt mir doch den Magen,*
*den kann ich gut vertragen.*
*Oder gebt mir doch den Kittel,*
*den eß' ich am liebsten ickel (ohne Brot)."*

Bei ein paar Gläschen selbstgemachtem Likör wurde es schon mal Mitternacht, bevor alle feuchtfröhlich den Hof verließen. Und am anderen Morgen hatte der Metzger wieder seinen Mann zu stehen beim nächsten Schlachtfest.

Auf Mutter kam nun die Hauptarbeit zu, Vater machte sich wie immer aus dem Staub. Da mußten das Fleisch und die Knochen entweder im großen Holztrog eingesalzen oder mit einer Salzlake ins Pökelfaß geschichtet werden. In den ersten Jahren nahmen wir den Holztrog. Auf einer Seite wurde ein Backstein untergelegt, so daß die sich aus dem Fleischsaft und dem Salz bildende Salzlauge nach unten ablaufen konnte. Auf der Schrägstelle des Holzbottichs lag der Speck nebeneinander, darüber der Schweinebraten, weiter unten die Rippen und die Knochen. Nach ein paar Tagen hatte sich schon Flüssigkeit gebildet, mit der täglich alles mehrmals übergossen wurde. Die Rippen kamen nach einer Woche als erste aus dem Trog, sie wurden abgewaschen, gebraten und eingekocht, dann der Schweinebraten und zuletzt die Knochen. Das gab einige Gläser voll. Manche Bauern trockneten auch nach dem Pökeln das Fleisch und die Knochen. Am längsten lag der Speck in der Salzlauge. Nach vier bis sechs Wochen nahm ihn Mutter heraus, wusch ihn ab, stach mit der großen Sacknadel ein Loch hindurch, band ein Holzstäbchen an einen derben Strick und zog diesen durch das Loch zu einer Schlaufe. Daran hing der Schinkenspeck[57], bis er trocken war, dann kam er in den Rauch. Gut geräuchert, hielt er über Monate und schimmelte nicht.

Außer dem Einsalzen von Speck und Fleisch gab es am Tag nach dem Schlachten noch viele andere Arbeiten. Der Kessel mußte leergeschöpft und die Kesselsuppe verteilt werden. Das war meine Aufgabe. Alle Verwandten, Bekannten und Nachbarn bekamen ein Eimerchen voll davon. Sie gaben es zurück, wenn sie schlachteten. So hatte jeder etwas Frisches, denn mit selbstgemachten Eiergräupchen[58] war es ein schnelles Gericht. Mutter wickelte mir auch ein Schlenkerchen, ein Klümpchen Gehacktes oder für manchen ein paar Scheiben Schnitzfleisch ein. Solange ich alles austeilte und austrug, hatte sie mit den Buntwürsten zu tun. Die lagen alle auf Kuchenblechen und waren ausgekühlt. Mutter kratzte das Gallert ab und wusch sie ein bißchen lauwarm ab. Danach steckte sie die großen Kittelwürste, den Magen und große Blasen in selbstgeknotete Netze. Nachdem sie zwei bis drei Tage getrocknet waren, kamen sie in den Räucherschlot.

Eine Bäuerin hatte schon einige Tage Arbeit, bevor alles eingekocht war. Vor allen Dingen kamen Leberwurst und Sülze in Gläser, aber auch Buntwurst und Gehacktes. Das Fett mußte ausgelassen werden, die übrigbleibenden Grieben[59] gab es im Winter zu Pellkartoffeln. Aus der Stadt luden sich Verwandte und Bekannte gern selbst zum sogenannten Schlachtfest ein, doch als ein Fest empfand ich schon als Kind das Schlachten nicht.

*Schlachten bei Fam. Ihling, Molschleben ca. 1941. Foto von G. Büchbäumer*

# Geselligkeiten

Geselligkeiten hatten in unserem Dorf einen hohen Stellenwert, es war wichtig, daß man gut miteinander auskam. Einer brauchte die Hilfe des anderen, jeder kannte die Nöte des anderen und half, sie aus der Welt zu schaffen. Die Technik war noch nicht so weit entwickelt, jedes Handwerk, und auch die Landwirtschaft bestand vor allem aus manueller Arbeit. Es war eine schwere körperliche Arbeit, bei der oft die vier Hände der Eltern nicht ausreichten. So halfen sich die Bauern untereinander, aber auch die Hausfrauen hatten ein gutes nachbarschaftliches Verhältnis. Ich mußte als Kind öfter etwas bei Bekannten oder Nachbarn borgen, alle waren hilfsbereit, weil jeder wußte, daß er sich auf den anderen verlassen konnte, wenn er ihn einmal brauchte. Selten gab es Streit untereinander. Bescheidenheit war eine Tugend, die wohl durch die harten Kriegszeiten besonders ausgeprägt war. Der Krieg hatte die Männer aus den Familien gerissen, die Frauen standen sich gegenseitig bei und trösteten, wo sie konnten. Diese Zusammengehörigkeit hielt noch viele Jahre an.

Wenn ich heute, vierzig Jahre später, in meinem Heimatort bin, spüre ich, wie dieses Zusammengehörigkeitsgefühl allmählich zerbricht. Über den sogenannten Dorftratsch wurde und wird immer etwas abschätzig gesprochen, aber was haben die Bauernfrauen damals schon erlebt? Sie kamen so gut wie nie aus ihrem Dorf heraus. So war eben das interessant, was um sie herum passierte. Es war schön, wenn abends alle Nachbarn zusammenkamen. Sie saßen auf den Trittstufen vor dem Haus oder holten Stühle heraus. Da wurde nicht etwa gegrillt, und es gab auch kein Trinkgelage. Jeder erzählte von seinen Tageserlebnissen, während die Frauen Beeren entstielten, Strümpfe stopften oder Bohnen schnippelten und die Männer ein Pfeifchen rauchten. Im Spätherbst und Winter fand man sich zu Gesellschaften zusammen. Zu einer Gesellschaft zählten immer mehrere Ehepaare. Sie bestanden aus guten Bekannten, Freunden oder Verwandten. Oft bildete sich aber auch eine Gesellschaft schon in der Schulzeit unter Schulkameradinnen. Wenn diese geheiratet hatten, blieben sie meist mit ihren Partnern den Schulfreundinnen treu und nahmen bis ins hohe Alter an den Geselligkeiten teil.

Unsere Eltern gingen auch zu solch einer Gesellschaft. Zwar wechselten im Laufe meiner Kindheit die Partner, aber an Reiz hatte die Sache deshalb nicht verloren. Jeden Sonntagabend trafen sie sich bei einer anderen Familie, bis alle an der Reihe waren, dann hatte der erste wieder das bescheidene Treffen zu arrangieren. Fand es bei uns statt, war ich immer ganz aufgeregt, obwohl nichts Weltbewegendes dabei passierte. Nach dem Abendessen rollte Mutter die große Wachstuchdecke vom Stab, rückte ein paar Flaschen Bier zurecht und schnitt einen Teller Kuchen auf. Gegen acht trudelten die ersten Freunde ein. Mein Bruder und ich durften noch eine Weile aufbleiben. Ich sah den Männern gern beim Skat zu, bei dem sie um ganz kleine Geldeinsätze spielten. Jeder der Männer hatte ein Glastellerchen neben seinem Platz stehen, auf dem einige Pfennige lagen.

Meinen Patenonkel hatte ich besonders ins Herz geschlossen, manchmal kiebitzte ich bei den anderen Spielern und verriet es ihm dann. Aber man kam schnell dahinter und hatte ein Auge auf mich. Die Frauen hatten indes ihren Strickstrumpf herausgeholt und klapperten mit den Nadeln. Aber nicht nur mit ihnen, auch ihr Mundwerk stand nicht still. Seit dem letzten Zusammentreffen war nicht viel geschehen, aber zu erzählen gab es trotzdem eine Menge. Manche Begebenheit hatte ich schon öfter gehört, und bei solch alten Geschichten achtete ich darauf, ob der Erzähler etwas dazu dichtete oder nicht. Es dauerte nicht lange, und Vater ermahnte uns zum Schlafengehen, wir trollten uns also. Aber damit war die Sache noch nicht zu Ende. Über unserem Kachelofen war ein rundes Zugloch in der Zimmerdecke, die Öffnung führte direkt in unsere Schlafkammer. Weil die Wände nicht isoliert waren, kam so ein wenig Wärme in die Dachkammer. Aber nicht nur die Stubenwärme, auch die Geräusche drangen nach oben. Die Frauen mußten sich mit ihrer Lautstärke nach den Männern richten, die

*Lustige Gesellschaft, wie viele solcher Art aus Molschleben ca. 1946.*
*Foto von Rosa Stecher, Molschleben*

reizten beim Skat manchmal so laut, daß sie alles übertönten. Manchmal schlugen sie so heftig auf den Tisch, daß wir in den Betten zusammenzuckten. Jedenfalls bekamen wir so einiges von den Gesprächen mit, was nicht für unsere Ohren bestimmt war. Doch irgendwie kam Vater dahinter, schmierte das Loch zu und aus war es mit unseren Amüsements.

Die Gesellschaft feierte auch jeden Geburtstag zusammen, und bei größeren Familienfeiern waren alle als Gäste eingeladen. Es gab ein paar Familien, wo man unter sich blieb, das waren meist die reicheren Bauern. Wenn ich abends im Gasthof für Vater einen Krug Bier holen mußte, führte mich mein Weg an einem großen Bauernhof vorbei. Das Bauernhaus hatte es mir besonders angetan, denn ich konnte einen Teil der Einrichtung sehen, die sich von der unsrigen erheblich unterschied. Eine Holzlamperie mit Zinntellern, wunderschönen Vasen und Krügen sowie wertvolle Gemälde strahlten eine angenehme Gemütlichkeit aus. Aber es war nicht allein der Zierrat, der mich faszinierte, es war vor allem die herrliche Musik, die aus dem Zimmer drang. Ich stand dann unter einer großen Kastanie und lauschte dem Klaviervortrag. Manchmal wurde auch dazu gesungen. Ein Musikstück gefiel mir besonders gut. Viel später hörte ich es wieder und wußte dann, daß es das Forellenquintett von Schubert war. Noch heute gehört es zu meinen Lieblingsmelodien, und wenn ich es höre, stimmt es mich nachdenklich und melancholisch. Es versetzt mich wieder in meine Kindheit zurück, und ich erinnere mich, wie sehr ich schon damals Musik liebte, und wie mich das Klavierspiel alles vergessen ließ. Kam ich dann nach Hause, hatte das Bier keine Blume mehr und ich bekam Schimpfe oder Schlimmeres. Vater wollte wissen, wo ich so lange geblieben war, doch ich habe es ihm nie gesagt. Statt dessen ging ich ins Bett und hing meinen Gedanken nach.

Auch wir Kinder feierten unsere Geburtstage zusammen und gingen ab der sechsten Klasse allsonntäglich in die Gesellschaft, wie es bei uns hieß. Da war immer Trubel, Langeweile kam nie auf bei uns. Manchmal mußte eine Mutter einschreiten, um uns ein bißchen zu bremsen, vor allem mich, denn es machte mir am meisten Spaß, wenn es so richtig über Tische und Bänke ging. Mit zunehmendem Alter wurden auch unsere Kaffeekränzchen ein wenig ruhiger, und als wir aus der Schule waren, nach der Konfirmation, klopften schon mal ein paar Burschen an die Fensterläden und wollten eingelassen werden. Pfänderspiele machten dann mehr Spaß, bei anderen Spielen rätselten wir Mädchen, wer wohl von welchem Jungen ein verschämtes Küßchen bekommt. Aber da war eigentlich die Kinderzeit vorbei, wir trafen uns auch nicht mehr nachmittags, sondern abends.

Am 21. Dezember feierten wir die „Lange Nacht". Es war üblich, das Ditscher gebacken wurden, das waren Kartoffelpuffer. Wir feierten dann schon wie die Großen mit. Silvester und Fastnacht waren einmalig, das ganze Dorf war auf den Beinen. Wir zogen von einer Stube in die andere, überall klangen die Gläser, auf den Straßen wurde gesungen, als würde das Leben nur aus Geselligkeiten bestehen.

In unserem Dorf hatten alle hart zu arbeiten, aber ebenso verstand man auch zu feiern. Da gab es Neujahrstanz, Maskenball, Kappenball, Ostertanz, Pfingsttanz, Sommernachtsball, Sportlerball, Feuerwehrball, die Vorkirmes, Hauptkirmes, Nachkirmes und den Weihnachtstanz. Auch die Kinder wurden nicht vergessen, für sie gab es oft den Kindertanz. Dabei waren die Säle jedesmal brechend voll, die Tanzveranstalter hatten keine Finanzierungsnöte. So hatte die Nachkriegszeit zwar viele Entbehrungen, aber man verstand es auch zu feiern, und das brauchten damals alle nötiger denn je.

## Bauernhochzeit und Scherbenaschern

Bei einer Hochzeit war der Polterabend für uns Kinder der Höhepunkt des Geschehens. Schon in der Schule wurde die Zeit des Treffens ausgemacht. In jedem Haushalt existierte eine sogenannte Krampelkiste, welche vorwiegend für die Scherben da war. Hatte längere Zeit keine Hochzeit stattgefunden, hatte sich in der Krampelkiste ganz schön was angesammelt. Wir luden sie dann auf einen Handwagen und fuhren damit in die Nähe des Hochzeitshauses. Meist war da schon ein munteres Treiben, von weitem hörte man die Kinder lärmen. Zuerst suchten wir nach einer Glühbirne, die knallte so herrlich, wenn sie gegen die Wand oder Tür geworfen wurde. Sehr oft war an das Hoftor oder an die Tür ein Brett gelehnt, damit nicht allzuviel Schaden entstehen konnte.

Nun warfen wir die Scherben gegen das Tor, daß es nur so schepperte. Große Stücke mußten mehrere Male dran glauben, bis alles kurz und klein war. Die Reaktion am Polterabend war in jedem Hochzeitshaus verschieden. Manche Bauern nahmen den Trubel als notwendiges Übel hin und ließen uns Kinder gewähren. Brauch war es aber eigentlich, daß der Hochzeitsvater die Kinder beim Aschern[60] fangen und ihnen das Gesicht schwärzen sollte. Aber dazu kam es nie, obwohl es manchmal versucht wurde. Wir hielten immer gebührenden Abstand vom Hochzeitshaus, und wenn sich dort eine Tür nur einen Spalt öffnete, riß die ganze Meute aus. Ließ sich der Hochzeitsvater gar mit einer Schuhbürste sehen, trieben wir unseren Schabernack um so toller.

Manche Bauern reichten auch einen Teller mit Kuchen oder Plätzchen heraus, aber das war eher die Ausnahme. Wenn wir uns ausgetobt hatten, zogen wir mit den leeren Handwagen wieder von dannen. Aber damit war der Spuk noch nicht vorbei. Abends holten sich die Freunde des Ehepaars mit einem Bulldog und einem Anhänger allerlei Unrat aus der Lehmgrube.

Früher als die Häuser, Stallungen und Scheunen noch aus Lehm errichtet wurden, baute man aus der Grube Lehm ab. In meiner Kindheit brauchten die Bauern wenig Lehm, höchstens mal zum Verschmieren eines Ofenrohreinsatzes oder der Säuberungskacheln am Kachelofen. Deshalb nutzten die Dorfbewohner die Lehmgrube als Müllabladeplatz. Hatten die jungen Leute dann so eine Fuhre Scherben und wertloses Zeug geladen, zogen sie mit lautem Hallo durch das Dorf. So ganz ohne Alkohol ging das nicht ab, aber es war ein Riesengaudi. Das Ausmaß des Polterns sah man erst am nächsten Morgen. Dann mußten die Brautleute in aller Herrgottsfrühe wieder für Ordnung sorgen, wobei sie ganz schön ins Schwitzen gerieten.

Aber bis zum Abend war alles vergessen. Es waren noch so viele Vorbereitungen für den großen Tag zu treffen, daß keiner recht zur Besinnung kam. Meist wirkten schon einige Kochfrauen in der Küche, die das Regime führten. Da wurde gebraten, gekocht, und die Festtafeln wurden zurechtgerückt. Ein Schwein war geschlachtet worden, und am Poltertag trug man zwanzig, bei großen Hochzeiten auch dreißig runde Kuchen ins Backhaus. Der Bäcker gab sich große Mühe, daß die Kuchen gut gelangen.

*Hochzeitskuchen von Christel Werner (Stark), Molschleben 1957. Foto: Chr. Stark*

*Der Hochzeitskuchen wird ins Backhaus getragen. Foto von Lore Bernecker, Molscheben*

Gegen Abend war dann wieder ein Hallo vor dem Hochzeitshaus. Die Burschen kamen mit den „Ehrenpforten", das waren zwei Fichten, aus dem Wald. Sie machten sich gleich daran, sie zu setzen, bevor sie unter der Einwirkung des Alkohols nicht mehr dazu fähig gewesen wären. Links und rechts von der Haustür stand nun eine grüne Fichte, deren Äste bis auf den Boden reichten. Die Mädchen hatten einen Kranz für einen besonderen Glückwunsch und Willkommensgruß gewunden, der an Girlanden aus Schmuckreisig befestigt war. Die Girlanden wurden an den „Ehrenpforten" befestigt, dann ging man zum gemütlichen Teil über. Von den Mädchen waren einige große Wäschekörbe voll grünes Reisig geschnitten worden, mit dem die besten Freundinnen der Braut am anderen Morgen vor dem Kirchgang den Fußweg bestreuten, damit sich der Gang zur Kirche von allen anderen Wegen abhob.

Im Hochzeitshaus, es war meist das Haus der Brauteltern, herrschte nun reges Treiben. Während die Helferinnen die Tafeln eindeckten, die Kochfrauen in der Küche alle Hände voll zu tun hatten, wurde die Braut

*Kriegshochzeit 1942. Foto: Eugen Gewalt, Gierstädt*

*„Bauernhochzeit" in Gierstädt 1952 von Inge und Lothar Kolbe.*
*Foto: J. Kolbe, Kleinfahner*

*„Unsere Hochzeit" – Molschleben / Kleinfahner 1960, mit Eltern, Schwiegereltern und*
*Streuengeln. Foto: Hannalore Gewalt*

205

bezeichnete die zur Einweihung einer Kirche gelesene Messe. Daraus entstand das alljährliche Erinnerungsfest an die Weihe der Kirche, und die Feierlichkeiten nahmen allmählich Volksfestcharakter an. Wie bei den Thüringer Historikern Hans-Werner Schreiber und Ernst Stahl nachzulesen ist, waren die Bräuche in den ländlichen Gebieten Mitteldeutschlands betreffs Kirmes sehr unterschiedlich.

Nach der Reformation wurde die Kirmes zu einem immer weltlicheren Herbstfest, was von rein praktischen Erwägungen ausging: Das ländliche Wirtschaftsjahr war Ende Oktober/Anfang November weitestgehend abgeschlossen. Die Hausschlachtungen (Hammel, Schweine und Gänse) und die eingebrachten Getreidevorräte boten die Voraussetzungen für die Feierlichkeiten.

Die Bauern hatten Fleisch, Korn für das Mehl und Gerste zum Brauen des Bieres. Die Kirmesfeste in den einzelnen Ortschaften wurden zeitlich so eingeteilt, daß man sich gegenseitig besuchen konnte, um gemeinsam am Fest teilzuhaben. Eine so genannte Sommerkirmes war dabei eher die Seltenheit.

Zu einer Thüringischen Kirmes gehörten seit jeher Geselligkeit und Unterhaltung, Tanz, Spiel und vor allem viel Essen und Trinken. Die Dorfbevölkerung hatte sich dieses Herbstfest als Abschluß ihrer schweren Feldarbeit redlich verdient, und entsprechend ausgelassen feierte sie die Kirmes.

*Kirmes 1948 in Dachwig. Foto: Frank Bube, Dachwig*

Mancherorts wurden durch die Kirmesgesellschaft die Geschehnisse des abgelaufenen Jahres innerhalb der Ortsgemeinschaft kritisch und ironisch beleuchtet, ähnlich wie es heutzutage beim Fasching durch Büttenreden geschieht.

Das „Ständchenbringen" geht auf den Brauch zurück, nachdem im Mittelalter die Kirmesburschen den wohlhabenden Bauern einen Besuch abstatteten und auf deren Wohl tranken. Als Dank spendierten die Bauern einen Kuchen.

Beim späteren „Ständchen" spielt die Kirmeskapelle vor den Häusern der Bauern ein kurzes Musikstück. Als Dankeschön bekommen die Burschen einen Obulus in Form von alkoholischen Getränken, Geld, Eiern oder Geschlachtetem.

Früher gab es eine Vorkirmes, die einige Wochen vor der eigentlichen Hauptkirmes lag. Die Hauptkirmes dauerte dann drei Tage lang und zur Nachkirmes, wieder einige Wochen nach den Hauptfeierlichkeiten, wurde die Kirmes begraben.

Obwohl sich unsere Dörfer ganz wesentlich verändert haben, d. h. vor allem die wirtschaftliche Struktur, gehört die Kirmes immer noch zu unserem Dorfleben.

Zwar findet sie oft in einem Festzelt statt, und die Kirmesburschen sind keine Bauernsöhne mehr, aber auf jeden Fall wird durch das Aufleben des Kirchweihfestes die Geselligkeit gefördert.

Damals ging ein Großreinemachen den Feierlichkeiten voraus, dabei wurde vom obersten Boden bis in den Keller alles umgedreht und dabei der Schmutz,

*Kirmesgesellschaft in Tüngeda 1996 zum tradtionellen Ständchen auf der Bockwindmühle. Foto: Werner Rockstuhl*

*Kirmesgesellschaft von Kleinfahner, 1951. Foto von Roland Gewalt, Kleinfahner*

der sich während des Sommers angesammelt hatte und aus Zeitmangel nicht beseitigt werden konnte, nun gründlich weggeputzt. Deftige Braten und unzählige Festtagskuchen wurden vorbereitet. Das ganze Dorf freute sich auf dieses Fest.

Auch wir Kinder bekamen neue Kleidung zum Kindertanz, und beim „Ständchenbringen" liefen wir voller Begeisterung mit durch das ganze Dorf. An keinem ging die Kirmes spurlos vorüber. Alt und Jung trafen sich auf dem Tanzsaal, wenn auch die älteren Frauen meist nur eine Beobachterrolle spielten und die herrlichen Festkleider der Kirmesmädchen begutachteten.

Es ging gemütlich zu auf einer Dorfkirmes, auch ohne laute Disco und überdimensionale Tonverstärker. Natürlich nährte so eine Dorfkirmes auch wochenlang den Dorfklatsch.

Die fröhlichen Ereignisse waren früher eher selten und deshalb wurde so eine Kirmes entsprechend zünftig gefeiert. Kirmesgäste aus der Stadt luden sich meist selbst ein, weil sie von köstlichem Kuchen und einem besonders umfangreichen Mittagsmahl wußten.

Ein überlieferter Kirmesspruch ist mir in Erinnerung geblieben:

> *„Wann's Kärmse äs,*
> *wann's Kärmse äs,*
> *doh schlacht' mih Voat'r e Bock.*
> *Doh daanzt minne Modd'r,*
> *doh dannzt minne Modd'r*
> *o schwänkt äar'n ruät'n Rock."*

*Männerrunde – Kirmeswoche 1952. Foto: R. Gewalt, Kleinfahner*

Das Kirchweihfest, die Kirmes oder Kirmse war ein christliches Fest, an welchem in jedem Jahr im November die Kirche neu geweiht wurde. Aber außer, daß an diesem Sonntag die Kirmesgesellschaft samt Musikanten und vielen Dorfbewohnern dem Gottesdienst beiwohnte, war von einem christlichen Fest wenig zu spüren. Oft waren die Kirmesburschen vom Vorabend noch nicht ganz nüchtern, sie hatten ihre Not, auf der Empore ruhig zu bleiben und der Predigt des Pfarrers zu folgen. Im Anschluß an den Gottesdienst zog die ganze Kirmesgesellschaft durch das Dorf, um den Bewohnern eines jeden Hauses ein Ständchen zu bringen. Alle Kinder waren natürlich mit dabei.

Überall wurde gefeiert, gab es zu trinken, bei den großen Bauern auch einen Imbiß. Die Kirmesburschen tanzten mit den Bäuerinnen und den Mädchen, wir zogen der Blaskapelle nach, auf Schuhe und Strümpfe achtete bald niemand mehr, denn vor den aufgeweichten, schlammigen Dorfstraßen um diese Jahreszeit gab es sowieso kein Ausweichen. Die Jungen zogen den Handwagen mit der Pauke und halfen den Kirmesburschen, die Körbe mit den Spenden zu tragen. Da kamen Würste, Schinken, Schnaps- und Weinflaschen zusammen, auch ein Korb mit Eiern war dabei. Wenn ein Bauer nicht achtgab, kassierten die Burschen so mir nichts, dir nichts den Gockel aus dem Hühnerstall oder ein paar Hennen. Auch Kaninchen waren nicht sicher vor ihnen. Das gab jedesmal einen Riesenspaß, und die Kerle freuten sich schon auf die vielen feucht-fröhlichen Abende mit Thüringer Klößen und Braten. Noch lange danach erzählte man sich von Eierwettessen und allerlei anderem Unfug.

*Dorfkirmes 1937 vor der Gemeindeschenke in Molschleben mit Kirmesvater Arno Stecher. Foto: H. Stecher*

Es kamen auch viele Geldscheine zusammen, die vom Platzmeister verwahrt wurden. Er war von der Kirmesgesellschaft gewählt und mußte einigermaßen nüchtern bleiben, denn er hatte dafür zu sorgen, daß die Meute nicht gar zu sehr über die Stränge schlug. Den Platzmeister und seinen Stellvertreter erkannte man an der Pritsche, mit der sie jeden zur Räson brachten, der aus der Reihe tanzte. Die Pritsche war ein hölzerner Harlekinsstab mit einem Griff und vielen dünnen Holzbrettchen. Am Griff war eine Schleife angebunden. Tanzte die Pritsche auf dem Rücken eines Kirmesburschen, so gab es ein schepperndes Geräusch, und der Bursche zuckte zusammen. Überliefert ist das sogenannte Pritschenstück. Der zu wählende Pritschen- und Platzmeister saß auf einem Stuhl mit einem gefüllten, großen Bierglas. Der alte Platzmeister sagte das Pritschenstück auf: „Hört an, hört an, hört alle, alle an, wir haben einen Pritschenmann. Der hat seine Sache recht gut getan, drum soll er auch die Pritsche hab'n. Pritsch vor die Wade, schlag ihn vor die Schale, schlag ihn vor das Hinterloch. Klingt es nicht, so klappt es doch." Der scheidende Platz- und Pritschenmeister schlug nun drei mal auf den Künftigen ein und rief dabei: „Eine für mich, eine für dich, eine für die ganze Gemeen (Gemeinde)."
Und wie aus der Pistole geschossen mußte der zukünftige Pritschenmeister aufstehen und rufen: „Dankeschön".

Hatte er auch währenddessen sein großes Glas ausgetrunken, war er gewählter Kirmesmeister. Alle grölten den lauten Kirmesruf und wieder war ein Grund zum weiteren Trinken gefunden.

Es gab sehr strenge Pritschen- und Platzmeister, vor denen die Kirmesburschen einigen Respekt hatten. Ansonsten gab es Strafen mit der hölzernen Pritsche, sicher kein Vergnügen. War der Wahlkandidat schon so betrunken, dass er sein Glas nicht zur Zeit geleert hatte, oder das erwartete „Dankeschön" vergessen, fing die Prozedur von vorn an und die Schläge wurden derber. Mit dem aufgeführten Pritschenstück sollte die Trinkfestigkeit und die Reaktionsschnelligkeit getestet werden. Beides brauchte der Platzmeister damals, denn ihm oblag das Kirmesgeld beieinander zu halten, wie die gesamte ausgelassene Truppe sowieso.

Die Kirmse war ein fröhliches Fest. Auf beiden Sälen im Dorf spielten die Musikanten auf, da blieb kein Stuhl leer und keine Kehle trocken. Selbst die älteren Frauen hielt es nicht zu Hause. Die Kinder oder Enkel mußten schon Stunden vorher Plätze reservieren. Da Mutter in der Gemeindeschänke bediente und Vater der Tanzordner oder „Lux" war, brauchte ich keine Stühle zu besetzen. Vater übte das Amt des Tanzordners seit vielen Jahren aus. Er trug dabei eine lange weiße Schürze, eine bestickte Samtkappe und in der Hand ein silberfarbenes Glöckchen, die Luxbimmel. Ihm oblag die Aufgabe, immer für ein glattes Parkett zu sorgen, damit die Burschen ihre Mädchen ordentlich herumschwenken konnten. In den Nachkriegsjahren, als es kein Tanzpulver gab, streute Vater Mohn auf die Tanzfläche. Mit ihren Schuhen zerrieben die Tanzpaare die Körnchen, und der ölhaltige Mohn glättete den Saal.

Wenn der Tanz eröffnet wurde, zogen die Kirmsemädchen mit ihren Partnern auf die Tanzfläche, drehten eine kleine Runde und tanzten die erste Tour. Im Dorf gab es zehn oder zwölf Paare. Die Mädchen trugen neue, lange Kleider, die Burschen dunkle Anzüge und einen Zylinder. Die Anzüge zierte am Revers eine Schleife, die Zylinder ein Bukett aus Papierblumen.

Kamen die Kirmsemädchen auf die Tanzfläche, tuschelte es in allen Ecken, wer wohl in diesem Jahr das schönste Kleid trug und wer die Hübscheste von allen war. Wenn auf dem Saal ein Riesengedränge entstand, trat Vater in Aktion. Er schwang sein Glöckchen, und sofort traten alle Tanzpaare in eine Reihe. Die ersten durften das Tanzbein schwingen, bis Vater wieder zu bimmeln begann. Dann räumten die Tänzer die Tanzfläche und gönnten den nächsten das Vergnügen. Das klappte wunderbar, und keiner strapazierte seine Füße zu sehr.

Wir Kinder amüsierten uns mittags beim Kindertanz. Da gab es Faßbrause mit Himbeer- oder Waldmeistergeschmack. Wenn ich abends die Musik hörte, wünschte ich oft, daß ich älter sei, um mitfeiern zu können. Doch wenn ich meinen Bruder, der öfter Kirmsebursche war und einen über den Durst getrunken hatte, am nächsten Morgen sah, fand ich die Feierei gar nicht mehr so lustig. Aber bei der Kirmsegesellschaft gab es Regeln, die jeder einzuhalten hatte. Dazu gehörte auch, daß man mit seinem schweren Kopf am Morgen selbst fertig werden mußte. Wenn jemand den Treffpunkt am anderen Tag verschlief, kam er in den Schweinewagen. Das war ein Handwagen mit einem Gitterverschlag zum Transportieren von Schweinen. Nachdem sich die Blaskapelle formiert und die Platzmeister mit ihren Pritschen herumgefuchtelt hatten, setzte sich die Gesellschaft in Bewegung, um den Langschläfer aus den Federn zu holen. Befand er sich im Schweinewagen, war er sicher schon vor Schreck nüchtern geworden, denn jeder wußte, was nun folgte. Unter lautem Gelächter ließen die Burschen den Wagen langsam in den Dorfteich gleiten. Die Prozedur wurde so lange fortgesetzt, bis dem Insassen nicht nur der Hosenboden durchnäßt worden war. Manchmal war es auch der Hosenboden des Schlafanzuges oder der Unterhose. Stand der Schweinewagen in der Pfütze, trollten sich die Kumpane und beobachteten das kommende Schauspiel mit lautem Hallo hinter den Fensterscheiben der Gaststätte. Nun hatte nämlich der nüchtern gewordene Kirmsebursche zu sehen, wie er ohne fremde Hilfe wieder aus seinem nassen Gefängnis herauskam. Hatte er es endlich geschafft, die Klappe zu öffnen, folgte ein Sprung ins kalte Wasser, und es war überstanden. Für ausreichend Gelächter war jedenfalls gesorgt. Aber eine saftige Strafe hatte der Langschläfer obendrein auch noch zu entrichten. Den meisten war das eine Lehre, beim nächsten Mal pünktlich zu sein.

Die Kirmse wurde drei Tage gefeiert, es gab gutes Essen, neue Kleider und herrlichen Kirmsekuchen, der nicht nur bei den Verwandten in der Stadt sehr beliebt war.

Die Kirmsegesellschaft aber feierte so lange, bis das Geld alle und die Spenden verzehrt waren.

Mit der Nachkirmes, die einige Wochen nach der Hauptkirmes gefeiert wurde, fand alle Feierei ein Ende. So gegen Mitternacht zogen die Kirmespaare noch einmal auf, in Trauerkleidung und Trauergesängen, samt verheulten Augen der Mädchen. In einer Backmolle (provisorischem Sarg) lag ein völlig bleicher Kirmesbursche, als Leiche hergerichtet. Sein mehlbestäubtes Antlitz mußte völlig regungslos bleiben und die Trauerpredigt mußte er über sich ergehen lassen. Nun war aller Spaß vorüber bis zum nächsten Jahr. Man ging nach der Predigt genauso fröhlich auseinander, wie man zur Vorkirmes, vor einigen Monaten oder Wochen, zusammenkam. Im nächsten Jahr konnte man die begrabene Kirmes wieder auferstehen lassen.

# Winterfreuden

Endlich hatte Frau Holle ein Einsehen mit uns und in der Nacht kräftig ihre Betten geschüttelt. Kein Kind hielt es mehr in der Stube, wir konnten kaum das Unterrichtsende abwarten. Nach dem Mittagessen versammelte sich groß und klein auf der Rodelbahn. Als Rodelbahn benutzten wir die etwas abschüssige Dorfstraße. Schnee gab es in Hülle und Fülle, ein Auto war eine Seltenheit. Wenn es frisch geschneit hatte, fuhren die großen Jungen die Bahn mit dem Lenker ein. Das war ein mehrere Meter langes Gefährt mit Kufen, ein Riesenschlitten. Er hatte vorn ein Lenkrad, am Ende waren zwei starke Eisenkratzer als Bremsen angebracht. Manchmal saßen fünfzehn Kinder und mehr auf diesem Schlittenmonster. Der letzte mußte den Lenker kräftig anschieben. Wenn er dann in Fahrt gekommen war, hieß es schnell aufspringen und eventuell die beiden Bremsen bedienen. Es kam vor, daß der Riesenschlitten zu schnell in Fahrt kam und es dem Anschieber nicht mehr gelang, aufzuspringen. Dann gab es eine zünftige Bruchlandung und viel Gelächter. Mit seiner Last drückte der Lenker den Schnee zusammen, daß eine herrliche Rodelbahn entstand. Die kleinen Kinder durften nicht auf dem Lenker fahren, wir jagten auf unseren Hausschlitten den Großen hinterher, natürlich mit lautem: Bahn frei! Kartoffelbrei! Es war ein herrliches Vergnügen, zwischendurch gab es auch eine Schneeballschlacht oder eine Glännerpartie[62]. Dabei bekam man schon mal Schnee in den Kragen oder fiel kräftig auf den Hosenboden, doch schnell waren die Tränen vergessen.

Daheim erwarteten uns oft Ohrfeigen wegen der nassen Sachen, aber am anderen Tag ging es trotzdem wieder auf die Rodelbahn.

Abends, wenn wir im Bett lagen, konnte man das Gejuchze der Erwachsenen hören. Dann fuhren sie mit dem Lenker durch das ganze Dorf, denn war die Rodelbahn gut eingefahren, sauste der Schlitten von einem Ortsschild zum anderen.

Unmengen Schnee fuhren die Bauern auf

*Winterfreuden. Große Kinder auf dem Lenker in Molschleben, A. Offhaus.*

Kastenschlitten aus ihren Höfen, und schon bald war der große Lindenplatz mit Schneebergen übersät. Das war die richtige Zeit zum Schneehüttenbauen. Mit Schaufeln wurden die Schneemassen übereinandergeschichtet, bis eine Höhe von drei bis vier Metern erreicht war. Diese schwere Arbeit übernahmen die großen Jungen. Danach wurde der grobe Klotz viereckig abgestochen und geglättet. Damit später keine Hohlräume die Schneehütte zum Einsturz brachten, wurde der Schnee richtig festgetrampelt. Als erstes nahmen wir den labyrinthähnlichen Gang vor der Hütte in Angriff. Beim Ausschaufeln rutschten wir auf den Knien, eine schmale Kohlenschaufel war dafür genau das richtige Werkzeug. Nachdem wir das Eingangsloch für den Gang gebuddelt hatten, gruben wir uns dann wie in einen Stollen ein. Nach dem Maulwurfsystem warfen wir den losgeschaufelten Schnee hinter uns, kleinere Kinder beförderten ihn mit dem Schlitten aus dem Gang hinaus. Um die Hütte vor der Kälte zu schützen, konnte kein direkter Eingang, sondern mußte das Labyrinth gebaut werden. War der Gang fertig, ging die Hauptarbeit erst richtig los, denn der Innenraum barg viele Schneemassen, die ausgeschaufelt werden mußten. In einer kleinen Nische brannte eine Kerze, so war es schön hell.

Inzwischen waren unsere Kleidungsstücke völlig durchnäßt, die Füße eiskalt. Bei der Arbeit merkten wir das nicht gleich, aber später quälten uns die Frostbeulen.

Waren endlich alle Schneemassen hinausbefördert worden, glätteten wir noch die Wände und arbeiteten einige Nischen für Kerzen ein. Die Kerzen mußten wir zu Hause stibitzen, denn damals waren sie ein rarer Artikel. Hauptsache, in unserer Schneehütte war ein Lichtschimmer, er schaffte eine

*Auf den Nessewiesen. Nach der Schule – zuschauen oder spielen auf dem Eis. Foto von G. Schneegaß.*

*Winter 1942. Straße nach Eschenbergen – schneefrei machen durch Manneskraft.*

ganz besondere Atmosphäre. Stürmte es draußen auch noch so sehr, durch unser Labyrinth kam der eisige Wind nicht bis in den Innenraum der Hütte. Wir schoben unsere Schlitten zu einer Bank zusammen, setzten uns darauf und freuten uns über unser Werk. Jeder kramte etwas aus seiner Hosentasche, einen Apfel, ein Stück Wurst oder Brot, und manchmal sogar ein Bonbon. Alles wurde brüderlich geteilt, die heimlich besorgten Köstlichkeiten schmeckten besonders gut. Nun hatten wir für einige Tage einen Unterschlupf. Wir spielten Karten oder saßen einfach auf dem Schlitten und erzählten von unseren Streichen. Setzte dann über Nacht Tauwetter ein, durfte kein Kind mehr die Hütte betreten.

Wir waren alle sehr traurig darüber, aber der nächste Winter kam ja bestimmt, das war sicher!

*Beim Winterausflug – Pferdegespann mit Kumtgeschirr. Foto: Otto John, Dachwig*

*Winterspaziergang 1961 in Tüngeda auf der Straße nach Reichenbach. Gisela Rockstuhl (links) mit Doris und Heidi; sowie Helga Rockstuhl mit Karin und Harald. Foto: Werner Rockstuhl*

*Erwin Walther im Winter 1960 in Tüngeda. Ein Traktor mit seltenen Kettenantrieb der LPG „Gerhart Eisler" im Schneegestöber. Foto: Werner Rockstuhl*

*Kriegszeiten und Winterfreuden. Foto von H. Barth, Döllstädt*

## Kriegsweihnacht

Als Kind hatte schon das Wort „Weihnachten" für mich etwas Ehrfürchtiges, und alles, was damit zusammenhing, war wie von einem wunderschönen Zaubermantel umgeben.

Die Adventszeit wurde im Kindergarten, so gut es während des Krieges möglich war, feierlich gestaltet. Bei uns zu Hause dagegen fanden die Adventszeit und der Nikolaustag absolut keine Beachtung, was sicher nicht unbedingt mit unserer Armut zusammenhing. Um so mehr freute ich mich in der Vorweihnachtszeit jeden Tag auf den Kindergartenbesuch.

Es mußte damit zusammenhängen, daß unsere Familie keine Adventszeit kannte und feierte. Mutter kam aus einer eher lieblosen Familie, ganz sicher war es dort auch schon so gehandhabt worden. Mir gefiel es jetzt so gut im Kindergarten, daß ich es früh gar nicht erwarten konnte. Ich hatte immer die Hoffnung, den Nikolaus einmal zu Gesicht zu bekommen. Er war in dieser Zeit immer vor dem Kindergartentor, das wußte ich aus den Liedtexten und Adventgedichten. Ich sah ihn jedoch nie, den Nikolaus mit seinem Schimmelchen, aber was ich mir da alles zusammengeträumt und gewünscht hatte, die Bilder sind immer noch lebendig in mir. Traumbilder und Wunschvorstellungen ersetzen manches Geschenk.

Wenn es draußen dämmrig wurde, rückten wir unsere Stühlchen zu einem Kreis zusammen. Über der Puppenecke hing, mit roten Bändern verziert, ein Adventskranz. Die Kindergartentante brannte die Kerzen an, und sofort wurde es mucksmäuschenstill, daß man eine Stecknadel hätte fallen hören können. Gespannt lauschten wir den Märchen und Weihnachtsgeschichten der Tante. Sie erzählte von Schneeweißchen und Rosenrot, von Hänsel und Gretel, vom Sterntaler oder vom Mädchen mit den Schwefelhölzchen. Ich verstand damals noch nicht den Unterschied zwischen Märchen und Wirklichkeit. Manche Märchenfiguren taten mir so leid, daß ich ihnen gern von meinem Wenigen abgegeben hätte. Abends im Bett dachte ich noch lange über die Geschichten nach und war oft dem Weinen nahe. Auch an den Nikolaus und den Weihnachtsmann glaubte ich fest. Heute finde ich, ist das die schönste Zeit im Leben eines Kindes.

Wir hatten viele Gedichte und Lieder gelernt, am liebsten sang ich das vom Nikolaus vor dem Tore. Ich malte mir aus, wie der Nikolaus mit seinem Schimmelchen vor dem Tor des Kindergartens stehen würde. Wie gern hätte ich einmal hinausgesehen und ihm zugewunken! Ganz sehnsüchtig sah ich zum dunklen Fenster hinauf, aber die Fensterbank blieb für mich unerreichbar hoch. Im Lied sangen wir von Mandeln und Korinthen, ohne daß ich von diesen Dingen eine Vorstellung hatte. Ich dachte mir, daß es etwas ganz Besonderes sein müsse. Mutter hatte schon einige Bleche Plätzchen und Pfefferscheiben gebacken, zwar ohne Mandeln, aber deswegen waren sie nicht weniger köstlich. Aber alle Plätzchen[3] waren versteckt, und erst zu Weihnachten kamen sie wieder zum Vorschein.

Der Tag rückte immer näher, ich konnte ihn kaum noch erwarten. Von der Kindertante wußte ich schon, wie oft ich noch schlafen mußte, bis der Weihnachtsmann kommen würde. Jeden Morgen bog ich einen meiner kleinen Fingerchen um, bis keines mehr übrig blieb. Dann war schon nachmittags die Stubentür abgeschlossen, mein Bruder und ich wollten durch das Schlüsselloch sehen, aber da stand das Vertiko im Weg. Das Abendbrot wollte uns nicht so recht schmecken. Endlich rief Mutter aus der Stube, wir stürzten hinein und fieberten der Erfüllung unserer Wünsche entgegen.

Auf einem kleinen Tisch stand der buntgeschmückte Weihnachtsbaum, seine Kerzen brannten, und in der Stube roch es, wie es eben nur zu Weihnachten riecht. Auf dem Tisch stand für jeden von uns ein Teller mit ein paar Süßigkeiten und Pfefferscheiben. Auch einige Äpfel hatten wir von einer Tante geschenkt bekommen. Mutter hatte für uns Strümpfe und Handschuhe gestrickt. Wir bedankten uns und drückten unsere Mutter dafür herzlich. Obwohl ich beim Anblick der Strümpfe schon eine Gänsehaut bekam, sie sahen wieder so wahnsinnig kratzig aus. Aber wir wußten ja, daß Mutter keine weichere Wolle hatte. Ich wollte mich gerade mit meinem bunten Teller befassen, da polterte es im Flur, und gleich darauf klopfte es heftig an der Stubentür. Zaghaft bat ich den Weihnachtsmann herein, Mutter hatte es zwar mit mir geübt, aber plötzlich schien es mir die Sprache verschlagen zu haben. So lange schon hatte ich mich auf diesen Augenblick gefreut, nun flößte mir der Weihnachtsmann doch ein bißchen Angst ein. Der freundliche Alte begrüßte uns, und als ich mein Gedicht aufgesagt hatte, sah alles schon ein wenig besser aus. Man wollte von mir hören, ob ich denn immer artig gewesen sei. Ich sagte die Wahrheit, denn der Weihnachtsmann mußte es ja sowieso wissen, wenn er abends immer an den Fensterläden horchte. Prompt zählte er mir dann auch meine Ungehorsamkeiten auf, und ich versprach ihm, mich zu bessern. Danach kam mein Bruder an die Reihe. Er war einige Jahre älter als ich, aber nicht nur deshalb hatte der Weihnachtsmann ziemlich viel aufzuzählen. Dabei sauste schon mal die Rute auf den Hintern meines Bruders, doch es sah nicht so schlimm aus. Ich ließ indes den großen Sack nicht aus den Augen, der neben dem Tisch stand. Endlich hatte das Maßregeln ein Ende, und der Weihnachtsmann kramte in seinem Sack nach Geschenken. Für mich zog er eine kleine Puppenstube heraus, stellte ein hellgrünes Bettchen hinein, in dem ein Püppchen lag. Richtige kleine Federkissen hatten die Weihnachtsengel genäht! Aber sie hatten das gleiche Bettzeug übergezogen, wie es auf unseren Betten war, das fiel mir gleich auf. Mein Bruder bekam einen Pferdestall mit einem Pferd.

Wir waren glücklich über unsere Geschenke und bedankten uns beim Weihnachtsmann dafür. Der zog weiter, denn er habe noch viele Kinder zu bescheren, wie er sagte.

*26. Dezember 1941, Familien Rist und Huska auf dem Fliegerhorst Langensalza (1937–1947). Foto aus der Sammlung von Kurt Huska. Aus dem Buch „Fliegerhorst Langensalza 1937 bis 1945 in alten Ansichten", Verlag Rockstuhl 2006.*

221

Wer sich ein Stück seiner Kindheit bewahren und sich an den einfachen Dingen des Lebens erfreuen kann, bleibt trotz aller Widrigkeiten der Welt stets ein glücklicher Mensch.

Bitterkalt war es in der alten Dorfkirche, obwohl wir Mädchen schon eng aneinander gedrängt in den Bänken saßen. Mein schäbig gewordener Mantel, an dem die Ärmel längst zu kurz erschienen, hielt mich nicht mehr warm. Die hohen Schuhe, die vor mir meinem Bruder gehörten, hatten ausgedient, und ihr Leder war an vielen Stellen brüchig.

Sie wärmten meine Füße von Anfang an nicht, deshalb stellte ich sie über Nacht auch immer in die Nähe des Kachelofens. Aber nun war alle Wärme längst aufgebraucht, und die steif gewordenen Zehen begannen langsam zu schmerzen.

Mit Unbehagen dachte ich an die kommende Nacht, in der mich die juckenden Frostbeulen ganz sicher wieder quälen würden und keinen Schlaf finden ließen. Meine Schulkameradin, die neben mir saß, hatte einen kuscheligen Muff aus Kaninchenfell auf ihrem Schoß liegen. Zu gern hätte ich auch meine kalten Hände mit in den Pelz gesteckt. Ich sah voller Sehnsucht nach dem großen Weihnachtsbaum, welcher vor dem Altar stand und dessen Wachskerzen ganz ruhig flackerten. Wie sehnte ich mich damals nach ein wenig Wärme!

Vor Spannung und Vorfreude auf die Bescherung konnte ich kaum ruhig auf meinem Platz sitzen bleiben. Doch die Weihnachtsgeschichte weckte wegen ihrer vielen Worte und Namen, die mir völlig neu waren, Aufmerksamkeit und Neugier.

Manches davon verstand ich gar nicht, wohl, weil in unserer Familie nichts über biblische Dinge erzählt wurde. Die Geschichte handelte von einem „Morgenlande", was mir ebenfalls völlig unbekannt war. Von heiligen Königen Melchior und Baldasar wurde erzählt. Sogar einen Kasper hatten sie dort als König.

Das mußte ja ein lustiges und glückliches Land sein, wo ein Kasper König war! Was Myrrhe und Weihrauch sein sollte, das wußte ich wirklich nicht, aber sogar Gold brachten sie einem neugeborenen Kind als Geschenk.

Und vor allem wunderte mich, daß es bei der Geburt des Jesuskindes gar keine Hebamme gab, die so pingelig auf Reinlichkeit achtete, wie ich es im Vorjahr erfuhr, als meine Schwester zur Welt kam.

Aber der Herr Pfarrer berichtete auch von reinlichen Windeln, in welche das Jesuskind gewickelt war. Wenn ich dabei an unseren Stall dachte, und an die alte Futterkrippe unserer Ziege Liese, da kam ich ganz durcheinander.

Ja, gleich morgen wollte ich die Großmutter meiner Schulfreundin fragen, die immer Geschichten erzählte. Die mußte es doch eigentlich wissen. Aber nun endlich war die Weihnachtspredigt zu Ende, und der Kirchenchor sang zum Abschluß des Gottesdienstes das Lied von der „Stillen Nacht". Mäuschenstill war es in der ganzen Kirche, und jeder Ton des herrlichen Liedes klang bis hinauf zum großen Himmelsbogen unserer alten Kirche.

Aus dem Chorgesang hörte ich die kräftige Stimme meines Vaters heraus. Er hatte sie vom Großvater geerbt. Viel mehr, als die Liebe zur Musik konnte er seinen Kindern nicht geben. Aber auch auf dieses „Erbe" war ich schon als kleines Mädchen stolz, weil auch ich ein klein wenig von diesem Geschenk vererbt bekam.

Als der letzte Ton verklungen war, drängten alle Kirchenbesucher dem Ausgang zu. Für einen Moment war die Kälte vergessen, und allen Kindern konnte ich eine gewisse Unruhe ansehen. Am liebsten wäre ich gleich losgerannt, aber in Anwesenheit des Herrn Pfarrer und der vielen Erwachsenen mußte ich mein aufschäumendes Temperament schon ein wenig im Zaum halten.

Ich lief so schnell es meine kalten Füße erlaubten. Dabei hätte ich mir ruhig Zeit lassen können, denn erst einmal gab es Abendbrot. Es war kein Festessen, wie die meisten Kinder der heutigen Zeit es kennen. Wenn es für einen Kartoffelsalat und ein Stückchen Bratwurst reichte, das genügte uns voll und ganz.

Außerdem warteten mein Bruder und ich sehnlichst auf die Bescherung. Mein sechs Jahre älterer Bruder hatte mir schon öfter erzählt, daß es gar keinen Weihnachtsmann gäbe.

Manchmal glaubte ich ihm, aber meist hielt ich an meinen eigenen, romantischen Vorstellungen fest.

Mutter hatte sich angeblich mit dem Weihnachtsmann in der Stube eingeschlossen, aber in keinem Jahr sah ich ihn unser Haus wieder verlassen. Den Weihnachtsbaum bekamen wir Kinder vor dem Heiligabend nicht zu sehen, aber riechen konnte ich ihn nun ganz deutlich.

Im ganzen Haus hing der typische Weihnachtsgeruch nach Äpfeln und Lebkuchen, Tannenbaum und vor allem nach der großen Überraschung.

Endlich öffnete sich die Stubentüre, mein Bruder und ich wollten gleichzeitig hinein. Nun hatte er es auch eilig, wo es doch eigentlich gar keinen Weihnachtsmann geben sollte. Auf meinem kleinen Tischchen stand der Weihnachtsbaum.

Er kam mir noch bunter und schöner vor als im vergangenen Jahr. Auf den ersten Blick sah ich, daß sogar ein paar süße Fondantkringel an den Zweigen hingen. Unter dem Baum saß meine Anna, die ich schon seit vielen Wochen vermißte.

Der Weihnachtsmann hatte ihr neue Schlafaugen geschenkt. An der Erneuerung war ich nicht ganz schuldlos. Als ich meine Puppe wegnehmen wollte, sah ich da noch einen weichen Muff mit Pelzbommeln. Endlich mußte ich nicht mehr so arg an die Finger frieren. Und so hübsche

*Molschleben 1941 „fröhliche Weihnacht". Foto von Inge Sattler*

Bommelchen, die waren nicht an jedem Muff. Ich nahm meine Anna in den
Arm und steckte meine Hände in dieses kuschelige Pelzbündel.
So saß ich eine ganze Weile in der Sofaecke und war überglücklich vor
Freude. Der Mutter hatte ich ein Paar Topflappen gehäkelt. Leider nicht
fehlerfrei, aber es war meine erste Handarbeit. Mein Bruder kramte unter
seinen Geschenken noch einen Ausschneidebogen für mich hervor. Auf
dünner Pappe waren ein Mädchen und ein Junge aufgezeichnet.
Ich konnte die Figuren ausschneiden und sie mit allerlei Kleidungsstücken
ausstaffieren. Das Kleid oder die Hose wurden ebenfalls ausgeschnitten
und mittels kleiner Streifen an den Körpern der Puppenfiguren befestigt. Da
gab es keine Not wegen der Langeweile an den Feiertagen. Ich konnte an
den vielen Winterabenden basteln, und meine Anna war nun auch wieder
da.
Den Weihnachtsmann hatte ich zwar wieder nicht gesehen, aber irgendwie
spürte ich seine Gegenwart doch.
Meine Anna schlief an den Weihnachtsnächten mit in meinem Bett, das
zuvor ein großer Wärmstein angewärmt hatte.
Ich konnte kaum erwarten, am 1. Weihnachtstag mit meinem neuen Muff
zu den Freundinnen zu gehen und ihn stolz vorzuzeigen. Die kleinen
Geschenke machten uns Kinder überglücklich, und wir dankten dafür,

indem wir zumindest eine Weile ganz besonders gehorsam und lieb waren. An die Weihnachtszeit von damals erinnert sich wohl ein jeder gern. Sie unterschied sich nicht bloß durch die kleinen Geschenke von den heutigen Heiligabenden. Die Freude und die Dankbarkeit waren echte Gefühle, die unsere Kinderzeit unvergessen machen.

## Prosit Neujahr!

Wieder einmal sind die Kirchturmglocken in der Silvesternacht verhallt. Wieder beginnt ein neues Jahr. Wieder haben sich die Menschen viel Grundsätzliches vorgenommen und erhoffen sich dazu vom neuen Jahr Glück und Segen.
Ob sich all unsere Wünsche und Träume erfüllen werden? Am Jahresende ziehen wir dann Bilanz und müssen mehr oder weniger mit dem Ergebnis zufrieden sein.
Wenn ich in der Silvesternacht am Fenster stehe und den kurzen Lichtzauber der Glücksraketen betrachte, kommen mir, wie könnte es anders sein, die Erinnerungen an meine Kinder- und Jugendzeit wieder in den Sinn. Wir wußten noch nichts von Böllern, Heulern und Raketen, aber das neue Jahr begann auch ohne diesen überflüssigen Aufwand genauso spannend.

*Silvester1955 in unserer Stube. 2 Schulkameradinnen mit Freund, ich war solo.*
*Foto: H. Stecher, Molschleben*

Die bescheidene Silvesterfeier wurde in den gemütlichen Wohnstuben vorbereitet. Dazu brauchte es nicht viel. Aus der Stadt waren einige bunte Papierluftschlangen und ein paar Tütchen Konfetti besorgt worden. Wenn es dazu noch einen naiven, kleinen Tischschmuck, z. B. in Form eines hüpfenden Pappfrosches, gab, dann war alles komplett.

Der jeweilige Ausrichter des bescheidenen Festes hatte auch damals schon für einen guten Schluck und eine handfeste Magenstärkung zu sorgen. Aus Primasprit, Essenzen, Eiern und Puddingpulver brauten die Hausfrauen Pfefferminz-, Schoko- und Eierlikör. Selbst gekelterter Wein befand sich in fast jedem Hauskeller. Einige Fläschchen Bier wurden aus der Dorfkneipe geholt, und das Fest konnte beginnen.

Wenn da nicht noch die Fischbrötchen gewesen wären, eine Rarität unter den Raritäten. Aber wenn das absolut nicht mit der Besorgung klappen wollte, konnte der Brötchenbelag ebenso aus hausgeschlachteter Wurst bestehen. Die gute Laune war auch damals, zu meiner Zeit, schon Voraussetzung für eine gelungene Silvesterfeier.

Die musikalische Umrahmung lieferte der Volksempfänger, ein einfaches Radio. Wo die Begabung für das Spielen eines Zerrwanstes (Ziehharmonika) ausreichte, war die Stimmung natürlich besonders groß.

Ich erinnere mich, daß in allen Stuben viel und laut gesungen wurde. Auch wir hatten unsere Hits und viele Gassenhauer auf Lager. Schon damals galt, wer sich keinen Spaß machen kann, der hat eben nichts zu lachen. Die Zeit, bis die Zeiger kurz vor die Zwölf rückten, verging wie im Fluge mit Pfänderspielen, lustigem Unfug, dem Erzählen von neuesten Witzen und natürlich mit Schunkeln und Gesang.

Genauso wie heutzutage starrten wir alle gebannt auf die Zeit. Auch der Alkohol hatte dieselbe Wirkung auf die menschliche Seele. Manch einer hatte zum Abendbrot eine derbe Scheibe Speck verzehrt, oder einen kräftigen Schluck aus der Ölflasche genommen.

Diese vorbeugenden Kräftigungen sollten angeblich Wunder wirken bei der Verarbeitung von alkoholischen Getränken, was für den Körper oft Schwerstarbeit bedeutete.

Glock Zwölf war alles auf den Beinen. Wir umarmten uns, lachten und weinten und wünschten uns gegenseitig alles Glück der Welt. Was auch immer das damals bedeuten mochte. Draußen im Dorf war es bis dahin still. Nun zerriß das Dröhnen der Kirchturmglocken die Ruhe der winterlichen Nacht. Aus den Häusern strömten die Menschen, und einer war des anderen Freund.

So blieb es in meiner Erinnerung. Ich weiß nicht mehr, in wie viele Stuben wir einkehrten, auf das neue, hoffentlich bessere Jahr anstießen und einfach glücklich waren. Es feierte damals niemand reserviert oder abgesondert.

Wir alle brauchten wohl diese menschliche Nähe und Wärme, um die schwere Zeit besser überstehen zu können. So vergingen die Stunden schnell, gegen zwei Uhr fanden sich alle wieder in der Stube ein. Der eine oder andere war sichtlich angeschlagen, das jedenfalls hat sich bis heute nicht geändert.

Zum Abschluß wurde noch eine kleine Kaffeetafel zurechtgerückt, aber das eher aus Tradition, weniger des Appetits wegen.

Für die meisten Dorfbewohner war es eine sehr kurze Nacht, denn schon gegen fünf Uhr mußten die Kühe gemolken und gefüttert werden. Da gab es kein Pardon. Der Milchmann fuhr auch am Neujahrsmorgen pünktlich seine frühe Runde. So gab es für den einen oder anderen ein böses Erwachen.

Die Eltern, die zumeist Bauern waren, hatten nichts gegen eine ausgiebige Feier einzuwenden, auch nicht, wenn dabei einer über den Durst getrunken wurde. Sie setzten voraus, daß danach genauso gewissenhaft alle Pflichten erfüllt wurden wie an jedem anderen, normalen Tag.

Ich höre es noch in den Ohren: „Wer abends feiern kann, kann auch genauso früh aufstehen!" Nur wenn es absolut nicht ging, gab es eine Ausnahme, so lagen zu jeder Zeit Freud und Leid beieinander. „Prosit Neujahr!"

# Nach fünfzig Jahren

Die Straßen, sie sind menschenleer.
Das alte Dorf wirkt wie verlassen.
Kein Kinderspiel am Dorfplatz mehr.
Wie leblos liegen alle Gassen.

Ich such' das alte Dorfgasthaus,
ich suche, laufe hin und her.
Ich kling'le, niemand schaut heraus.
Im fremden Dorf tu' ich mich schwer.

Was ist mit Mensch und Dorf geschehen?
Es war nicht so in früh'ren Tagen.
Ganz hilflos muß ich wieder gehen;
wollt' schließlich nur den Weg erfragen.

# Meine lieben Leser!

Von meinen Lesern würde ich mir wünschen, dass sie die letzten Seiten meines Buches „Ländliches Thüringen" nicht zuschlagen, ohne den Wunsch zu verspüren, auch die dazu gehörigen, restlichen Erinnerungen aus „Thüringer Feldraingeschichten" lesen zu wollen und sich gedanklich damit zu beschäftigen. Nur wer alle Beschreibungen aus der Zeit vor etwa fünfzig bis sechzig Jahren kennt, ist in der Lage, sich ein umfassendes Bild über die Zeit des Krieges und den Jahren danach zu machen. Ein Buch allein würde die umfangreichen Erinnerungsgeschichten gar nicht fassen können. Meine beiden Bücher gehören zusammen, wie der rechte Schuh zu dem linken Schuh gehört.

Dem Heimatliteraturverleger Herrn Harald Rockstuhl bin ich zu großem Dank verpflichtet, weil er noch einmal eine Neuauflage anstrebte, um meine Aufsätze erneut unter die Leser zu bringen.

Viele Autoren, welche das Thüringer „Gestern" beschrieben, beschränkten sich hauptsächlich auf die großen Feiertage, wie Ostern, Kirmes und Weihnachten.

Mir war es bei meinen Schilderungen wichtig, den Alltag mit seinen Selbstverständlichkeiten, seinen Entbehrungen und auch mit seiner Schönheit nicht zu vergessen. Gerade die kleinen Dinge begeisterten den Leser besonders. Ich fand die Alltäglichkeiten wichtig genug, davon zu erzählen. Wie zum Beispiel die ersten Erfahrungen mit dem westdeutschen Zitterpudding, den abscheulichen Geschmack des aufbauenden Lebertrans, das schnöde Großreinemachen oder die umfangreiche Beschreibung des alten Dorfteiches. Auch die damals unentbehrliche Großmutter ist nicht vergessen.

Wenn ich zurückdenke, wie viele glückliche Menschen ich bei meinen etwa 160 Buchlesungen erlebte, bin ich sehr zuversichtlich, dass sich die Mühe lohnte. Leider bin ich gesundheitlich nicht mehr in der Lage weitere Buchvorstellungen durchzuführen. Aber ich vertraue darauf, dass die – Mund zu Mund Propaganda – wieder so gut funktioniert, wie bei den vorangegangenen Auflagen.

Ich kann mich dafür verbürgen, dass auch die ergänzten oder überarbeiteten Aufsätze sämtlichst der Wahrheit entsprechen.

Vor allem die in „Thüringer Feldraingeschichten" enthaltenen mehr oder weniger lustigen Kurzgeschichten sind alle irgendwo auf den Dörfern Thüringens geschehen. Personen- und Ortsnamen mußten anonym bleiben.

Meinen Lesern wünsche ich ein Lesevergnügen der besonderen Art. Ich wünsche ihnen, dass die Erinnerungsgeschichten von gestern, das „Heute" besser und leichter bestehen lassen!

# Der Schreiber

Wer schreibt, der bleibt – so sagt man wohl.
So hieß es schon zu alten Zeiten.
Ein eig'nes „Werk", dass wäre toll,
doch lauern tausend Widrigkeiten!

Vor allem die Idee ist wichtig.
Sie sollte einzigartig sein!
'Mal ist es falsch, dann wieder richtig,
und oft fällt dir rein gar nichts ein.

Interessant solltest du schreiben,
möglichst mit Witz und Phantasie!
Nicht unter- und nicht übertreiben,
kurz und prägnant, das schadet nie.

Irgendwann ist das Buch gebunden,
doch ist es eines unter vielen!
Hast du den rechten Weg gefunden,
darfst du dich als ein Autor fühlen.

Bist nicht der große Zampano,
der alles and're überragt.
Jedoch stimmt es dich überfroh,
wenn man nach „deinem Buche" fragt.

Nunja, reich bist du nicht geworden,
doch glücklich macht's dich allemal.
Es freut die Leser allerorten,
die Fans sind in der Überzahl.

Du hast allein ein Buch geschrieben,
das deine Phantasie bewohnt.
Just, was du warst, bist du geblieben,
und doch hat's „Schreiben" sich gelohnt!

# Anmerkungen

**1 Brotsuppe**

*In den Kriegs- und Nachkriegsjahren war die Brotsuppe oft ein Frühstücksersatz, der uns Kindern besonders gut schmeckte. In eine große Kaffeetasse wurde eine Scheibe Brot geschnitten, ein Eßlöffel Zucker darüber gestreut und alles mit heißem Malzkaffee übergossen.*

*Wer das aufgeweichte Brot nicht mochte, konnte es auch anfeuchten, Zucker darauf streuen und einfach den Kaffee dazu trinken.*

*2 Nesse heißt ein Flüßchen in Thüringen, das bei Eisenach in die Hörsel mündet.*

**3 Zerrissene Hosen**

*Man nannte die Plätzchen so, weil sie an der Oberfläche ein rissiges Muster zeigten, wenn sie gelungen waren. Das bewirkte das verwendete Schweineschmalz. 125 Gramm Schweinefett, 125 Gramm Butter, 2 Eier, 375 Gramm Zucker, 500 Gramm Mehl, ein Eßlöffel Kakao und ein Päckchen Backpulver wurden zu einem derben Teig verknetet. Daraus formte man kleine Kugeln, drückte sie auf eine Untertasse mit bunten Streuseln und setzte sie auf ein gefettetes Blech. Man konnte sie auch nach dem Backen mit Zuckerglasur überziehen.*

*4 Melasseeis wurde unter Verwendung des Rückstandes bei der Zuckerherstellung, einer braunen und zähen Flüssigkeit, eben der Melasse, hergestellt.*

**5 tauschen**

**6 Bratpfanne**

*7 Wellchen wurden die von Ästen entfernten, kleineren Zweige genannt, die zu Reisigbündeln zusammengebunden waren.*

**8 Spankorb**

*9 Emaillierter Henkelkrug mit Deckel; er diente früher, eingehängt in die Armbeuge wie die Braut oder der Bräutigam, zum Essentragen auf das Feld.*

**10 Dreifrucht**

*Das war eine leckere Fruchtmischung aus Erdbeeren, Himbeeren und Kirschen aus dem Einweckglas. Dazu aßen wir Dampfnudeln. Es waren eigentlich gar keine richtigen, über Dampf gegarten Nudeln. Wir kochten die Makkaroni einfach in etwas Salzwasser, schreckten sie, nachdem sie weich waren, auf einem Sieb mit kaltem Wasser kurz ab, rösteten inzwischen einige Löffel Semmelmehl in Butter goldgelb und streuten diese über die fertigen Makkaroni. Wir aßen dieses Gericht im Sommer, wenn es sehr heiß war und niemand Appetit auf Fleisch oder Suppe hatte. Für uns Kinder war es stets eine köstliche Abwechslung.*

*11 Handkorb mit gewölbtem Boden und Tragbügel.*

**12 Musklitscherkuchen**

*Hefeteig wurde ausgerollt, nachdem er gegangen und gestochert war, verteilte man darauf eine Quarkmasse. Dazu verrührte man zwei Pfund Quark, 200 Gramm Zucker, drei Eier und Pudding von einem halben Liter Milch. Auf die Quarkmasse wurden in kleinen Abständen Klitsche (Kleckse) Pflaumenmus gesetzt. Diesen Kuchen kannte man in ganz Thüringen, meist verwendete man dazu selbstgekochtes Pflaumenmus.*

*13 Grude: Braunkohlenkoksherd, in dem meist Futterkartoffeln gegart wurden.*

**14 Erbsensuppe** *mit gefüllten Schweineohren*

*Am Vorabend dieses Essens holten wir Kinder einen Eimer Wasser vom sogenannten Höckborn, dessen Wasser für seine Weichheit bekannt war und sich deshalb vorzüglich zum Einweichen von Hülsenfrüchten eignete. Die Erbsen stammten aus eigenem Anbau. Sie wurden zunächst verlesen, d. h. kleine Steinchen, Unkrautsamen, angestochene Erbsen und alles, was nicht in die Suppe gehörte, wurde aussortiert. Danach wuschen wir die Erbsen und weichten sie eine Nacht lang mit dem Wasser aus dem Höckborn ein. Am anderen Morgen waren sie dann aufgequollen und wurden mit dem Weichwasser in den Kochtopf geschüttet. Drei bis vier Knoblauchzehen und eine große Zwiebel kamen dazu. Die Zwiebel wurde vorher halbiert und mit den Schnittflächen auf die heiße Herdplatte gelegt. So habe sie ein besseres Aroma, behauptete Mutter. In den Topf kamen ebenfalls die Schweineohren, fünf bis sechs Möhren und ein großer Sellerie. Das Gemüse wurde erst nach dem Garen zerkleinert, es gab so einen besseren Geschmack. Mit Salz war man zunächst vorsichtig und wartete ab, wie stark die Schweineohren die Suppe würzen würden. Man konnte auch einige Sellerieblätter eine Weile mitkochen und sie dann wieder herausnehmen, sie machten die Erbsensuppe sehr schmackhaft. Waren die Hülsenfrüchte ziemlich gar, wurde noch ein Suppenteller Kartoffelwürfel hinzugefügt.*

*Inzwischen hatte Mutter Schinkenspeck kleingeschnitten und ausgebraten. Zusammen mit kleinge-wiegter Petersilie verfeinerten sie zuletzt die Suppe. Noch einmal kurz aufgekocht, und fertig war das Mittagessen.*

*Übrigens, aufgewärmt schmeckte die Suppe noch besser.*

15 Nach dem Krieg eine **staatliche Auflage**, *die von den Bauern in Form von landwirtschaftlichen Produkten erfüllt werden mußte.*

### 16 Gebratenes Gänseblut
*Im Herbst, wenn die Gänse schlachtreif wurden, gab es zum Abendbrot gebratenes Gänseblut. Im Schaffen wurde etwas Butter erhitzt, darin Zwiebelwürfel goldgelb gebraten. Das Blut wurde ein-gerührt und mit etwas Pfeffer und Salz gewürzt. War die Masse durch und durch gestockt, aßen wir sie heiß zu einer Scheibe Brot.*

*Genauso wurde das Schweinehirn am Schlachttag zubereitet. Es war eine Delikatesse, aber für die vielen hungrigen Mäuler nie ausreichend.*

17 *Im Winter war es in den Schlafzimmern sehr kalt, deshalb lag in jedem Bett auch ein mit Federn* **gefülltes Unterbett**. *Das war zwar ungesund für den Rücken, aber dafür schön weich und warm.*

18 *albern*

19 **Runder Korb** *aus ungeschälten Weiden mit zwei Handhaben, größter Korb in bäuerlicher Wirtschaft.*

20 *Die* **Gans** *nahm ihre Jungen unter die Flügel und beschützte(huderte) sie so.*

21 *Getreideernte*

### 22 Eierwasser
*An heißen Sommertagen, wenn Hitze und Durst oft unerträglich waren, rührten wir uns zur Erfrischung und Stärkung einen Topf mit eiskaltem Eierwasser. Dazu wurde vom Brunnen frisches Wasser geholt. Wir pumpten den Eimer voll und schütteten ihn wieder aus, damit das kühle Wasser aus der Tiefe nach oben kam. In einem Topf schlugen wir zwei bis drei Eier mit einem Schneebesen tüchtig durch. Zucker kam nach Geschmack dazu, und dann füllten wir den Topf mit dem eiskalten Wasser auf. Das Getränk erfrischte herrlich, löschte den Durst und brachte verlorene Energie zurück.*

23 **Abrappen**: *Die Getreidehalme hinter dem Schnitter oder der Mähmaschine mit der Sichel auf-nehmen und zu Garben zusammenlegen.*

24 **Grannen** *an der Gersten- oder Roggenähre.*

25 **Kopfstück des Ackers** *zum Wenden des Gespanns oder der Maschinen.*

26 **Erntegut in der Banse**, *einem Seitenraum in der Scheune, einlagern.*

27 *Ein* **Luntemann** *ist eigentlich ein Lumpensammler; das Wort wird aber auch für einen liederli-chen Menschen gebraucht.*

28 **Kleines spitzes Küchenmesser**.

### 29 Mohnkuchen
*Am Vorabend wurde ein Mohnbrei gekocht, von dem wir Kinder gern naschten. In zwei Litern Milch und einem halben Liter Wasser kochte man zwei Pfund gemahlenen Mohn und dreiviertel Pfund Grieß. Während des Aufkochens mußte man ständig rühren, damit der Mohn nicht anbrann-te. Nachdem der Brei abgekühlt war, wurden noch ein Pfund Butter, ca. ein Pfund Zucker, Rosinen*

*und ein Schuß Rum untergeschlagen. Eine halbe Tasse Öl machte den Brei geschmeidig. Abgerundet wurde der Geschmack mit wenig Bittermandel. Obenauf strich man den Solf, und dann konnte man nur noch gutes Gelingen wünschen.*

30 **Vorrichtung** *zum Reinigen des Erntegutes von Abfällen und Unkrautsamen.*

### 31 Kartoffeln mit Rahm und Öl

*Fast jeder Bauer baute Ölfrüchte an, so daß in jedem Haushalt Öl vorhanden war. Auch Rahm stand meist im Keller, und das Essen war schnell bereitet. Pellkartoffeln wurden gekocht, die Ölflasche und der Rahmtopf auf den Tisch gestellt, ein paar saure Gurken herbeigeholt. Dazu gehörten selbstverständlich viele geschnittene Zwiebeln. Je nach Geschmack durfte sich jeder das Öl und den Rahm auf dem Teller mischen oder einzeln mit den Kartoffeln essen. Eine Prise Salz konnte nach Belieben darüber gestreut werden. Es war ein kalorienreiches Essen und machte den Hausfrauen wenig Mühe.*

32 **Getreideabfall**, *hauptsächlich zerkleinerte Blätter von den Strohhalmen, Grannen, auch Spreuteile.*

### 33 Hühnersuppe mit selbstgemachten Nudeln

*Zu einer Hühnersuppe gehörten bei uns unbedingt selbstgemachte Nudeln. Das gewaschene Huhn wurde in einem größeren Topf mit Wasser bedeckt, etwas Salz und eine Zwiebel wurden hinzugefügt. Außerdem kochten wir in der Brühe einen kleineren Selleriekopf und etwa sechs mittlere Möhren gar. Damit sie ihren typischen Geschmack nicht verlor, kam außer Sellerie und Möhren kein weiteres Gemüse an die Suppe. Nachdem das Gemüse weich war, wurde es in dünne Scheiben geschnitten. Solange das Huhn noch weiter kochte, wurden die Nudeln zubereitet. Dazu wurde aus drei bis vier Eiern, Salz und Mehl ein Teig geknetet, auf einer Kuchschüssel hauchdünn ausgerollt und in schmale Streifen geschnitten. Waren diese angetrocknet und klebten nicht mehr zusammen, wurden sie übereinandergelegt und mit einem scharfen Messer schnitt man sehr dünne Nudeln. Das weiche Huhn wurde aus der Brühe genommen, die Nudeln hineingetan und langsam weichgekocht. An Festtagen kochte man die Nudeln extra in etwas Salzwasser, dann blieb die Brühe schön klar. Das Gemüse kam zu den Nudeln in der Hühnerbrühe, etwas kleingewiegte Petersilie wurde darüber gestreut, und fertig war die Suppe.*

*Das Hühnerfleisch wurde nur manchmal zerkleinert mit zur Suppe gegeben, meist machte man davon am anderen Tag Hühnerfrikassee.*

*Zu besonderen Anlässen konnte die Hühnersuppe mit Eierstich, Sago oder Semmelklößchen verfeinert werden.*

*Für den **Eierstich** schlugen wir drei bis vier Eier in einen Topf, pro Ei kamen zwei Eßlöffel Milch dazu, gewürzt wurde mit etwas Salz und Muskat. Mit einer Gabel oder einem Quirl mußten die Eier gut geschlagen werden, danach wurde die Masse in eine gut eingebuttertes Töpfchen mit einem Deckel gegeben. Im Wasserbad köchelte die Eiermasse langsam, bis alles gestockt war. Den fertigen Eierstich stürzten wir auf ein Schnitzbrett, und nachdem er erkaltet war, wurde er in kleine Würfel geschnitten.*

### Semmelklößchen

*Das war eine festliche Delikatesse, wenn es Semmelklößchen in der Suppe gab. Und dazu noch Eierstich, das kam alle Jubeljahre einmal vor. Eigentlich war es gar keine so teure Angelegenheit, aber es blieb eine seltene Gaumenfreude. Mutter gab etwa 100 g gute Butter, drei Eier, etwas Salz und Muskat in eine Schüssel. Sie knetete alles gut durch, und dann kam Semmelmehl dazu, so daß sich von der Masse kleine Klößchen formen ließen. In kochender Hühnerbrühe wurde das erste kleine Bällchen gekocht, und war es nach dem Garen innen schön locker, so war der Teig gelungen. Die gerollten Kügelchen füllten einen Suppenteller aus. Beim Aufschöpfen wurde mit der Kelle immer nach ihnen gesucht, da sie jedem gut schmeckten.*

### 34 Asbacher

*Der Asbacher gehörte zu jeder Festlichkeit. Er konnte mit roten oder schwarzen Johannisbeeren oder mit Stachelbeeren gebacken werden. Für den Teig waren ein halbes Pfund Butter, 400 Gramm Zucker, ein Pfund Mehl, zehn Eigelb, eine Tasse Milch und ein Päckchen Backpulver nötig. (Das sind natürlich die Zutaten für ein großes rundes Blech, wie es damals verwendet wurde, für die heutigen rechteckigen Bleche reicht die Hälfte.)*

Ein Zweiliterglas Beeren ließ man auf einem Durchschlag abtropfen und dickte den Saft mit Kartoffelmehl an. Dann wurde der angedickte Beerensaft auf den Kuchen gestrichen und die Beeren wurden gut verteilt. Nachdem der Kuchen bei mäßiger Hitze gebacken wurde, verteilte man den von dem Eiweiß geschlagenen und gesüßten Eierschnee auf die Beeren und schob das Blech noch einmal in den Ofen, bis der Schnee hellbraun war.

### 35 Saure Kartoffelsuppe
An den Sonnabenden, wenn die Zeit der Hausfrauen noch knapper war als an den anderen Tagen, stand saure Kartoffelsuppe auf dem Speiseplan. Dazu wurde in einer Fleischbrühe ein Selleriekopf gekocht, nach dem Garen gab man kleingeschnittene Kartoffeln dazu. Waren diese gar, schlug man sie mit dem Schneebesen zu Mus, den Sellerie strich man durch ein Sieb. Im Schaffen ließen wir Schinkenspeckstücke aus, schwitzten in ihrem Fett eine gewürfelte Zwiebel hellgelb und überstäubten alles mit Mehl, bevor wir die Masse in die Kartoffelbrühe rührten. Nachdem die Suppe vom Feuer genommen war, schlugen wir noch einige Löffel saure Sahne unter, nach Geschmack kam noch etwas Essig dazu. Diese Suppe war weder kosten- noch zeitaufwendig.

### 36 Das Kartoffelkraut in Reihen zusammenrechen.

### 37 Blätter

### 38 Einzäunung zur Aufnahme von Tieren im Freien.

### 39 Böttcher

### 40 Warmer Krautsalat
Im Sommer waren die Krautköpfe so dick gewachsen, daß sie platzten. Bis in den Nachbargarten war das Geräusch zu hören. Doch bevor das geschah, kochten alle Bäuerinnen warmen Krautsalat. Es war ein Gericht ohne Fleisch und schmeckte uns Kindern viel besser als Weißkraut mit Schweinefleisch, wohl auch deshalb, weil es ein bißchen süßlich zubereitet war. Der Krautkopf wurde auf dem Krauthobel kleingemacht, in etwas Salzwasser gekocht, und danach kamen ausgelassene Speckwürfel mit einem Löffel Mehl überstäubt dazu. Es mußte schon eine derbe Scheibe Speck sein, weil es das fehlende Fleisch zu ersetzen hatte. Nun war das Kraut schon etwas angedickt. Mit Essig und Zucker, eventuell auch mit einer Prise Pfeffer, wurde noch abgeschmeckt. Zwei bis drei Eßlöffel sauren Rahm oder Schmant rundeten das Gericht ab. Dazu gab es Pellkartoffeln.

### 41 Kraut und Klöße
Im Winter, wenn das Sauerkraut gut war, wurden große Töpfe voll davon gekocht. Zweimal aß man das Sauerkraut, dann war es allen über. Also – die Bratpfanne her und Kraut und Klöße gekocht. Dazu benötigten die Hausfrauen einen einfachen Hefeteig, der schnell bereitet war. Hatte man keine Margarine im Haus, konnten als Ersatz Speckwürfel ausgelassen werden. Den Speck mengte man dann anstatt der Margarine unter den Teig, er schmeckte dann besonders herzhaft. Die Bratpfanne wurde dick mit Fettigkeit ausgerieben, danach füllte die Bäuerin eine Schicht übriggebliebenes Sauerkraut hinein. Wenn noch ein Stück Speck oder Schnitzfleisch im Kraut war, so wurde es mit eingeschichtet. Auf die Krautlage kam der gegangene Hefekloß flach darüber. Dann noch einmal eine Schicht Sauerkraut. Die Pfanne wurde ins Backhaus gebracht, war alles knusprig braun, holte man sie wieder ab.
Natürlich kann man das Gericht auch im heimischen Herd garen, aber früher besorgte das alles der Bäcker.

### 42 Gepolsterter Bügel um den Hals von Zugtieren.

### 43 Teil des Geschirrs, das über der Stirn der Zugtiere liegt.

### 44 Riemenwerk der Zugtiere.

### 45 Tischel
Ein zum Himmelfahrtstag traditionelles Essen war der Tischel. Da fast alle Zutaten aus eigener Produktion kamen, war es ein billiges und köstliches Gericht zugleich. Wir rieben eine emaillierte Bratpfanne mit einer dicken Speckschwarte tüchtig ein. Eine halbe Knackwurst, eine dickere Scheibe Schinkenspeck und vier bis fünf kleine Brötchen wurden in Würfel geschnitten, ein kleines Bund Schnittlauch wurde gewiegt. Dann verrührte man 10 Eier mit einem Liter Milch. Alles gaben wir in die Pfanne und achteten darauf, daß die Brötchen gut mit der Eiermasse getränkt waren,

*denn nur so bekam der Tischel eine knusprige Kruste. Nun wurde der Tischel in der Röhre gebacken. Mit grünem Salat kombiniert, war es ein sehr schmackhaftes Gericht.*

### 46 Solf für einen runden Kuchen

*Eineinhalb Liter saurer Rahm wurde tüchtig geschlagen, drei Eßlöffel Mehl und fünf Eidotter wurden hineingegeben. Nachdem ca. 400 Gramm Zucker unter die Masse gerührt wurden, hob man von den Eiern geschlagenen Schnee unter.*
*Dieser Solf wurde auf alle nassen Kuchen gestrichen und ergab eine köstliche Decke.*

*Ölkuchen, Teigasch und Streifen*
*An den meisten Tagen der Woche stand ein einfacher Kuchen auf dem Tisch. Das konnten eine Ölpfanne oder Ölasch, ein dicker Streuselkuchen oder ein Ölkuchen sein. Auch einfache Streifen wurden gebacken.*
*Bei einem Ölasch oder einer Ölpfanne kam reichlich Öl in die Backform, sodaß eine herrliche braune Kruste entstand, um die es oft Streit bei der Verteilung gab. Der Ölkuchen wurde nicht zu dünn ausgerollt, er sollte schließlich auch sättigen. Dabei konnte man schon mal die Maulsperre bekommen, denn durch die wenigen Fettzutaten ging der Teig auf wie ein Hefekloß. So war der Ölkuchen nur ein mit Öl bestrichener und mit Zucker bestreuter Hefekuchen.*
*Zum Kuchen gab es Malzkaffee, der nicht etwa aus vornehmen Porzellankaffeetassen getrunken wurde, die auf Untertassen standen. Für jeden gab es einen großen, derben Kaffeetopf. Der trockene Kuchen wurde in den Kaffee getaucht und mit Wohlbehagen hinuntergeschlürft, daß jeder hören konnte, wie es einem schmeckte.*

### 47 Quarkmasse für Obstkuchen

*Unter Apfel, Kirschen und Beerenobst kam eine leckere Quarkmasse. Dazu brachte man eineinhalb Pfund Quark, einen halben Liter Rahm, zwei Eidotter, 150 Gramm Zucker und zwei bis drei Eßlöffel Kartoffelmehl. Diese Masse strich man auf den dünn ausgerollten, gegangenen und gestocherten Hefeteig. Darauf kam dann das Obst und als Abschluß der Solf. Das nannte man einen nassen Kuchen.*

### 48 Sauerteigkuchen

*Im Keller oder in der Speisekammer standen immer einige Töpfe, in denen Rahm, dicke Milch oder frische Milch waren. Nicht immer wurde die Milch zentrifugiert, manchmal ließ man sie auch sauer werden und schöpfte den Rahm ab. Die entrahmte dicke Milch wurde dann zu Magerkäse oder Kochkäse weiterverarbeitet. Aber im Sommer, wenn die Sonne am höchsten stand, war dicke Milch eine Delikatesse.*
*Zu diesem Zweck wurde der Rahm nicht abgeschöpft, sondern vorsichtig mit der gestockten Milch verrührt. Dann wurde die kalte saure Milch auf den Teller geschöpft, Zucker und Zimt darüber gestreut, und ein köstliches Essen war fertig. Mehr brachte man bei der Hitze nicht, das einfache Gericht stärkte und erfrischte uns zugleich.*

### 49 Kartoffeln und Quark

*Der Quark war meist aus abgeschöpfter Milch entstanden, er war also nicht mager, denn so genau ging es beim Rahmabschöpfen nicht zu. Mit Milch rührten wir ihn geschmeidig. Etwas Salz, ein bis zwei geschnittene Zwiebeln, Schnittlauch oder Kümmel kamen hinzu. Mit Salzkartoffeln war es ein einfaches und billiges Essen.*

### 50 Rundes Holzbrett *zum Ausrollen von Teig.*

### 51 Zwiebelkuchen

*Der Zwiebelkuchen schmeckt überall in Thüringen anders, wohl, weil die Hausfrauen mancherorts allerlei Zugaben untermischen. Bei uns zu Hause gab es Zwiebelkuchen pur, und kein Rahm oder Quark veränderten den urigen Zwiebelgeschmack.*
*Große Zwiebeln wurden geschält, möglichst am offenen Fenster, um den Tränenfluß in Grenzen zu halten. Danach wurden die feingewürfelten Zwiebelstückchen mit einem tüchtigen Schuß Öl in einer großen Bratpfanne glasig gedünstet, gewürzt wurde mit etwas Salz und manchmal etwas Kümmel. Nach dem Abkühlen verteilte man sie auf den nicht zu dünn ausgerollten, gegangenen und gestocherten Hefeteig. Gebacken wurde er bei mittlerer Hitze, bis die Kuchenränder ihre richtige Bräune hatten. Am besten schmeckte er, wenn er noch warm war, obwohl er sowieso nie richtig kalt wurde, denn im Nu war das Blech leer gegessen. Bei einem Schlachtfest durfte der Zwiebelkuchen nie fehlen, aber auch an vielen Herbst- und Wintertagen dominierte er auf dem Kaffeetisch.*

52 **Glocke** zum Abschaben der Schweineborsten beim Schlachten.

53 **Blutwurst** mit Speckwürfeln.

### 54 Gefüllte Schweineohren

Wurde ein Schwein geschlachtet, verwertete man auch die Ohren. Zuerst entfernte man mit einem scharfen Messer alle Haare und Borsten. Danach rieb der Metzger das Innere der Ohren mit Salz und Pfeffer aus. Er wickelte ein faustgroßes Stück mageres Fleisch, Zwiebelringe, zwei Knoblauchzehen, Majoran und etwas Petersilie in das Knorpelgebilde ein und verschnürte die Ohren mit Wurstband wie ein Weihnachtspaket. Man konnte sie entweder frisch an eine Erbsensuppe kochen, oder sie kamen in den Salzbottich. Dort wurden sie mit Salzlauge übergossen und so über eine kurze Zeit haltbar gemacht.
In den Schlachthöfen sicher ein Abfallprodukt, waren die Schweineohren bei den Hausschlachtungen eine Delikatesse.

55 Kleine ringförmige **Leber- oder Blutwürste**, meist für die Kinder beim Schlachtfest.

### 56 Saure Eier

War Gehacktes im Haus, nahm man davon etwa 200 Gramm und rührte es in wenig heißes Wasser. Wenn es zehn Minuten gekocht hatte, wurde Grieß der in etwas Milch aufgequollen war, eingerührt, bis eine sämige Sauce entstand. Sie wurde mit Salz, Pfeffer und einem Schuß Essig abgeschmeckt, über ganze gekochte Eier gegeben und zu Salzkartoffeln gegessen.
Anstelle von Gehacktem konnte auch eine Knackwurst verwendet werden, die war immer vorrätig, und statt des Grießes nahm man auch Semmelmehl.

### 57 Specksauce

Schnell bereitet, billig und sehr beliebt war sie, mit Pellkartoffeln und einer sauren Gurke gegessen, konnte sie aller acht Tage auf dem Tisch stehen, ohne daß jemand gemurrt hätte.
Eine derbe Scheibe Schinkenspeck wurde in kleine Würfel geschnitten und ausgelassen, Zwiebelstückchen wurden darin goldgelb gebraten. Nachdem man mit dem Schaumlöffel Speck und Zwiebel herausgenommen hatte, wurden ein bis zwei Eßlöffel Mehl im Fett angeschwitzt. Dann füllte man mit Brühe auf, rührte gut um und gab Speck und Zwiebel wieder dazu. Nun mußte nur noch mit Salz und Pfeffer, eventuelle mit ein wenig Essig abgeschmeckt werden.
Specksauce war ein typisches Sonnabendessen, weil sie wenig Arbeit machte und niemand vorher gefragt werden mußte, ob er darauf Appetit hatte.

### 58 Kesselsuppe mit Eiergräupchen

Im Spätherbst begannen die Hausschlachtungen. Dann stand öfter, als uns lieb war, Kesselsuppe (Wurstbrühe) auf dem Tisch. Zu den Eiergräupchen vermischte man in einer kleinen Schüssel drei Eier, etwas Salz und Mehl, bis kleine Flöckchen entstanden. Es war dieselbe Masse, aus der man Nudeln machte, nur wurde kein Teig geknetet, sondern durch Hinzufügen von mehr Mehl die Masse zu Flöckchen zerkrümelt. Die fertigen Gräupchen schütteten wir in die kochende Kesselsuppe und rührten ständig um, bis sie gar waren. Je nach Geschmack konnte man sich die Suppe, zu der wir eine Scheibe Brot aßen, mit Maggi nachwürzen.

### 59 Kartoffeln und Grieben

Grieben gab es, wenn nach dem Schlachten das Schmerfett ausgelassen wurde. Sie waren hellgelb und mußten auf einem Sieb gut abtropfen, damit nicht zuviel Fett an ihnen haftete. Sie wurden in einem abgedeckten Topf an einem kühlen Ort aufbewahrt und hielten sich über die kalte Jahreszeit. Aber meist war ihr Vorrat bald aufgebraucht, denn sie schmeckten köstlich, und im Winter aßen wir sie sehr gern.
Im Schaffen wurden die Grieben heiß gemacht und zu Pellkartoffeln und einer sauren Gurke gegessen. Ein bißchen Salz gehörte natürlich auch dazu.

60 **poltern**

61 **Pfannkuchen**

62 **Glännern**; auf einer Eisfläche gleiten.

*„In meinem Kinderwagen in Molschleben"* – 1940

*Hannalore Gewalt am 15. September 2006*
*Foto: Harald Rockstuhl*

238

# Biographisches

Am 04. Juni 1939 wurde ich als zweites Kind einer Landarbeiterfamilie in Molschleben bei Gotha geboren. Von 1945–1953 erfolgte der acht-klassige Grundschulbesuch. Die sich anschließende Ausbildung in einer Haushaltungsschule beendete ich 1955.

Mein großer Wunsch war, Forstingenieur zu werden. Ich begann die 2-jährige Lehre des Forstarbeiters. Kurz vor Beendigung der Lehrzeit stellten sich, hauptsächlich bedingt durch die schwere manuelle Arbeit, massive gesundheitliche Schädigungen ein. Ich machte meinen Abschluß, aber es gab für mich keine Möglichkeit, weitere 3 Jahre Waldarbeit durchzustehen. Um an der Forstingenieurschule immatriku-liert zu werden, war diese praktische Erfahrung jedoch Vorraussetzung. Ich arbeitete ein weiteres Jahr als Schreibkraft in einem Forstamt, hatte aber zwangsläufig meinen Berufswunsch aufgegeben.

Auf der Suche nach einem neuen Beruf schien mir der Lehrer interessant und meiner Konstitution angemessen. Das mir fehlende Abitur holte ich in einem Vorkursstudium nach. Schon während des anschließenden Direktstudiums für Mittelstufenlehrer Deutsch/Kunsterziehung hatte ich wegen häufiger Klinikaufenthalte und Operationen immens viel Unterrichtsstoff versäumt. Eine in meiner Kindheit schon einmal aufge-tretene Tbc holte mich wieder ein. Diese heimtückische Krankheit und deren Auswirkungen führten zu einer völligen Resignation. Ich ließ mich auf eigenen Wunsch exmatrikulieren; zu einem Neubeginn fehlte mir die Kraft.

Um eine neue Möglichkeit des Geldverdienens ging es 1966, als ich bereits verheiratet und Mutter zweier Töchter war. In der örtlichen LPG legte ich 1974 die Prüfung als Facharbeiter für Obst- und Gartenbau ab. Doch die schwere körperliche Arbeit verschlechterte meinen labilen Gesundheitszustand. Viel leichter war die nachfolgende 13jährige Tätig-keit als Fachverkäuferin für Obst und Gemüse in einer großen Kaufhalle auch nicht; der Facharbeiterabschluß aber kam mir dabei zugute.

Weil in zunehmendem Maße die mangelnde Gesundheit mein Leben bestimmte, gab ich 1989 meine Arbeit ganz auf, um zu pausieren. Es kam die Wende. Damit fielen meine Chancen, als Schwerbeschädigte jemals wieder eine Beschäftigung zu bekommen, auf den Nullpunkt.

Nach dem Auslaufen der Arbeitslosenzeit wurde mir Rente wegen Erwerbsunfähigkeit gewährt. Seit 1993 bin ich im Ruhestand. Meine Freizeit nutze ich nun, meine Lebenseindrücke und Erinnerungen aufzu-schreiben.

# Weitere Bücher von Hannalore Gewalt im Verlag Rockstuhl

**Ein Spiel
mit Worten und Vergleichen**

48 Seiten, 10 Farbfotos,
Broschur
978-3-938997-51-2

**Feldraingeschichten
aus Thüringen**

190 Seiten, 180 schwarz-weiß Fotos,
Festeinband
978-3-938997-59-8

| | | |
|---|---|---|
| Mit kleinen Reimen | – | den Leser entführen |
| Mit lieben Worten | – | die Seele berühren |
| Gegen das Vergessen | – | reimen und schreiben |
| Ich wünscht' mir | – | es würde davon etwas bleiben! |

*aus Hannalore Gewalts – „Spiel der Worte"*